지조를 지킨 지도자들

백범 김 구

김경옥

도서출판 월인

전기와 참된 실명소설

전기는 편년대編年代로 사실을 기록한 것이다.

실명소설은 어디까지나 그 인물의 전기적 사실에 더하되, 그 사람의 성격이나 철학을 살펴 작가의 창작적 상상력을 최대한 살려 그 사람의 그런 성격과 철학으로는 충분히 그런 행동을 하겠다고 생각한, 곧 개연성蓋然性으로 새로이 창작하는 작업이다.

다른 나라의 보기를 들면, 영국의 셰익스피어Shakespeare의 <햄릿Hamlet>이나, <맥베스Macbeth>, <리어왕King Lear>, <오셀로Othello> 등의 4대 비극을 비롯해서, 유명한 <로미오와 줄리엣Romeo and Juliet>과 그 밖의 모든 작품들을 들 수 있다.

우리나라에 있어서도, 춘원 이광수春園 李光洙의 『이자돈異次頓의 죽음』, 『성웅 이순신聖雄 李舜臣』, 『단종애사端宗哀史』 및 『원효대사元曉大師』 등과 월탄 박종화月灘 朴鍾和의 『금삼錦衫의 피-연산군燕山君의 이야기』, 『자고 가는 저 구름아-世宗大王의 이야기』, 그리고 팔봉 김기진八峰 金基鎭의 『청년 김옥균青年金玉均』 등과 벽초 홍명희碧初 洪命憙의 『임꺽정林巨正』, 근래의 최인훈崔仁勳의 『상도商道-임상옥林相玉의 성공비화』와 그 밖의 여러 소설, 황석영黃晳英의 『장길산張吉山』 등 이루 헤아릴 수 없이 많다.

이 모든 창작물들은 지은이의 무한한 상상력이 무지개 빛 꿈을 쫓아 푸른 하늘을 누빈 천재적인 달걀 노란 자위들인 것이다. 마침내는 그 사람의 전기적인 사실이 뼈대가 되고 거기에 창작자의 상상력이 살갗이 되어 옷을 입히게 되었던 것이다. 곧 앙상한 마른 나뭇가지에 마치 연인의 눈처럼 콩깍지가 끼게 된다. 물론 사실주의의 옷인 참모습보다 더 참되게 보이는 허구인 예술이 자리잡게 되었던 것이다.

『지조를 지킨 지도자들-백범 김구白凡 金九』는 치하포에서 일본장교를 때려 죽인 것으로 사형선고를 받고 바로 집행받게 되었는데, 그것이 실은 명성황후明成皇后를 죽인 놈이 바로 범인이 그 일인장교인줄 알고 쳐죽였다는 기록을 우연히 알게 된 고종황제가 다행스럽게도 그 전날 경인철도京仁鐵道가 달리게 되고 전화가 개통되어 국모를 죽인 자의 복수였다고 하여 특사를 급히 보내 사형을 중지시키고 오히려 포상해야 한다고 했다. 하지만 치사한 남색의 사람과의 약속 때문에 석방 전날 의리를 지키기 위해 필사의 탈옥을 감행했다. 장차 나라를 위해 무언가 일을 하려면 나쁜 사람과의 의리는 더더욱 지켜야 한다는 신념에서였다.

그 뒤 <신민회> 105인 사건 등으로 중형을 받기도 하며 수많은 옥고를 치루었지만 3·1독립만세 운동 바로 다음 날 중국으로 탈출 <대한민국임시정부大韓民國臨時政府>의 경무국장을 시발로, 1930년대부터 국무위원 주석으로 취임했으나 민주주의 의식에서 평범한 사람이라는 백범을 아호로 가지고 있는 김구는 항상 통일을 염원하여 동지들의 극력 반대를 물리치고 좌익의 거두인 의열단장義烈團長 약산 김원봉若山 金元鳳을 영입하여, 국방부장관격인 군무부장軍務部長에 앉히고, 이청천李青天의 총사령관 밑에 철기 이범석鐵騎 李範錫이 맡고 있던 광복군光復軍 제1지대장도 김원봉에게 양도시켰고, 그 뿐이 아니라 8·15해방 뒤 권력욕에 눈이 벌건 우남 이승만雩南 李承晩이 남한 단독 정부라도 세우자고 선거를 주장하는데 끝까지 반대하여 오직 통일 정부를 수립해야 한다고 부득부득 남북협상차 적도 평양赤都 平壤까지 노구를 이끌고 갔다 왔던 것이다.

"첫째도 통일, 둘째도 통일, 셋째도 통일" 그렇지 않으면 반드시 민족상잔의 비극이 생긴다고 갈파한 백범의 예측한바 대로 그 다음 해에 6·25 한국동란이 발발하여 큰 비극이 일어났던 것이다.

이승만이 눈에가시라고 생각했던 백범을 권력의 야욕의 졸도인 현역 육군소위 안두희安斗熙로 하여금 암살시킨 이승만의 악랄한 살인으로 비명에 간 위대한 애국자 김구는 온 겨레의 애도 속에 하늘 나라로 가고 말았다. 아쉽고 무서운 일이었다.

차례

남북협상

38선상의 망설임

초라한 푯말標木이 문득 눈에 들어왔다. 백범의 발이 멈칫했다. 등골이 오싹했다. 갑자기 지르륵 전깃줄에 감전된 듯 했다. 섬싯했나. 서의 본능적인 것 같았나. 같은 한민족인네 누가 이렇게 갈라 놓았는가! 그건 전적으로 김구 자기의 죄가 아닌가! 그때 조금만 더 부전훈련을 서둘렀더라면 며칠만 더 빨리 선쟁에 뛰어 들었더라면 당당히 전승국으로 통일된 조국을 차지할 수 있었을 것이고, 저런 보기 싫은 푯 딱지 같은 것이 서지 않았을 터인데,

"에잇 한 발 늦었어……. 이 늙은 나이에 이렇게 먼 길을 찾아가는 것이 아닌가! 내 참!"

그러자 또 다른 생각이 머리를 쥐어짰다. 과연 이번 길이 잘하는 것인가?

'우남雩南의 말대로 남한만이라도 정부를 세워서 차라리 공식적인 길로 협상을 시도하는 것이 더 빠르지 않았을까? 더 현실적일지 모르겠다. 나를 무척 따르는 학련위원장인 이철승李哲承이도 극력 말리고 있지 않았는가! 공산당에게 또 속으러 가는구나! 내가 너무 고집불통인가! 어떻게든지 통일국가를 세워야 한다구! 처음부터 나라가 두 쪽으로 갈라지면 큰 비극이 생긴다구 너무 고집부렸나? 한낱 기우일지 모르지.'

"주석 선생님, 무얼 그렇게 골똘히 생각하십니까?"

옆에서 함께 기념촬영을 하려고 준비하던 선우진鮮于鎭 비서가 김구 주석의 이상한 침묵에 의아해서 조용히 묻는다.

"으응 아니 아무것도 아닐세, 그저 잠깐……. 허허어어."

어쩐지 멋쩍었다. 이제와서 뭘 망설인담! 도둑고양이처럼 경교장京橋莊 담을 몰래 타고 넘어 빠져나온 지금에 와서! 그렇더라도 자기가 너무 통일국가를 세워야한다는 집념에 얽매인 행동을 한 것 같아서 약간 뉘우치는 마음이 전혀 없지는 않았다. 우남의 말대로 정국의 현실을 너무 무시한 처사가 아닌가!

'아니지 우사尤史나 조 부위원장 등도 나와 같은 생각으로 내일이라두 평양으로 뒤따라 온다구 하지들 않았는가! 그렇지 소신대루 밀구 나가야지!'

백범 김구는 평상시의 <대한민국임시정부>의 주석으로 돌아와 뒤따라와서 기념촬영을 하려는 기자들에게 웃는 얼굴로 포즈를 취했다.

이상주의와 현실주의의 갈등이 일어나고 있었다.

"여기까지 와서 또 무슨 말을 하겠소? 우리 염원인 민족통일을 쟁취하기 위해 일각이라도 빨리, 밤중에라도 말이오."

사실 38선이라는 인위적으로 만든 그 표목 앞에 선 김구로서는 그 심정이 답답하기 짝이 없었고 기가 막혔던 것이다. 한평생 오로지 통일된 조국의 독립을 위해 싸워왔고 이제 그 숙원이 눈앞에 다가섰는데도 뜻하지 않은 새 장벽이 가로놓여 있으니 말이다. 원통하기 짝이 없었다. 그건 간악한 일본군의 무장을 해제시키기 위해 연합군이 군사적으로 그어 놓은 단순한 경계선이 아닌가? 그 선이 뒷날 수많은 동족들을 살상시키고 이 세상에 다시는 일어나지 않아야 할 비극을 품고 있을 줄은 김구도 그때에는 짐작조차 못했던 것이다.

"밤중이라도 어서 가야지."

차에 다시 오르자마자 그가 한 첫마디였다. 그러자 기자들은,

"김구 선생님! 부디 성공하시고 돌아오십시오."

라며, 손을 흔들면서 김구의 장도를 축원하였다. 김구 일행이 황혼의 38선을 넘은 것은 정확히 4월 19일 하오 6시 45분이었다. 파릇파릇 새싹이 돋기 시작한 나지막한 언덕, 무척이나 평범한 시골 언덕이었다. 물론 사람들이 무심코 지나칠 수 있는 그런 시골 언덕이 바로 38선이었다. 김구 일행이 얼마쯤 갔을 때 나

무로 가로막은 저지선과 초소가 나타났다. 그를 태운 차의 운전사가 경적을 울렸다. 그러자 저편에서 농구를 하던 소련군 몇이 달려왔다. 그들은 차창을 향해,

"김구? 김규식?"

하고 손가락을 펴 보았다. 아마 사전에 김구 일행이 그 지점을 지날 것이라는 걸 통고 받았던 모양이었다. 김구 일행 중에는 불행하게도 러시아어를 하는 사람이 없었던 터라 간신히 김구라고 알리는 데 성공하고 그냥 통과할 수 있었다. 한참을 달리니 이번엔 38구경 총과 무장도 제멋대로인 북조선 인민군 3, 40명이 38선 경비대원인 모양으로 양쪽으로 늘어서 있었다. 김구 일행은 거기서 차를 내려 캡을 쓴 3, 4명의 보안대원의 안내로 어떤 초가로 인도되었다. 그때 어떤 보안대원이,

"동무, 호신용으로 가진 무기 없소?"

라고 선우진 비서에게 물었다. 선우진 비서는 김우전 비서와 더불어 평양행을 동행키로 해서 따라왔던 것이다. 선우진 비서는 담배 두 갑을 가지고 있었다. 그 동안 그 보안대원들은 어디로 전화를 거는 것 같았다. 물론 암호인 듯하였다.

"갓이 두 개, 오이가 하나요, 개가 세 마리……."

보안대원들은 무척 불친절했고 냉정한 데다 쓰는 말투까지 불순해서 수행하는 사람들은 불쾌하기 짝이 없었으나, 김구 주석의 모습을 힐끔힐끔 쳐다보며 끓어오르는 분노를 꾹 참는 것이 역력하였다. 그들의 비위를 거슬리면 김구 선생에게 무슨 불

리한 누라도 끼칠까봐. 저녁 9시가 지났다. 그동안 김구는 물 한 모금도 마시지 못했고 또 말도 한마디 하지 않았다. 그냥 침통한 얼굴이었다.

그립던 조국! 고국 땅이건만 특히 황해도는 김구 자신의 고향이 아닌가! 그리고 지금 그렇게 그리워했고 또 그렇게도 되찾으려고 애썼던 고국에서 일본 세력이 물러갔건만 전승국들이라는 다른 나라들에 의해 인위적으로 남북으로 갈라졌고, 김구 자신은 마치 죄수처럼 북쪽의 보안대원들에게 끌려 어디론가로 가고 있는 것이었다. 어둠속이므로 마치 우주 밖이거나 땅속으로 가는 것 같은 어쩌면 낯선 나라로 가는 두려운 기대감 같은 야릇한 심정으로 말이다. 그들이 하자는 대로 할 수밖에 없는 것이 마치 절간에 간 색시꼴이다. 밤 11시가 가까운데도 아무런 말이 없자 그는 더 이상 참을 수 없다는 듯,

"너 이놈, 이게 무슨 짓이냐? 그래 나이 많은 사람을! 내가 늙었나고 그러는 게 아니라 적어두 국사를 의논하려구 여기까지 찾아온 사람을 이렇게 대접할 수가 있단 말이냐?"

그는 노한 얼굴로 인솔 책임사에게 호통을 쳤다.

"내가 너희 공산지역에 들어왔다고 총칸루 두들겨 잡으면 모르겠으나 국사를 평화적으로 의논하러 온 사람에게 그래 이럴 수가 있느냐? 이놈들, 누가 이렇게 하라구 시켰느냐?"

이처럼 김구의 말이 거칠게 나오자 그의 앞에 꿇어앉아 그의 추상같은 호령을 듣고만 있던 책임자인 듯한 사람이,

"저희는 아무것도 모르구, 그저 상부의 지시대로 할 뿐입니다. 잠깐만 기다리시면 누가 올 겁니다."
하고 백배사죄하였다. 아직은 노인에 대한 경로사상이 남아 있었던 모양이다.

밤 11시가 좀 지나서야 자동차가 경적도 요란하게 울리며 내무성 치안국 부국장이라는 자가 준비위원장이라는 신사복 차림의 노인을 안내하고 와서 늦어진 이유를 변명했다. 김구 일행이 그들과 함께 떠나 금천金川 어느 여관에 도착했을 때는 이미 자정이 넘어 새벽 1시가 다 지난 때였다. 비로소 김구와 그 일행은 늦은 저녁 식사를 할 수 있었다. 사실 밤참 시간도 한참 지난 때였지만 김구는 무척 피로하고 여독이 심한 듯 잠도 제대로 이루지 못하였다. 다음 날 아침 9시 경에 금천을 떠나 점심을 사리원沙里院에서 먹고 해질 무렵에야 평양에 도착했다. 기대와 우려 속의 적도에 말이다.

그 옛날을 회상하며

황해도 길을 지날 때, 설혹 차창 밖이기는 하지만, 그는 그 옛날 젊었을 때에 중의 몸으로 평양으로 가면서 보던 당시의 시골풍경과 별로 달라지지 않은 정경을 새삼 깊은 감회로 바라다 보았다. 특히 재령을 지날 때 나석주 의사의 쾌거가 눈 앞에 떠올랐다.

평양에서의 김구 일행의 숙소는 이른바 그들이 말하는 특급 호텔이었다. 그야 해방 후에 북조선정권 담당자들이 맞는 가장 귀한 손님임에 틀림없었으니까. 김구 일행이 호텔방에 들어가 짐을 풀기가 무섭게 이른바 북조선 최고인민위원회 위원장인 김두봉金枓奉이 찾아왔다. 김두봉은 김구의 오랜 항일 동지이자 민족주의자로, 전쟁이 끝날 무렵에 연안延安으로 가서 공산진영에 가담했던 사람이지만, 역시 한글학자답게 조선의 얼을 가슴속 깊이 지니고 있는 사람이었다.

한글은 본디 훈민정음訓民正音이라고 해서 조선조 제4대 임금인 세종대왕이 그 25년인 서기 1443년에 창제한 것으로, 정인지鄭麟趾, 성삼문成三問, 신숙주申叔舟, 이개李凱, 박팽연朴彭年 등 당시의 유수한 관리들을 시켜 중국을 비롯한 다른 나라의 글을 참고로 창제하였고, 그 당시 최만리崔萬里 등의 고루한 선비들의 반대로 그 당시에는 한문을 참된 글인 진서라고 부르고, 한글을 상된 글인 언문이라고 했던 것이다.

그건 훈민정음의 반포 때에 모든 백성이 쓰기 쉽고 깨우치기 쉽게 하려는 세종대왕의 큰 뜻을 밝힌 데서, 한글학자 중 몇몇인 이극로李克魯, 김두봉 등이 그 대중적이란 뜻에 치우쳐 무산계급성을 좇아 약간 좌경한 적도 있었지만, 역시 의식의 밑바닥에는 한국의 얼이 깃들어 있던 것은 사실이다. 그래서 김두봉도 끝까지 민족진영에 남아서 독립운동을 하였고, 해방 뒤 국내에 들어와서도 독립동맹이란 단체를 만들어 그 주석이 되었던 것

이다. 김두봉이 오랜 동지인 김구 주석을 만나서,

"오랜만입니다. 반갑습니다. 헌데……. 김일성 장군의 심부름으로 주석님을 찾아왔습니다. 곧 그분의 관저로 안내하지요."

관저에 도착하자 김일성이 마중나오며,

"선생님께서 오시는 데, 제가 불미한 탓으로, 중간에 고생된 점이 많으셨을 줄 압니다."

첫 눈에 김일성이란 사람은 퍽 유들유들한 그리고 거만스런 젊은이란 인상이었다. 다음 날에 김구가 그렇게도 기다리던 우사 김규식 박사가 조소앙趙素昻,[1] 조완구趙琬九, 엄항섭嚴恒燮, 윤기섭尹琦燮, 최동오崔東旿 등과 함께 평양에 왔다. 김구는 망망한 바다 한복판에 내버려진 조각배가 자기를 도우려고 온 큰 선단이나 만난 것처럼 힘이 용솟음치는 것 같았다. 마음이 놓였다.

기분도 들뜨기 시작했다. 이제 어떤 난관이 닥쳐도 끄떡도 안 할 것 같았다. 사실 김일성은 그 젊은 나이에 소련군에 추대되어 북조선의 모든 권한을 한 손에 거머쥐고 혁명 원로들인 김두봉, 무정武亭, 최용건崔用建 등을 마음대로 움직이는 막강한 세력을 잡은 것으로 보아, 한껏 무섭기도 한 존재이기도 하였다. 그가 도사리고 있는 평양은 바로 난공불락의 철옹성이기도 한 것이다.

거기에 김구는 오랜 동지들인 김규식, 조소앙, 엄항섭 등 많은 원군을 맞이했으니, 정말 천군만마의 도움부대를 만난 듯 안도의 숨을 내쉴 수 있었던 것이다. 그리고 그 김일성이 아무리 열렬한 공산당원이라고는 하나 같은 피, 같은 조상을 가진 동족이니만큼 그래도 말이 통하지 않겠느냐는 한가닥 희망을 가지고 있기도 했다. 또 전부터 잘 알고 지내던 사이라면 가로막는 바도 있을지도 모르겠지만, 전혀 모르는 사이이기 때문에 오히려 잘 통할 수도 있으리라는 희망조차도 있었다. 대개 쓸데 없는 오해나 미움도 가까운 사이에서 생기고 서먹서먹한 사이면 일이 잘 풀릴 수도 있으니까 말이다.

더욱이 김일성도 만리타향에서 조국의 광복을 위해 싸웠다는 독립투사가 아닌가! 그러기 때문에 김구는 자기가 진심으로 열정을 다해 통일조국을 만들자고 설득하면 기꺼이 응해주리라 믿고 있었다. 흉금을 털어 놓고서 말이다. 또 김일성이 진정으로 나라를 사랑한다면 말이다. 그 전에 중국에 있을 때 철저한 공산주의자였던 약산 김원봉도 설득시켜 마침내 머리를 숙이고 자기 밑에 들어와서 광복군을 함께 이끌고 나갔던 것이 아닌가! 그리고 김규식만 해도 <대한민국임시정부>의 후반에 있어서 주석과 부주석으로 동지적 관계를 유지했으며, 해방 뒤 환국시에도 행동을 같이 한 바 있으나, 그 전에는 별로 긴밀한 동지는 아니었다. 김구는 오히려 이동령, 차이석 등과 더 가까웠으며, 김두봉과도 동지관계가 깊었던 것이다. 하여튼 김규식은 중국에서의 독립지사 가운데 누구보다도 영어에 능통하고 해방 뒤 미국 군정청 당국이 설치한 입법위원의 의장도 지낼 정도로 미국과의 관계도 아주 가까웠다.

김규식은 서울에서 태어났다. 1881년으로 고종 18년이었는데, 어릴 때 고아로서 미국인 언더우드Underwood 집에서 서양식 교육과 기독교 교육을 받으면서 연희전문학교延禧專門學校 교수도 지냈고, 1919년 중국의 상해에서 이광수, 여운형,2) 장덕수, 선우혁 등과 함께 신한청년당新韓青年党을 만들어, 때마침 미국 대통령 윌슨Willson이 주장한 민족자결주의에 힘입어 프랑스 파리에서 열린 민족평화회의에 한국 독립을 청원하는 대표로 참석하기도 하였던 것이다.

그 뒤 고려혁명당 등도 조직하였으나 주로 <대한민국임시정부>의 학무와 외무의 책임자로 독립운동에 참여해 활동하다가, 귀국 후에도 정치 일선에서 활약해 왔으나 이승만의 단독정부 수립에 적극 반대하고 김구와 더불어 남북협상에 나섰던 것이다. 또한 김규식은 김구와 함께 반탁운동에도 앞장섰다. 이른바 모스크바 삼상회의에서 조선을 당분간 신탁통치한다는 잠정협정을 하였던 바, 그 소식을 들은 한국 안의 모든 정당, 사회단체는 물론이고 온 국민이 흥분하여 신탁통치 반대운동을 전개했던 바, 그 앞에 서서 활동했던 것이다. 그건 누가 선동해서도 아니고 앞장서서도 아니었다. 심지어 공산당까지도 분개하였던 것이다. 그러다가 공산당은 그들의 상전 나라인 소련의 스탈린 지령에 따라 하루아침에 돌변하여 신탁통치 찬성으로 돌기는 하였지만 말이다. 평양에서도 민족진영의 지도자이며, 전국민의 존경을 한 몸에 받고 있던 고당 조만식이 그 특유의 까만 무명 두루마기를 입고 반탁을 부르짖고 나섰던 것이다. 그것은 엄청난 모험이었다. 소련군 점령하의 북조선에서 그들 공산군을 반대하고 나섰으니 말이다. 조만식은 곧 체포되어 고려호텔에 연금당하긴 했으나.

그 사실을 알고, 김구는 그 옛날 자기 조상의 나라인 신라의 명신 김제상(박제상朴堤上이라고도 함)이 왜나라에 볼모로 붙잡혀간 왕자를 되찾아오기 위해 일본으로 갔을 때, 왜나라가 그의 재주와 충절에 감탄해서 그를 자기네 나라의 고관대작으로 모시려고 갖은 수단을 다 썼으나 그는 '내 차라리 계림의 개・돼지가 될지언정, 왜의 신하로 부귀를 누리지는 않겠다.'고 잘라 말해 마침내 죽임을 당했으며, 그래서 그의 아내가 남편이 돌아오기를 기다리다가 동해 바다가 바라다 보이는 고갯마루에서 그만 돌이 되었다는 망부석이 된 전설이 뼈저리게 느껴졌던 것이다.

백범 김구는 지금 70이 넘은 늙은이였다. 통일 조국을 위해 마지막 봉사하는 의지로 영영 돌아갈 수 없을지도 모르는 붉은 거리인 평양에 왔던 것이다. 흰 두루마기 차림에 착잡한 마음으로 백범은 항상 이런 말을 하였다.

"나는 예수, 공자, 석가의 도를 다 배웠고, 그들을 성인으로 숭배하거니와 그들이 합해서 세운 천당・극락이 있다 하더라도 그것이 우리 민족이 세운 나라가 아닐진대 우리 민족을 그 나라로 끌고 들어가지 아니할 것이다. 왜 그런고 하면, 피와 역사를 같이 하는 민족이란 완연히 있는 것이어서, 내 몸이 남의 몸이 못됨 같이 이 민족이 저 민족이 될 수 없는 것이, 마치 형제도 한 집에서 살기 어려움과 같은 것이다. 둘 이상이 합하여 하나가 되자면 하나는 높고 하나는 낮아서 하나는 위에 있어 명령하고 하나는 밑에 있어서 복종하는 것이 근본문제가 되는 것이다." 라고, 김일성과 담판에 확신을 가지고 있으면서도 한편 의구심도 있었던 차에 원군으로 우사 등이 왔던 것이다. 백범과 우사는 성격이 거의 반대였다. 백범은 일단 결정하고 나면 밀고 나가는 투사형이고, 우사는 재고 또 재고하면서 모든 걸 원만히 진행시켜 나가는 유화형이다. 그래서 오히려 한 팀으로 일을 진행시키는 데 잘 조화되는 커플인지도 몰랐다.

조작된 박수

북조선 인민위원회 측은 공칭 54개 정당·사회단체 대표가 참석했고, 남쪽은 김구 등이 참석한 채로 소위 모란봉회의가 열렸다. 그런데 김구 일행이 회의장에 들어가기가 무섭게 요란한 박수소리가 터져 나왔다. 아마 대다수는 그동안 중국에서 일본 제국주의와 싸워온 노혁명가 김구를 진정으로 환영하는 마음으로서의 박수일 것이고, 나머지는 몇몇 공산당 간부들이 훈련시킨 조작된 박수였을 것이다. 그렇더라도 김구 일행 남쪽 대표들은 그 환영의 박수를 마다할 리 없었다. 우선은 흐뭇했다. 그

감정을 노렸을는지 모른다. 김일성 등 공산당원들이 말이다.

이야기는 다르지만 근 1세기 전 프랑스 수도의 파리에서 이런 일이 있었다. 지금은 세계적으로도 굴지의 작곡가가 됐지만 아직 애숭이 폴란드 출신 작곡 희망생인 프레데릭 쇼팽이 정식으로 데뷔하지 못하고 파리에서 방황하고 있을 때의 일이다. 그는 어느 날 으슥한 살롱에 앉아서 새로 나온 시집을 읽고 있었다. 그런데 얼마 안 있어 어떤 잘생긴 청년이 들어와서 그에게 가까이 오더니,

"어떤 책을 읽고 계시죠?"

하고 말을 걸었다. 그는 별로 관심이 없는 듯,

"네 별것 아닙니다. 조르주 상드라는 여류 시인이 쓴 시집인데……."

"그래, 어떤가요?"

"글쎄! 역시 여자가 쓴 것이라서 그런지, 그렇구 그렇죠 뭐!"

"그래요?"

하면서 그 청년은 그를 물끄러미 쳐다보면서,

"하지만 여자란 자길 칭찬해 주는 걸 좋아하죠. 그럼 저는 이만……."

하고 말한 뒤 그 청년은 살롱을 나갔다. 그러자 그 청년이 그 살롱 단골인 듯 싶어서 주인에게 물어 보았더니, 그 사람이 바로 남장한 여류 시인 조르주 상드라는 것이었다. 쇼팽은 아차 하고 후회했으나 버스는 이미 지나간 뒤였다. 그러나 그것이 인

연이 되어 쇼팽은 그 여자와 동거생활을 하게 되었던 것이다.

그래서 여자란 이쁘다거나 젊어 보인다고 하면 아무리 학식이 높은 사람도 결코 싫은 빛을 보이지 않는다. 뿐만 아니라 남자들도 높은 자리에 있을 땐 소위 지당대신으로 치켜 세워지는 것을 싫어하는 사람은 없을 것이다. 김구 일행도 약간 으쓱해지는 느낌이었다. 사회자의 소개를 받고 김구는 서서히 연단을 향해 걸어 나갔다.

"친애하는 의장단! 그리고 각 정당 단체 대표 여러분! 조국분열의 위기를 구출하고 민족자주의 통일 조국을 쟁취하기 위해 나는 이 자리에 섰습니다."

박수가 또 터져 나왔다.

"조국이 없으면 민족이 없고, 민족이 없으면 무슨 당 무슨 주의 무슨 단체가 존재할 수 있겠습니까? 그러므로 우리 전민족의 유일무이한 최대과업은 통일조국의 쟁취인 것입니다. 조국의 독립을 완성하여, 평화에 크게 공헌하기 위해서 이 회의의 성공을 열망하며 아울러 여러분의 건투를 빕니다."

또 한차례 장내에는 떠나갈 듯한 박수가 터져 나왔다.

곧이어 최승희崔承喜의 무용공연이 있었다. 최승희는 한국이 낳은 세기적인 무용가이다. 일찍이 그녀는 일본의 근대적인 현대 무용가 이시이바쿠石井漠가 두 번째로 서울 공연을 가졌을 때 무대 뒤 분장실로 그를 찾아가, 자기가 다니는 숙명여자 사립고등보통학교를 졸업하고 일본으로 따라가 이시이바쿠 무용

연구소에 들어가겠다고 하고, 그 뒤 실제 그렇게 한 한국 최초의 여류 근대 무용가이다.

그녀는 일본에서 한국풍의 근대적 신무용을 발표하여 큰 성공을 거두고 조선에 돌아와 이른바 조선무용을 역수입한 것으로도 유명하다. 그녀의 춤은 주로 한국풍으로 벽화, 부채춤, 관음보살 등이 특히 유명하다. 그녀의 무대를 더욱 돋보이게 만든 것은 그녀의 남편인 문학평론가 안막安漠의 외조에 힘입은 바도 크다 할 것이다. 그녀는 8・15해방 뒤에 조선무용가동맹의 간부였다가 남편 안막이 월북하자 뒤따라 평양으로 갔다. 그러자 김일성은 기다렸다는 듯이 그녀를 차에 태우고 평양 시내를 돌아다니면서 그녀가 원하는 대로 건물을 물색케 하여 무용연구소를 차려 주었던 것이다. 물론 김일성이 무용을 잘 알아서 그랬던 것도 아니요, 또 무용을 좋아해서도 아니라 공산주의에서 모든 예술가를 우대해야 하는 곧 대중선동의 앞잡이로 뿌리박기 위한 도구로 쓰려는 데 있었던 것이다. 그리하여 천재적인 무용예술가 최승희도 독재정치가 김일성의 꼭두각시로 이용당하기 시작했던 것이다.

김구도 무용 같은 것을 알 리가 없었고, 또 일행 중에 춤에 관해 깊은 조예가 있는 사람도 없었다. 기생이란 없는 사회였으니까 그 대신으로 눈요기감으로 세웠던 것인지도 모를 일이었다. 그러나 애시당초 김구 등 항일 독립투쟁의 투사들인 남쪽 협상대표들은 그런 유약한 접대엔 마음이 없었고, 어떻게 하면 김일성 등 북쪽의 대표들이 통일조국 수립을 위해 적극적이게 할까에 더 관심이 있었던 것이다.

변신하는 반탁학련

이승만이 임시 사저로 쓰고 있던 돈암장의 거실에서는 그의 열렬한 지지자인 반탁학생연맹의 위원장이며, 고려대학교의 재학생인 이철승이 이승만 박사의 앞에 조아리고 앉아 있었다. 서양식 소파에 앉아 있었으니까 이런 표현은 맞지 않을지 모르지만, 말하자면 옛날 왕조시대 같으면 어전에서 고개를 조아리고 꿇어앉아 있는 모습이었다. 이철승은 이승만 박사를 국부로 존경하고 있었다.

"이군!"

"네."

"그래 백범이 떠나는 것을 막지 못했다면서?"

"죄송합니다. 경교장을 이중 삼중으로 에워싸고 있었지만, 고양이새끼 마냥 담을 넘어 도망쳤으니까 어쩔 도리가 있었어야죠!"

"하하하하……. 고양이새끼 마냥? 하하하. 떳떳한 길을 떠나면서 그렇게 도둑 고양이 같이 굴게 뭐람!"

"글쎄 말입니다."

이승만은 담배를 피우지 않기 때문에, 만일 처칠 같았으면 시가를 한 대 꼬나물고 천천히 불을 그어대고 한 모금 맛있게 빨아대고 푸— 하고 길게 연기를 뿜어내면서 질깃 질깃 씹었을 것이고, 또 파이프 담배를 피우는 맥아더 장군 같으면 한 모금 깊이 빨고 그만큼 뜸을 들이고 나서, 운을 떼는 것이 통례이지만, 이승만은 그저 큰 헛기침을 한번 하고 나서,

"무릇 정치란 현실을 직시할 줄 알아야 해. 그 양반 현실을 무시하고 다짜고짜로 원칙만 내세우고……. 그야 누군들 그걸 모르나. 난들 남북을 통일한 국가를 세워야 한다는 생각이 없는 건 아니지만, 그래 공산당이 우리와 손을 잡을 수 있겠나?"

"그렇습니다. 모스크바 삼상회의에서 한국을 당분간 신탁통치해야 한다는 결정이 내렸을 때 공산주의자들도 처음엔 신탁통치를 결사 반대한다고 들고 일어서서 극성을 부리더니, 하루아침에 이번엔 신탁을 절대 받아들여야 한다고 돌아서지 않았습니까? 그야 모스크바에서 스탈린이 지령을 내려서 신탁통치를 받아야 한다고 강요했을 테지만요……."

"그렇게 공산당은 스탈린의 지령하에 움직이는 디인즉, 이찌 그 앞잡이인 김일성과 손 잡을 수 있단 말인가?"

"그러게 말입니다."

무언가 말을 이으려다 말고,

"그 김일성이 설혹 남북합작에 마음이 있다손 치더라도, 자기 마음대로 할 수 있겠습니까? 이왕 그럴 바에야 이 남한에서만이라도 정부를 세워 일단 국제사회에서 발언권을 가지고 …… 또 UN에서 승인만하면 당당한 주권국가로 행세할 수 있

을 게 아닙니까?"

"그러니까 말일세. 내가 주장하는 것은 남쪽만이라도 정부를 빨리 세우자는 것일세."

"지당하신 말씀입니다."

"역시 이 군도 그렇게 생각하지?"

"네. 게다가 UN에서도 그렇게 결의했으니까 박사님의 주장은 백번 지당한 말씀입니다."

이철승이 언제는 백범의 주장에 전폭적인 지지를 보냈다가 이렇게도 태도가 변할 수야! 하긴 조선공산당 당수인 박헌영이 미국 어느 통신사 기자와의 회견에서 조선을 장차 소련의 한 연방으로 할 참이라고 했다가 국민들의 빗발치는 항의에 밀려 그런 발언을 한 적이 없다고 딱 잡아뗐어도, 그 외국기자는 박헌영이 그런 발언이 사실이라고 다짐한 바 있지만 하여튼 정치가란 얼마든지 식언할 수 있는 편리한 동물인가 보다. 그렇듯 태도가 달라지는 재주에 있어서 박헌영과 이철승은 단수가 비슷했던 모양이다.

김구의 영천암 나들이

남북협상이 있던 시기에 잠깐 틈을 낼 수 있었던 김구는 예전에 얼마동안 주지로 있었던 대보산大宝山의 영천암에 들린 적이 있었다. 그 절은 49년 전에 충청남도 공주 마곡사에서 중으로 있을 때 금강산을 간다고 하다가 평양에 잠깐 들렀는데 그때의 묘한 인연으로 그 영천암의 주지로 있은 적이 있던 인연이 깊은 암자였다. 불가에서는 옷깃만 스치고 지나도 전생의 인연이라고 하여, 이 세상 모든 것이 어떤 사이이든 인연이라고 하는 인연론을 앞세우는데, 한동안이나마 주지노릇을 했다는 것은 인연치고는 대단한 인연이 아닐 수 없다.

그런데 이번엔 영천암에 들리러 갈 때는 안신호 할머니가 안내를 맡았다. 물론 그것은 북조선 인민위원회의 지령에서였다. 안신호는 도산 안창호의 누이동생으로 연전에 김구와 결혼 약속까지 했다가 사정에 의해 파혼했던 여자로 실로 40년 만에 만난 그야말로 인연 깊은 사람인데 지금은 공산당의 충실한 추종자로 변한 사람이었다.

김구가 영천암을 찾겠다는 말을 듣고 김일성은 비서를 시켜 지프차에 음식을 가득 싣고 또 인연이 있는 안신호를 안내역으로 보냈다. 그들은 미리 김구의 전력을 조사해서 만반의 준비를 갖추고 있었던 것이다. 김구와 안신호의 관계까지도 말이다. 그런데 김일성은 김구가 자기 아버지 제사를 지내러 간다는 것으로 잘못 생각했던 모양이다. 영천암을 다녀서 내려오는 길에 그는 길에서 소풍 나온 듯한 어린 초등학교 생도들을 만났다. 김구는 그 애들이 마냥 귀여워서,

"너희들 이 할아버지에게 절 한번 해보렴."

그리고 능청스럽게,

"너희들 내가 누구인지 아느냐? 너희들이 입버릇처럼 타도하자고 외쳐댔던 김구가 바로 나다."

그러자 그 아이들을 인솔한 선생이 무안해서 어쩔 줄 모르는 것이었다. 사실 어제까지만 해도 교실에서 열을 올려 이승만·김구 타도를 외쳤는데, 그 김구가 눈앞에 서 있으며 더욱이 때려잡자고 하던 그가 마주서서 웃고 있으니 당황할 수밖에 없었다.

그러나 어떤 경우에든지 표변할 줄 아는 공산당원인 그 인솔교사는 능청스럽게 아이들에게 경례를 시켰다. 그건 물론 상부에서 김구 일행을 잘 대해야 한다는 지령이 있었기 때문이다.

4김 회담

김구는 네 사람, 곧 김구 자신과 김규식 그리고 북쪽의 김일성과 김두봉, 그 넷이 좌정하자마자 일어나서 다짜고짜로,

"내가 단도직입적으로 묻겠는데, 그대들은 물론 남북 통일국가 건립을 원하고 있겠지?"

김구는 김일성이 아직 젖비린내 나는 아이로밖에 안 보여서 그대라고 하대했던 것이다. 그러자 김두봉은 잠시 흠칫하고 놀랐다. 감히 김일성 장군에게 그대라고 부를 수 있는 사람은 이 북조선 땅에는 한 사람도 없었고, 또 그렇게 부를 엄두도 못냈기 때문이다.

"선생님! 물론입니다. 우리 조선사람 누구나 원하는 일 아닙

니까?"

김일성은 김구의 갑작스런 물음에 약간 당황하긴 했으나 얼떨결에 그렇게 대답하지 않을 수 없었다. 실은 그대라는 호칭에 속으로는 여간 불쾌하지 않았으나, 사실 막내 아들이나 손자뻘밖에 안되는 나이에 대등한 태도를 취할 수는 없었다.

"그렇다면, 우리는 자주 정부를 세워야 할 것이 아닌가? 소련의 간섭을 거절하고 우리 민족만의 힘으로 정부를 세우는 데 찬성한단 말이지?"

김구는 김일성이 숨 쉴 틈도 없이 다그쳤다. 김일성은 김구가 정색하고 묻는 바람에 우선은 생각할 여유를 가지려고 우물쭈물 말을 회피했다. 그때부터 김일성은 노회한 정치가로서의 기질을 키웠는지도 모른다. 김구는 속사포처럼 말을 쏟아 놓았다. 물론 김일성의 음흉한 입가의 웃음을 눈치채지 못한 것은 아니었으나, 참된 자기의 뜻을 관철할 수 있다는 신념에서였다.

"나는 그대에게 네 가지 부탁이 있소. 첫째는 남북한을 통해 어떠한 단독정부도 세워서는 안된다는 것, 둘째는 생사를 알 길 없는 조만식 선생을 내가 이남으로 모시고 가게 해주었으면 좋겠소. 셋째는 연백延白 저수지의 통수와 남한 송전을 계속해 달라는 부탁이고, 넷째는 중국 여순에 있는 안중근 의사의 유해를 서울로 모셔갈 수 있도록 주선해 달라는 것이오."

8·15해방 뒤 남한에서는 아직 수력발전소를 건설하지 못해 전기가 늘 부족하여 정전이 되는 수가 많았는데, 북한에서는 수

풍 · 섬진강 수력발전이 계속되어 전력이 풍부해서 남아 돌았던 것이다. 그러나 지금은 그 반대로 북조선에서는 전력이 부족해서 방안에서도 어두컴컴하게 희미한 전등불로 지내야 한다고 한다. 전력이 워낙 부족해서 공장도 쉬어야 할 정도라니까, 해방 후 반세기 동안에 모든 경제상황이 180도로 뒤바뀐 것이다.

그건 어떻든 간에 김일성은 첫째 조건인 남북한을 통하여 단독정부를 세우는 것을 반대한다는 것은 쾌히 승낙하고, 둘째 조건인 조만식 선생의 건은 소련 군정하이기 때문에 모시고 가겠다는 데는 찬성하나 실제 자기 마음대로 할 수 없다고 김구의 요구를 완곡히 거절하며 회피했다.

"나는 그대와 이야기하는 동안 너무나 실망이 컸소. 아니, 이 나라 주인이 누군데……. 뭘 그리 소련놈들의 눈치만 살피나? 모두가 우리 한인의 것이 아니요?"

그리고 그 뒤에 2차, 3차 다시 협상할 것을 합의하였으나 역시 별다른 진전이 없었다.

5월 4일, 김구와 김규식 등 남북협상파 일행은 김일성의 만류를 뿌리치고 평양을 떠나 서울로 향했다. 모두 실의에 찬 채…….

평양 거리

김구는 예전에 처음으로 평양에 왔을 때에 고구려의 고도인

패강浿江의 경관을 두루 구경한 적이 있었다. 패강은 평양의 옛 이름으로 대동강의 옛이름이기도 하다.

평양의 자랑은 물론 금수산이다. 금수강산이란 한반도를 지칭하는 이름이기도 하지만, 평양의 명산 금수산 꼭대기에서 구비쳐 흐르는 대동강을 굽어보며 그 가운데 있는 능라도綾羅島를 감싸고 도는 강물을 따라 떠내려가는 흰 돛의 정경도 그윽하기 그지 없는 것이다.

금수산 정상인 모란봉牡丹峰에 오르면 그 밑으로 금세 굴러 떨어질 듯한 부벽루浮碧樓 옆에는 옛날 신라의 대덕인 이차돈異次頓이 수행했다는 영명사永明寺가 시방세계十方世界의 불심을 간직하고 선의 오묘한 깊은 골짜기로 남은 듯 그윽히 자리하고 있다.

절을 돌아서 산을 내려오면 옛 조선 왕조 때의 많은 명사들의 모습을 그리는 듯 큰 붓글씨로 써서 깊이 깎아 새긴 청류벽淸流碧이 솟아있고 그곳을 남쪽으로 걸어가면 아낙네들이 빨래 방망이를 두드리는 소리를 들으며 대동강을 옆에 끼고 연광정練光亭이 높이 솟아 있음을 볼 수 있다. 다시 대동문大同門을 옆으로 끼고 돌면 그 아낙들의 빨래하는 하얀 팔뚝과 부끄러운 듯 물 속에 어린 고운 발도 얼핏 볼 수 있었다. 또한 전설적인 이야기일지 모르지만, 옛날 중국에서 와서 나라를 다스렸다는 기자조선의 창시자가 묻혔다는 기자묘箕子廟도 평양거리의 한 명승지로 되어 있다.

대동강을 건너 동쪽에는 사동寺洞이라는 데가 멀리 바라다 보이고, 대동강이 평양의 동쪽을 감싸고 흐르고 있는 반면 서쪽에는 보통강普通江이 감돌고 있다. 평양은 고려 때 서경이라고도 하여 동경으로 불리던 신라의 고도 경주와 대칭되던 곳이다. 하긴 고려 때에는, 이씨조선의 서울 한성도 남경으로 불렸으니 말이다. 허나 평양은 평양감사도 저 싫으면 그만둔다는 속담이 생겼을 정도로 물산이 풍부하고 평안남·북도를 관할하는 이 나라 제2의 도시로 모든 면에서 빼어난 곳이기도 하다.

따라서 훌륭한 인물들도 많이 나왔다. 우선 근대에 있어서 한국사회의 선각자이며 대표적인 사상가요 독립지사였던 도산 안창호와 그의 영향으로 평안북도 정주 오산에 신식학교를 세워 많은 인재와 독립지사를 키운 남강 이승훈이 있다. 그 <오산학교>를 키운 사람이 평양에서 물산장려운동을 전개하면서 민족정신을 키운 고당 조만식이다. 세 번씩이나 <오산학교>의 교장직을 맡으면서, 우리나라 처음의 순교자 주기철 목사와 시인 소월 김정식과 교역자 한경직 등을 키운 것으로 유명하다. 그리고 신학사상가 함석헌도 그 오산학교의 자랑거리이다. 그 조만식이 해방 뒤에 북조선 인민위원회 위원장으로 또 조선만주당의 당수로 있으면서 순식간에 당원을 모았다가 소련군에 의해 고려호텔에 억류된 것은 나중의 일이다.

서울로 돌아와서

김구와 김규식 등 남북협상 대표들은 그나마의 성과를 거뒀다고 생각하면서 서울로 돌아오는 도중에 황해도의 남천南川에서 하룻밤을 지내고 여현礪峴에 도착한 것은 5월 5일 아침 9시. 음력 5월 5일은 단오절이라고 하여 옛날 중국의 초나라 충신 굴원屈原이 멱라수汨羅水라는 강에 빠져 죽음으로써 자신의 결백과 충절을 증명한 고사를 기리는 명절인 것이다. 그러니까 당시의 임금이 자기의 오해를 뉘우쳐 굴원을 영원히 기리려고 나라의 명절로 정했던 것이다.

> 묻노라 멱라수야 굴원이 어이 죽다더니
> 참소에 더럽힌 몸 죽어 묻힐 땅이 없어
> 창파에 골육을 씻어 어복에 정하리라.

이건 우리나라 옛날 어느 시조시인이 노래한 것이지만, 절조를 지킨 충신의 심성을 잘 표현한 작품이라고 할 것이다.

단오날 남자들은 씨름, 여자들은 그네뛰기 그리고 창포물에 머리감기 등을 즐기며, 중부지방 이남에서는 덧뵈기 놀이로 하루를 보내곤 하였다. 그리고 홀수인 양을 좋아하는 중국에서 양이 겹치는 날인 3월 3일, 5월 5일, 7월 7일, 9월 9일 등이 모두 명절로 지켜지고 있어서 단오인 5월 5일은 그런 연유로 만들어진 명절일지도 모르나 단오절은 중국이 가까운 우리나라 서북 지방에서는 한가위, 설만큼이나 큰 명절로 지켜지고 있다.

김구 일행이 38선을 넘자 수백 명의 군중과 기자들이 반갑게 그들을 맞았다. 우선 무사히 돌아왔으니 안도하는 마음에서였으리라. 그들이 경교장에 도착한 하오 3시에는 그들이 무사히 귀경한 것을 환영하는 시민들이 인산 인해를 이루어 발 디딜 틈이 없을 정도였다. 그만큼 시민들은 김구와 그 일행을 아꼈으며, 그들이 무사히 귀경한데 대해 진심으로 안심했던 것이다.

그 반면에 김구와 김규식 등은 일종의 허탈감에 사로잡혀 있었다. 평양에 갈 때의 기대찬 흥분이 절반도 이룩되지 못한 씁쓸함이 마음 밑바닥에 깔려 있었는데, 지금 서울에 와서 시민들에게는 그런 내색은 감추어야 하는 정치적 현실이 안타까울 뿐이었다. 허나 어쩔 수 없었다. 김구와 김규식은 공동명의로 남북협상의 성과를 발표하였다.

"남북 제정당·사회단체 연석회의는 조국의 위기를 극복하여 민족의 생존을 위하여는 우리 민족도 세계의 어느 우수한 민족과 같이 주의와 당파를 초월하여서 단결할 수 있다는 것을 또 한번 행동으로써 증명한 것이다."

전제하고,

"앞으로 점령군의 철퇴 후 전국정치회의를 소집하여 통일적 <임시정부>를 조직하고, 전국 총선거를 거쳐서 헌법을 제정하고 정식 통일정부를 수립할 것을 약속함으로써 우리 민족통일의 기초를 굳건히 하였으며 우리는 앞으로 여하한 험악한 정세에 빠지더라도 동족상잔에 빠지지 말 것을 확신한다."

라고 대강을 밝히고 전기를 끊는것도 중지하고 저수지도 개방할 것, 그리고 조만식의 동행도 차후로 실현시키겠다고 약속했다고 희망적으로 보고, 끝으로 그들의 안전을 보장한 남북당국자와 언론계에게 고맙다는 말을 덧붙였다. 그러나 이승만 일파는 그가 남북협상에 완전히 실패하고 돌아왔다고 여론으로 몰아붙였다. 이때부터 김구는 정치적으로 완전히 고립무원의 처지에 빠지게 되었다. 설상가상으로 그를 정치적 궁지로 몰아넣는 사건이 또 발생하였다.

마침내 남북은 갈라지고

5 · 10 단독선거와 김구

하늘은 서럽도록 푸르름이 짙고 고왔다. 김구의 가슴도 숨이 막힐 정도로 슬프고 답답했다. 5 · 10 남조선 단독선거를 알리는 마이크 소리가 거리를 누비고 있었다. 지프차에 매단 입후보자들의 쉰 목소리를 울리는 확성기의 소리에 지나가는 시민들은 눈살을 찌푸리며 비껴갔다. 장차 이 나라가 어떻게 되려는고!

이승만을 비롯한 권력욕에 환장한 극우 정객들은 단독정부 창출에 적극적으로 나섰다. 유일한 우익극단인 극협을 비롯한 우익 연예인들을 총동원하여 남한의 방방곡곡으로 선거 독려 홍행을 감행하였다. 연예인들이란 창녀와 같다고 갈파한 사상가들이 있듯이 그들은 돈만 주면 어떤 정당, 어떤 사람에게도 앞잡이 노릇을 해도 괜찮다는 철학(?)을 가지고 있는 족속들이 태반이다.

단독선거에 앞장선 세력은 주로 친일파들로 8·15해방 후에는 이른바 반민족행위를 심사하는 특별위원회가 초대 국회에서 통과되어 설립되긴 했지만, 당시의 실력자였던 이승만의 사주로 친일했던 세력인 군 간부와 경찰 간부들이 총동원하여 파괴공작에 나섰고, 얼마 못가 분쇄되었다. 당시 미군정은 일제 때의 고등계 경찰을 수사기술자란 명목으로 모두 재기용하여 남한은 일제의 재판이 된 상태였다. 그 자들은 공산주의자를 때려 잡는다는 명분을 앞세워 오히려 눈꼴이 시도록 설쳤다. 공산당이야말로 친일경찰을 가장 미워했으니 그들 두 세력은 앙숙일 수밖에 없었다. 5·10 남한 단독선거는 커다란 사고 없이 치루어져 최초의 제헌국회가 성립되었다. 선거가 있은지 약 1개월 후인 6월 7일에 김구와 김규식은 거의 마지막이라고 할 수 있는 통일독립에 대한 촉구의 공동성명을 발표하였다.

"통일이 없는 독립이 있을 수 없고, 독립이 없이는 우리는 살 수 없다. 조국의 독립을 쟁취하려면 유일한 무기는 단결뿐이다. 현단계의 조국실정을 살피건대 우리의 통일공작이 모든 애국동포의 열렬한 지지하에 추진되는 반면에, 반통일 남북분단 공작이 추진되는 것은 엄연한 사실이다. 그러므로 우리는 이제 굳센 결의로써 일층 강력한 통일공작의 신국면을 전개해야 할 시각에 직면하였고, 더욱이 우리의 국토분단을 규탄할 새로운 국제적 기회가 임박한 것도 철저히 인식해야 할 것이다."

라고 단독선거를 규탄하고 통일독립을 강력히 환기시켰다. 그리고 그런 4가지 구체적인 통일운동 전개의 방침을 천명하기도 했던 것이다.

한편, 북조선에서도 김일성이 6월 29일부터 7월 5일에 평양에서 자기네들 좌익계인 제정당 · 사회단체회의의 지도자협의회를 소집하였다. 북조선노동당 · 독립동맹 · 천도교의 조선 청우당 · 조선기독교연맹 등과 각종 직업동맹 · 여성동맹 · 민주청년동맹 등이었다. 그 협의회에서 "조선중앙정부를 수립한다."는 결정서를 채택했다. 그리고 9월 9일에는 급기야 <조선민주주의인민공화국>의 설립을 선언했다.

그렇게 되어 김구 등 남북협상파가 염려했던 남북 단독정부가 수립되었던 것이다. 여기서 김구는 창밖의 흐릿한 하늘을 쳐다보며 지난날을 회상했다. 근 30년 전의 일이었다.

더 큰 바다에서

김구는 1919년 3월 2일, 그러니까 3 · 1독립만세 운동이 터진 다음 날, 마침내 고국을 떠났다. 그는 자신이 저술한 『백범일지』에서 이렇게 적고 있다.

'그 이튿날 곧 3 · 1운동이 일어난 3월 1일이 지난 3월 초 이튿날, 나는 사리원으로 가서 경의선 열차를 타고 압록강을 건넜다.

나는 농촌 중에도 가장 괴악한 동산평을 그만하면 쓸만하다고 할 정도의 농촌으로 만들어 보려 하였다. 그러나 기미년 3월 1일 일어난 만세 소리에 나는 이 사업에서 손을 떼고 고국을 떠나게 되어 있었다. 나는 작인들을 동원하여 만세 부르는 운동에는 아무 관심이 없는 듯이 가래질을 하고 있었다. 내 동정을 살피려고 왔던 왜헌병도 그것을 보고는 안심하고 돌아가는 모양이었다.'

이렇게 쓰고 있다.

백범이 그런 것은 깊은 생각에서였다. 만일 자기도 그 독립만세 사건에 휘말려 뛰어들면 자기의 괄괄한 성격으로 또 열정으로 기어이 앞장 서서 날뛸 것이 틀림없으며 그렇게 되면 독립운동다운 일은 한번도 해보지 못하고 왜경에 붙들려 옥고를 치르거나 목숨을 잃을 것이 뻔하므로 자기 애국적 격정을 억제하고 우선은 비겁하게 보일지 모르지만, 3·1만세 운동엔 관심 없는 척하고 고국을 떠나기로 했었다.

그는 <신민회>에 관계할 때부터 잘 알고 있던 남강 이승훈 장로와 늘 연락을 하고 있었지만 3·1운동은 어디까지나 기독교·천도교 그리고 뒤에 참여한 불교 등 종교지도자들이 주동이 되어 일으킨 궐기였으며, 백범은 비록 기독교에 몸을 담고 있었지만 아직 널리 알려진 유명한 지도자는 아니었기 때문에 대표로 서명할 처지까지는 이르지 못했던 것이다. 더구나 그는 그 옛날 치하포鵄河浦에서 왜의 장교를 때려죽인 사실이 드러나면 중형을 받을 것이 틀림없을 것 같아 한때 격한 열정을 억누르고 보다 신중히 행동하여 더 큰일을 하려고 했던 것이다.

일면 마음 한 구석에는 그건 비겁한 도피의 논리가 아닌가 하는 자책감이 없었던 것은 아니었다. 그러나 국경선을 건너 고국을 떠나 넓은 천지인 중국으로 가서 격렬한 독립운동을 전개하고 싶었던 것이다. 물론 종교지도자들의 그 무저항주의적 투쟁도 마음에 흡족하지도 않았던 것도 사실이었다.

백범이 탄 기차는 평양을 지나 청천강 철교를 건너 동지 남강 이승훈이 세운 <오산학교>를 지나갔다. 그때 남강은 거기 오산에 없었으나 산기슭에 자리잡고 있는 나지막한 기와지붕의 동지 이승훈의 열정의 결정인 교사를 쳐다보면서 남강의 애국정성이 움트고 있는 숨결을 느낄 수 있었다. 문득 뛰어내리고 싶은 충동에 사로잡혔을 때 기차는 굴속으로 숨어들고 있었다. 기차는 신의주에 닿았다. 그 전에 기차가 신의주를 지날 무렵, 백범은 덜컥거리며 건너던 청천강 철교 위에서 옛날 고구려 명장 을지문덕乙支文德이 수나라의 수십만 대군을 물리칠 때 일곱 명의 승려가 그 당시 살수薩水라 불리던 청천강물이 얕게 보이도록 바지를 걷고 건너 수나라 군사를 물속으로 유인하여 수몰케 해서 을지문덕군의 승리를 초래케 했다는 고사를 생각하며 빙그레 웃었다. 그래서 지은 칠불사七佛寺가 어디에 있는지 찾아보는 사이에 기차는 철교를 건넜던 것이다. 백범은 장사꾼으로 가장하여 압록강 다리를 건널 수 있었다.

이륭양행怡隆洋行

압록강 철교는 개폐교로 유명한데 백범은 그 닫히는 시각을 계산해서 잽싸게 건너, 나중에 단동丹東이라고 불려진 안동安東에 도착하여 미리 연락했던 대로 아일랜드Ireland인으로 안동현에서 장사를 하며 조선 독립운동을 적극 도왔던 외국인 어윈 쇼Irwin Show가 경영하는 이륭양행의 가게에 들렀다. 거기엔 이미 열다섯이나 되는 동지들이 모여 있었다. 모두 김구를 반겨 맞으며,

"김구 동지, 참 잘 오셨소."

"정말 반갑소. 헌데……."

"왜요?"

"국내에서 저렇게 독립을 찾겠다고 아우성인데, 우리만 이렇게 고국을 빠져 나가는게 어쩐지 비겁한 것 같아서."

그러자 어떤 동지가,

"그야 좀 미안하긴 하지만……."

"그 얘긴 진에 이미 다……."

"그렇더라도……."

모두 얼굴에 민망한 빛이 떠올랐다. 그러자 그 암울한 침묵을 깨려는 듯,

"이왕 이렇게 됐으니, 우리 모든 걸 잊어버리구, 중국에 가서 몇 갑절 더 화끈하게 싸우면 되지 않겠소."

"그래, 그래, 그럽시다!"

모든 동지들이 자기 마음 속의 꺼림칙한 생각을 떨쳐 버리려는 듯, 목소리에 힘을 주며 외치다 시피 강한 말투로 찬성했다. 하여튼 그 이튿날, 어윈 쇼라는 아일랜드인 소유인 이륭양행의 배를 타고 김구 등 일행 망명객 16명은 나흘 만에 무사히 상해의 포동浦東 포구에 도착했다. 안동과 상해는 거리도 멀지만, 3월의 안동은 아직도 추운 겨울이어서 얼음덩어리가 압록강 하구에 둥둥 떠 있었으나, 상해가 있는 황포강黃浦江가에는 녹음이 우거져 있었다. 그만큼 위도의 차이가 컸던 것이다.

김구 일행은 상해에 도착하자 공승서리公昇西里라는 곳의 여관 15호실에서 첫날 밤을 지냈다. 물론 그 전에 김구는 국내에서 큰일을 해치웠던 것이다.

국모폐하 참살의 복수

치하포의 분노

그는 발길로 그놈의 배를 걷어찼다. 그놈은 거세게 걷어차이자 한 길이나 되는 낮은 마당에 나가 떨어졌다. 그는 날쌔게 쫓아 내려가 그놈의 모가지를 밟았다. 방문이 모두 벌컥 열리며 방안에 있던 사람들이 목을 쑥쑥 내밀었다. 그는 그들을 향해,

"누구든 이놈을 위해 감히 내게 덤비면 모조리 죽일테다."

그가 잠깐 숨을 돌리며 틈을 주자, 목이 눌렸던 그놈은 날쌔게 몸을 빼고 칼을 뽑아서 그에게 덤볐다. 시퍼런 칼날이 그의 면상을 내리쳤다. 그러나 그는 칼날을 그대로 받지 않았다. 날쌔게 피하면서 그의 옆구리를 걷어찼다. 그놈은 고꾸라졌다. 그는 그놈의 칼을 낚아채고 그놈의 손목을 힘껏 밟았다. 칼은 쨍

그렁하고 얼어붙은 땅에 나가 떨어졌다. 그 칼을 잽싸게 집어 들고, 그는 그놈의 머리에서부터 발끝까지 난도질을 쳐서 살을 저몄다. 그놈의 목에서 흐르는 피가 언 땅에 흥건히 고였다.

그 죽은 자는 일본 육군중위 쓰치다 조스케土田讓亮였다. 때는 1896년 2월 새벽, 치하포鴟河浦 나루터에서 일어난 일이다.

그 전에 조정에서는 수구파와 개혁파가 싸우며 개혁파인 총리 대신 김홍집을 때려 죽이고 또 친일파와 친아파親俄派가 심하게 갈등을 벌이고 있었다. 이에 김창수는 그 정쟁에 분노를 느껴 방랑하던 중 용강龍江을 거쳐 안악으로 가기로 해 치하포 나룻배에 올랐던 것이다. 그런데 강물이 얼어붙고 빙산에 밀려 치하포의 어떤 나루터 집에 머물렀다가 왜놈을 발견해서 전에 국모가 왜 낭인들에게 참살된 것을 알고 그 원흉인 일본공사 미우라 고로오三浦梧樓를 죽여 복수하려고 하던 참인데 이번에 그 일당으로 알고 쓰치다를 때려 죽인 것이다.

물론 쓰치다를 때려 죽이기 전에 왜놈의 패가 몇인가 미리 알아 보았었는데 40여 명 손님 중에 단지 열여덟 살 가량되는 총각 하나가 그의 곁에서 시중을 들고 있을 뿐 한패로 보이는 사람은 없었다. 그는 이 왜놈을 죽일 것이냐 말 것이냐 갈등을 느꼈다. 이때 고능선 선생의 교훈 중에 득수반지부족기得樹攀枝不足奇 현애철수장부아懸崖撤手丈夫兒(나무에 올라감에 가지를 잡는 것은 이상할 것이 없고, 벼랑에서 손을 놓는 것은 가히 장부로다)라는 글귀가 생각이 났다. 그리고 한 줄기 광명이 비침을 느끼고 결행을 결심했던 것이다.

김창수에게는 모든 손님이 식사를 끝낸 뒤에야 밥상이 들어왔다. 그는 너댓술로 한 그릇을 게 눈 감추듯 먹어 치우고 나서 주인을 불러 오늘 해 안으로 7백리 길을 가야 하니 남은 밥 일곱 상을 더 차려 싸오라고 하였다. 그리고서는,

"오늘 저 왜놈의 피를 많이 먹었더니 배가 불러 더는 못 먹겠는걸!"

하면서 입을 쓱쓱 닦았다. 아직도 입술에 피가 묻어 있어서 그의 손등이 곧 빨갛게 물들었다. 그리고 쓰치다의 짐을 조사하니 그가 일본 육군중위라는 증명서와 엽전 8백냥이 나왔다. 그는 그 돈에서 손님들의 밥삯을 떼어주고 나머지는 그 동네 가난한 사람들에게 나눠주라고 명했다. 마침 동장이 나루터집 주인 이화보李和甫여서 손을 덜 수가 있었다.

"그리구, 비단 우리 사람들 뿐만 아니라 물속의 고기들두 왜놈들의 핍박을 받았으니, 그놈의 시체를 물속에 던져 뜯어먹게 하시오."

"네-."

집주인 이화보는 설설 기면서 그의 명에 따랐다. 그리고 지필묵을 가져오라고 해서 "국모의 원수를 갚으려고 이 왜놈을 죽였노라. 해주 백운방 텃골 김창수."라고 서명까지 해서 길가 벽에 붙이게 하고 이를 안악군수에게 통지하라고 이르고 나서 유유히 그곳을 떠났다.

집에 돌아가서 그 일을 낱낱이 아뢰었더니 그의 부모님은 가슴이 덜컥 내려 앉으며, 어서 여길 떠나서 몸을 피하라고 권했으나 그는 완강히 거부하고, 만일 내가 잡혀가서 목숨을 잃는 한이 있으면, 그건 만인에게 교훈을 주게 되어 오히려 영광인데 어디로 도망가느냐고 태연히 집에서 잡으러 오기를 기다렸다. 그로부터 석달이 지나서 병신년 5월 열하룻날 새벽에 수십 명이 몰려와 그를 에워싸고,

"네가 김창수냐?"

"그렇다. 나는 김창수거니와 그대들은 누구들인데 이렇게 요란하게 남의 집을 에워 싸느냐?"

그 중 우두머리인 듯한 사람이 내부훈령등인內部訓令等因이란 그 당시의 체포장을 내어 보이고 그를 오라로 묶었다. 그 오라는 쇠사슬이었다. 그가 발광할까봐 쇠줄을 준비하였던 것이다. 순검과 사령이 도합 30여 명으로 앞 뒤로 그를 호위하고 만일의 경우를 생각한 듯 경계가 삼엄하기 짝이 없었다. 그러나 그는 하등 잘못한 것이 없는 듯, 사실 잘못은 커녕 장한 일을 했으니 떳떳하였다. 우선 해주감영으로 끌고 가는 듯하였다.

날씨는 화창하였다. 그는 비록 끌려가지만 여유만만하여, 길가에 움돋는 파란 싹을 쳐다보며, 상쾌한 기분으로 주변을 두리번거렸다. 지나가는 사람들이 자기를 개선장군처럼 바라다 보는 듯한 느낌이었다. 그토록 의기양양했다. 멀리 보이는 산기슭에 피어오르는 아지랑이가 오히려 정다웠다.

김창수는 이틀 후에 해주옥에 갇힌 몸이 되었다. 그렇게 되자 어머니는 외아들인 그를 불쌍히 여겨서인지, 밥을 빌어다가 그의 옥바라지를 하고, 아버지는 또 예전에 조금이라도 낯이 익기만 하면 체면도 무릅쓰고 염리청이니 사령청이니 찾아다니며 그의 석방운동을 하였으나 사건이 워낙 중대한지라 도무지 먹혀 들지 않았다. 그가 옥에 갇힌 지 한달이 지나서야 목에 큰 칼이란 전통적인 죄수들에게 씌우는 나무로 된 형구를 채운 채 재판장인 선화당宣化堂 뜰에 끓어 앉히고 신문을 하였다. 감사 민영철이,

"네가 안악 치하포에서 일본사람을 살해하고 도적을 하였다지?"

참으로 기상천외의 심문이었다. 그는 펄쩍 뛰며 딱 잡아떼었다.

"그런 일이 없소."

사실 터무니없는 소리였기 때문이다. 그러자 민영철 감사는,

"이놈, 네 행석에 증거가 확실한데 그래도 모른다고 잡아떼?"

그리고서는 사령들에게,

"저놈을 단단히 다루어라."

"네이."

몇이 달려들어 그의 발목과 무릎을 여러 겹으로 동여매고 붉은 칠을 한 몽둥이 두 개를 그의 다리 사이에 들이 밀고 한 놈이 한 개씩 힘껏 눌러서 주리를 틀기 시작했다.

"으흐……."

단번에 정강이의 살이 터져서 뼈가 허옇게 드러났다. 그 상처가 평생 그의 다리에 남아서 그 때의 아픔을 상기시킨 허물로 남았던 것이다. 그러나 그는 그런 아픔을 꾹 참다가 마침내 기절하였다. 그러자 그 사령들은 그의 얼굴에 찬물을 끼얹어 다시 정신을 차리게 하고 계속 고문했으나 사건의 전말을 실토하지 않고,

“나에게 보인 체포장을 본즉, 내부훈련등인이라고 돼있는 것 같은데, 그럼 나는 관찰부에서 처리할 일이 아니니 내부로 보고해 주시오.”

그는 서울에 가기 전에는 그 왜놈을 죽인 동기를 말하지 않으려고 굳게 결심했었다. 민감사도 어쩔 수 없었던지 인천仁川으로 이송할 수밖에 없었다. 인천 감리영監理營으로부터 4, 5명의 순검이 해주로 와서 그를 데리고 가게 되었다.

그것이 7월 초순이었다. 한국의 7월이란 1년 중 가장 더운 계절임은 누구나 잘 아는 바이다. 그냥 앉아 있기만 해도 겨드랑이에는 물론이고 등골에 땀이 줄줄 흘러내리고, 얼굴에도 비오듯 땀이 솟아 나오는 철이다. 김창수는 물론이고 그를 데리고 가는 순검도 숨을 헉헉거리며 여간 고통스러워하지 않는 것 같았다.

김창수가 인천 감리영으로 이송된다는 것을 알자 그의 아버지는 하루 이틀 사이에 집에 돌아오기란 틀린 것 같아서 아예 집을 팔고 가정 집기도 헐값이나마 다 처분해 버리고 그가 어떻

게 되는지 하회를 기다리기로 하여 일단 집으로 돌아가고 어머니만 따라나섰다.

해주를 떠난 첫날은 연안읍에서 하룻밤을 자고 그 이튿날 나진포羅津浦로 가는 도중에 읍에서 5리쯤 가서 길가 어느 무덤 옆에서 쉬게 되었다. 먼 산에서는 한여름의 더위를 이기지 못하는 듯 가냘픈 뻐꾸기 울음소리가 들려왔다. 그 한가로운 울음소리가 야속하기 짝이 없었다. 순검들은 더위를 피하려는 듯 참외를 사먹고 있었다.

문득 바라다 보니 그 무덤 앞에는 돌비석이 서 있었는데, 효자 이창매지묘孝子 李昌梅之墓라고 새겨 있었고, 뒤를 보니 이창매란 사람은 원님을 곁에서 모시면서 원의 명을 받아 내리고 올리고 하는 천한 통인通引 벼슬자리에 있었는데, 바람이 불거나 비가 오거나 한결 같이 그의 어머니의 산소를 모셨다고 해서 나라에서 효자정문孝子旌門을 내렸다고 적혀 있었다. 그리고 그의 산소 옆에 있는 그 아버지의 묘소 앞에는 그가 신을 벗어 놓고 층계를 걸어 들어간 발자국과 무릎을 꿇었던 자리와 향로·향합 등을 놓았던 자리에는 영영 풀이 나지 못하고 혹시 사람들이 그 움푹 패인 자리를 메우는 일이 있으면 곧 뇌성이 진동하여 큰 비를 퍼부어 메운 흙을 씻어 내고야 만다고 했다. 물론 그건 전설에 지나지 않을는지 모르지만 하여튼 그만큼 신비스럽게 전해 내려올 정도로 거룩하기조차 했다. 그러나 그런 이야기를 하는 순검들은 곧이 곧대로 그 말을 믿는 것 같았다.

그런 이창매의 효심에 비해 자기 김창수의 불효막심함은 어떠한가?

허둥지둥 쇠사슬에 묶여 감옥으로 끌려가는 자기의 옥바라지를 하려고 따라오는 어머니의 한에 맺힌 모습을 흘긋 쳐다보면서 가슴속에 피눈물이 흐름을 느꼈다. 순검들은 그를 일으켜 세워 다시 길을 재촉했다.

인천 감옥에 갇히다

캄캄한 밤이었다. 달도 뜨지 않았다. 나진포에서 인천으로 가는 배를 탄 것이 7월 25일이었다. 보이지 않는 물결은 소리만 낼 뿐이었다. 배가 강화도를 지날 때쯤 되었을 때, 그를 이송하던 순검들도 한여름의 더위를 못 이겨 모두 곤해서 끄덕끄덕 졸고 있었다. 그 모습들을 본 어머니는,

"얘야, 이제 네가 가면 왜놈의 손에 죽을 터이니 차라리 푸르디 푸른 저 물에 나와 같이 빠져 죽어 귀신이 돼서라도 함께 지내자."

김창수의 손을 꼭 붙잡고 뱃전으로 끌고 갔다. 그러자 김창수는 그냥 배 위에 있는데도 이렇게 캄캄하고 어두운데 게다가 바닷물 속에 빠져 그 밑으로 들어간다면 얼마나 답답할 것인가? 그리고 고기들이 자기 몸을 뜯어 먹으려고 다가올 것을 생각하니 도저히 참을 수가 없었다. 그는 헉헉 숨을 몰아쉬고 마치

다시 배 위로 올라오는 광경을 생각하고, 또 그대로는 절대로 죽을 수 없다고 생각하여,

"제가 이번에 가면 죽을 줄 아십니까? 결코 죽지 않습니다. 제가 나라를 위하여 하늘에 사무친 정성으로 한 일이니 하늘이 도우실 것입니다. 분명히 죽지 않습니다."

그러나 어머니는 그게 무슨 헛소리냐는 듯 그의 손을 끌고 곧 바닷속으로 뛰어들듯 하였다. 김창수는 어머니의 손을 뿌리치듯 하며,

"어머니, 저는 분명 안 죽습니다."

그러자 어머니는 비통한 목소리로,

"나는 네 아버지하고 약속했다. 네가 죽는 날이면 우리 양주도 같이 죽자고."

여전히 천지는 캄캄하고 칠흑 같았다. 먹물을 쏟아 놓은 것 같았다. 그는 마침내 인천 옥에 갇혔다.

갑오경장이 있은 1894년 이후 외국사람과 관련된 사건을 심리하는 특별재판소가 인천에 설치되었기 때문에 그 구치장도 인천에 있었던 것이다. 그가 갇힌 감옥은 내리內里에 있었다. 바루터기에 감리서監理署가 있고, 그 왼쪽에 경무청 오른쪽에 순검청이 있었는데 감옥은 순검청 앞에 있고, 그 모든 관청으로 들어가려면 2층 문루를 들어서야 했던 것이다.

높이 둘러싸인 담안에 나지막한 건물이 감옥인데 그것을 반으로 갈라서 한편에는 징역하는 전중이와 강도범・절도범・살

인범 등의 큰 죄를 지은 미결수를 가두고, 다른 한편에는 잡범을 가두었다. 미결수는 평복이지만, 징역살이 죄수들은 퍼런 옷을 입었고 저고리 등에는 강도, 살인, 절도 등 죄명을 써 붙였던 것이다. 그 죄수들이 일하러 옥 밖으로 끌려 나갈 때에는 좌우 어깨를 아울러 쇠사슬로 동여서 둘씩 둘씩 쇠사슬에 잡아매어 짝패를 만들고, 그 쇠사슬 끝에는 자물쇠를 채웠다.

처음 그는 인천감옥에 갇힐 때, 단지 도적으로 몰려 아홉 사람을 함께 채우는 기다란 착고에 다른 여덟 명과 함께 발목이 채워졌다. 그런데 거기서 뜻 밖의 사람을 만났다. 한달 전에 잡혀왔다는 치하포 부둣가 밥집 주인 이화보가 있었던 것이다. 그는 김창수가 들어오는 것을 몹시 반가워하였다. 그날 그가 쓰치다를 죽인 이유를 써서 이화보의 집 벽에 붙인 것을 일본인이 떼서 감추고 김창수를 완전히 강도로 몰았다는 것이다. 이화보의 말이었다.

그의 어머니는 아들의 옥바라지를 하려고 박영문朴永文이라는 인천항에서 유명한 물상객주物商客主(일종의 도매상) 집에 가서 사정을 말하고 그 집에 식모로 들어가 일을 해주고 그 대신 자기도 자고 먹고 지내면서 자식에게 사식을 들이도록 하였다. 박영문은 개성사람으로 감리서 삼문 밖에 전방이 있어서 안성맞춤이기도 하였다.

애애부모 생아구로 哀哀父母 生我劬勞

욕보기은 호천망극 欲報其恩 昊天罔極

부모님께서 나를 낳으시고 기르신 고생하심이 커서

은혜에 보답코자 하나

하늘처럼 높아 다할 길이 없음이 슬프구나

옥 속은 더할 수 없이 불결하고 아직도 여름이라 참으로 견딜 수가 없었다. 게다가 그는 장질부사에 걸려서 고통이 극도에 달했다. 장질부사는 흔히 염병이라고 해서 신열이 40도나 오르고 만일 완치되고 나면 모든 잡균이 다 죽어서 오히려 몸은 거뜬해지지만 머리털이 모두 빠져 보기는 흉측하게 되는 법인데 그도 예외는 아니었다. 한번은 그 더위에 신열이 높을 대로 높아서 극도의 고통을 참을 수가 없어, 마침내는 자살을 할 생각으로 다른 죄수들이 잠든 틈을 타 이마에 손톱으로 충성 충자를 새기고 허리띠로 목을 맸다. 그는 삽시간에 고향으로 가서 평소에 친하게 지내던 재종 창학昌學과 노는 꿈을 꾸었다. 그러나 그는 죽지 않았다. 문득 정신이 드니 옆에 있는 죄수들이 죽겠다고 고함을 치고 야단들이었다.

그가 죽을 것을 걱정해서 그러는 것이 아니라, 아마 그가 인사불성 중에 몹시 요동을 쳐서 함께 차고 있던 착고가 흔들려 그자들의 발목을 심히 아프게 했던 모양이었다. 그가 죽지 않았음을 안 그 죄수들은 그가 자살할 기회를 주지 않으려고 감시하였고, 그래서 죽을 수도 없었지만 그 자신도 그대로 죽을 수는 없다고 생각했다. 원수를 갚지 않고서는 말이다.

사실 해주감영에서 다리뼈가 드러나는 악형을 겪으면서도 함구불언 말을 하지 않고 내부에 가서 비로소 대관들에 큰소리 한번 치고 뜻을 밝히려고 했는데 병으로 죽기는 너무 억울하고 만일 불가피하게 죽는다손 치더라도 큰 소리로 왜를 죽인 뜻을 다 밝혀야겠다고 생각했던 것이다.

그러는 동안에 땀은 비오듯 흘렀고 음식도 보름 동안이나 먹지 못해서 기운이 소진했는데, 다시 그를 심문한다는 기별이 왔다. 그는 옥사정의 등에 업혀서 경무청으로 끌려 갔다. 도둑 문초를 하는 형구가 삼엄하게 놓인 것이 보였다. 그리고 경무관 김윤정이,

"어찌하여 저 모양이 되었느냐?"

하고 묻자 옥사정은,

"열병을 앓아서 저 모양이 되었습니다."

라고 대답하자 김윤정은,

"네가 내 묻는 말에 대답할 수 있느냐?"

"정신은 있으나 목이 말라 붙어서 말이 잘 나오지 아니하니 물을 한 잔 주면 마시고 대답하겠소."

김윤정은 물을 가져오게 하여 마시게 하였다. 우선 인정 심문을 끝내고,

"너는 안악 치하포에서 일본사람 하나를 죽인 사실이 있느냐?"

"있소."

"그 일본사람을 왜 죽였지? 그리고 그 재물을 강탈할 목적으로 죽였다지?"

"아니올시다. 나는 국모폐하의 원수를 갚으려고 왜구 한 명을 죽인 사실은 있으나 재물을 강탈한 일은 없소."

그리고 그 뒤에 했던 사실, 곧 주막집 벽에 자기가 죽였다는 사실을 벽보로 써 붙이고 그 재물은 뱃삯으로 주고, 또 나머지는 동네 가난한 사람들에게 나누어 주었다는 사실을 밝혔다. 그때 옆 의자에 앉아 거드름을 피우며 방청하던 자인 일본순사가 통역에게 무슨 말이냐고 묻자 그는 소리를 버럭 지르며,

"이놈, 소위 만국고업 어느 조문에, 통상 화친하는 조약을 맺고서 그 나라 임금이나 왕후를 죽이라고 하였더냐? 이 개같은 놈아! 너희는 어찌하여 감히 우리 국모폐하를 살해하였느냐? 내가 죽어서 귀신이 되어서라도 맹세코 너의 임금을 죽이고 너희 왜놈들을 씨도 없이 다 말려서 우리나라의 치욕을 씻고야 말 것이다."

그렇게 호통을 쳤더니 그 일인순사-나중에 와타나베라고 밝혀졌지만-그 자가,

"칙쇼, 칙쇼(짐승 같은 놈)!"

하고 떠들며 뒤로 빼소니치고 말았다. 장내는 쥐 죽은 듯 조용해졌다. 그러자 배석했던 어떤 관리가 김윤정에게,

"이 사건은 심히 중대하니, 감리영감에게 아뢰어 친히 심문하게 하는 것이 마땅하니 그렇게 하시지요."

김윤정 경무관도 고개를 끄덕였다. 그리하여 그 뒤로는 감리사가 직접 심문하였다. 그러자 김창수는 청상에 앉아 있는 높은 관원들 특히 감리사 이재정, 경무관 김윤정 등에게 들으라는 듯,

"나 김창수는 시골의 일개 천한 백성이지만 국모폐하께옵서 왜적의 손에 돌아가신 국가의 수치를 당하고서 청천백일하에 그림자가 부끄러워서 왜구 한 놈이라도 죽였거니와 아직 우리나라 사람으로서 왜왕을 죽여 국모폐하의 원수를 갚았다는 말을 듣지 못하였거늘 이제 보니 당신네가 국상으로 백립을 쓰고 소복을 입은 이른바 몽백蒙白을 하였으니 춘추대의에 군부의 원수를 갚지 못하고는 몽백을 아니한다는 구절은 잊어버리고 한갓 영귀와 총록을 도적질하려는 더러운 마음으로 임금을 섬긴단 말이오?"

라고 외치듯 말하자 청상에 앉은 관원들은 양심에 찔린 듯 얼굴들이 빨개지며 고개들을 숙였다. 감리사가 그래도 관원들의 어른답게,

"김창수가 지금하는 말을 들으니 그 충의와 용감을 흠모하는 반면에 황송하고 참괴한 마음이 비길 데 없소이다. 그러나 상부의 명령대로 심문하여 올려야겠으니 사실을 상세히 진술해 주시오."

라고 경어를 쓰기까지 하였다. 심문이 끝나고 옥사정의 등에 업혀 다시 감옥으로 돌아갈 때 군중속에 희색이 만면한 어머니

얼굴을 보았다. 옥사정도 그의 어머니에게,

"마나님, 아무 걱정마시오. 어쩌면 이런 호랑이 같은 아들을 두셨소? 정말 장하십니다!"

라고 공손히 말을 던졌다. 나중에 안 일이지만 그의 어머니는 아들이 감리사들을 책망하고 일본순사를 호령하여 내쫓았다는 자세한 이야기를 들었다고 했다. 옥에 다시 갇힌 그를 예전과 같이 잡범들과 함께 착고를 채우자 그는 한바탕 소동을 피웠다. 전에 아무 사정도 밝히기 전이라면 몰라도 예사 살인강도가 아니고 나라에 대한 충의로운 살인을 했는데도 여전히 홀대를 하니 심히 못마땅하고 불쾌했던 것이다. 김윤정은 그 사실을 알고,

"이 사람은 다른 죄수와 다르거든 왜 도적 죄수와 같이 둔단 말이냐? 즉각 이 사람을 좋은 방으로 옮기고 일체 몸은 구속치 말고 너희들이 잘 보호하여라."

라고 옥사정을 책망하고 곧 다른 방으로 옮기게 하였다. 그 뒤로 김창수는 옥중의 왕이 되었다. 그보다도 더 놀라운 일이 김창수를 기쁘게 하였다. 얼마 안 있어서 어머니가 면회를 와서 하는 말이 그 일이 있은 뒤 김윤정 경무관이 그의 어머니를 찾아와서 150냥이나 되는 큰 돈을 보내서 보약을 사서 아들에게 먹이라고 했을 뿐만 아니라 어머니가 우거하는 집 주인 내외는 더 말할 것 없이 사랑 손님들까지도,

"옥중에 있는 아들이 무엇을 자시고 싶어하거든 말만 하면 무어든 해드리리다."

라고 경의를 표하더라는 것이었다.

그 이튿날부터 그를 면회하려고 사람들이 밀려들기 시작했으며, 감리서, 경무청, 순검청, 사령청의 수백 명 관속들이 선전을 했음인지 그의 심문 날에는 인천항의 세력가들은 물론이고 막벌이꾼들까지도 그가 심문 받는 날을 미리 알려 달라고 관속들에게 부탁이 쇄도했다. 이제 김창수는 인천거리의 큰 영웅으로 태양처럼 빛나기 시작했던 것이다.

그가 두 번째 심문 날에 옥문을 나서 보니 길에는 물론이고 경무청 뜰에도 인산인해로 발 디딜 틈이 없었고, 담장이나 지붕에도 사람들이 올라가 있어서 눈이 온 듯 하얗게 사람 꽃이 핀 것 같았다. 그리고 김윤정 경무관이 그의 옆을 지나며,

"오늘도 왜놈이 와 있으니 기운껏 호령을 치시오."

하고 나직하지만 힘차게 속삭이는 것이었다. 그 며칠 뒤 일본사람이 김창수의 사진을 찍겠다고 나타났다. 그러자 한국 관원과 일본사람 사이에 실랑이가 벌어졌다. 그 일인 사진사는 김창수를 수갑을 채운 채 사진을 찍겠다고 우겨댔다. 그러자 김윤정이,

"이 사람은 임금님이 친히 알아 하시는 이른바 계하죄인啓下罪人이니 대군주께서 분부가 계시기 전에는 그 몸에 형구를 대일 수 없소."

라고 딱 잘라 말하자 그 일본사진사는,

"형법이 곧 대군주 폐하의 명령이 아니오? 그런즉 김창수에게 수갑을 채우고 포승을 얽는 것이 옳지 않소?"

하고 억지를 부렸다. 그러자 김윤정은,

"갑오경장 이후에 우리나라에서는 형구를 폐하였소."

하고 잡아떼었으나, 일본사진사는 또 끈질기게,

"귀국 감옥 죄수를 본즉 모두 쇠사슬을 차고 다니던데……."

라고 끈질기게 물고 늘어졌던 것이다. 그리하여, 마침내는 그를 길에 자유로이 앉은 채로 사진을 찍게 되었는데, 일본사진사는 집요하게 달라붙어 포승을 옆에 놓고라도 찍게 해달라고 해서 겨우 그렇게 하도록 허락하였다.

그토록 아무리 일본에게 국권이 유린되고 있었으나 역시 조야의 관원들은 나라 사랑하는 의식이 깊어 애국적인 행위로 일본 장교를 죽인 민족적 영웅이고 애국적 인사인 김창수에게 최대의 예우를 했던 것이다.

새 세상에 눈을 뜨다

인천옥에서의 심문이 끝나자 김창수는 별로 할 일이 없어서 죄수들에게 글을 가르치거나 죄수들을 위해 소장을 써 주는 한편, 그의 아버지가 들여다 준 『대학大學』을 여러 번 읽었다. 그러다가 감리서의 어떤 젊은 벼슬아치의 권유로 새로운 지식을 얻게 되었다. 그야말로 새로운 세계에 대해 눈을 뜨기 시작하였던 것이다. 중국에서 발간된 『태서신사泰西新史』니 『세계지지世界地誌』니 하는 책을 한문으로 된 것과 국한문으로 번역된 조선책도 들여 보내주어 이 지구에는 완전히 새 세상이 있다는 것을 알 수가 있게 되었다. 언제 사형이 집행될지도 모르지만 아침에 옳은 길을 깨닫고 저녁에 죽어도 좋다는 생각으로 신학문 서적들을 탐독하였던 것이다. 김창수는 아직 그런 말은 모르고 있었겠지만 서양 어느 학자가 "설혹 내일 지구의 종말이 온다고 해도 오늘 나는 사과나무를 심겠다."고 한 내일에의 열정과 비슷한 심정이었을 것이다. 그동안 국내에서는 그릇된 지도자의 강압 밑에 척양척왜斥洋斥倭 정책으로 외국을 배척만 하고, 널리 세계의 정치 · 문화 · 경제 · 과학 등에 접촉할 기회를 주지 않았는데, 그 새로운 책을 보고서는 구미의 문명사회가 어떻다는 것을 알게 되어 한편 놀랍기도 하고 한편 감탄해 마지 않았던 것이다. 그래서 지금 세계가 어떻게 돌아가고 있다는 것을 깨우칠 수가 있었다.

눈이 움푹 들어가고 코가 우뚝 솟고 눈알이 노랗거나 파란 고양이 같은 서양사람들이 원숭이 같은 금수가 아니고 정말로 깬 사람들이라는 것을 새삼 깨달을 수가 있었다. 우리나라 사람들도 그들을 본받아 새로운 지식을 배워야 한다고 절실히 느끼게 되었다.

그런데 우스운 것은 같이 옥에 있던 조덕근曺德根이란 자가 대학을 배우기로 하였는데 그 서문에 인생팔세 개입소학이라는 구절을 소리 높이 읽다가 개입소학을 개 아가리 소학이라고 해서, 김창수는 허리가 끊어지도록 웃기도 했던 것이다. 그 자는 화개도 갈보의 서방으로서 갈보 하나를 중국으로 팔아 넘긴 죄로 10년 징역을 선고받고 옥에 갇혔던 것이다.

그러는 동안에 서울에서는 <황성신문皇城新聞>이 창간되어 누가 그 신문을 김창수에게 들여 보내주어 읽어 보았는데, 거기 그에 관한 사건전말이 대강 간추려 실렸고, 그 김창수가 지금 인천 감옥에서 죄수들에게 글을 가르치고 있어서 감옥은 학교가 되었다고 씌어 있었던 것이다. 그뿐 아니라 감옥 속에서 대서소의 일도 하고 있는데 그것은 그때에는 옥에 갇힌 죄수들이 소장을 쓰려면 밖에 있는 대서소에 가서 소장을 써야 하는데 이는 매우 힘이 들고 돈도 들어야 하므로 김창수에게 부탁하면 돈도 안 받고 간편해서 아주 좋다고들 한다고 했으며, 더군다나 그가 소장을 써주면 꼭 이기곤 해서 더더욱 일손이 딸릴 지경이라고 했다.

그 당시 감옥에서는 낮잠을 재우고 밤에는 조금도 눈을 붙이지 못하게 하였는데, 그건 잠든 틈을 타서 죄수가 도망칠 것을 염려해서였다. 그러면서 7월도 거의 다 갔다.

죽음을 각오하고

그가 사형을 당하리라는 기사를 본 사람들은 뒤를 이어 찾아와서 마지막 인사를 하고는 눈물을 흘리기도 하였다. 심지어 높은 벼슬아치들인 어느 나으리, 어느 영감들이 찾아와서,

"김 석사, 살아 나와서 다시 상면할 줄 알았더니 이것이 웬일이오?"

그런데 이상한 것은 밥을 손수 들고 오던 그의 어머니는 평시와 조금도 다를 바가 없었던 것이다. 아들이 사형당하는 줄을 알면 당연히 초조하거나 슬퍼할 텐데 말이다. 아마 다른 사람들이 아들이 죽게 되었다는 소식을 알리지 않아서이겠지 라고 그는 생각했다. 인천 감옥 사형수는 언제나 오후에 처형하게 되었고 우각동牛角洞에서였는데, 그는 그 사실을 알면서도 아침 식사를 한 그릇 거뜬히 먹어치웠다. 죽을 때에는 어떻게 하리라 하는 마음의 준비도 하지 않고 있었다. 그가 저지른 사건에 조금도 부끄럼이 없고 마음이 떳떳했으니 죽어도 태연할 수가 있었기 때문인지 모른다.

조그마한 창, 그 창살 사이로 아침 햇살이 찬란한 화살처럼 쏟아지고 있었다. 그 햇빛 화살이 그의 발 위에 떨어지고 있었다. 그것이 차츰 다리로, 다시 가슴으로 옮겨오고 있었다. 이제 얼굴을 비추게 될 때 그 빛의 화살이 그를 형장인 우각동으로 끌고 갈 것이다. 감옥 안의 그의 방은 마치 초상집처럼 울음바다로 변해갔다. 그에게 음식을 얻어먹던 죄수들, 글을 배우던 제자들, 소장을 써 받던 사람들, 그리고 대서소에 있어서 그에게 지도를 받던 잡수들, 마치 부모를 죽음으로 보내는 자식들처럼 차마 눈 뜨고는 볼 수 없을 정도의 참상이었다. 차차 시간이 흘러 오후가 되고 저녁 때가 되었다. 교수대로 나갈 시각이 바

싹바싹 다가오고 있었다. 저녁밥이 들어왔다. 모두들 김창수는 특별한 죄수이기 때문에 밤에 집행할지 모르겠다고 생각을 하고 있는 모양이었다. 밤이 초경이 되어서 밖에서 여러 사람이 떠들썩하고 가까워지는 인기척이 나더니 옥문 열리는 소리가 났다. 그는,

"옳지 이제 때가 되었구나!"

하고 가슴이 덜컥 내려 앉았다. 그와 한방에 있는 죄수들은 자기가 죽으러 나가기나 하는 것처럼 낯빛이 변해 덜덜 떨고 있었다.

"창수 어느 방에 있소?"

"이방이오."

"아이구, 이제는 창수 살았소!"

"예?"

그는 무슨 영문인지 모르고 그저 얼떨떨할 뿐이었다. 도대체 어떻게 됐다는 건가?

"글쎄 감리영감과 전 서원과 각청 직원이 아침부터 밥 한 술 못 먹고 끌탕만 하고 있었소. 창수를 차마 어찌 우리 손으로 죽이느냐구. 그랬더니—."

"……."

"지금 대군주 폐하께옵서 특사를 보내 대청에서 감리영감을 불러 김창수 사형을 정지하라시는 칙령을 받잡고, 밤이라도 인천옥에 내려가 김창수에게 전지하여 주랍시는 분부를 듣고 왔소. 오늘 얼마나 상심하였소?"

그건 바로 사흘 전에 서울에서 인천까지 전화가 통하게 되었다는 행운도 있었기 때문이며, 실은 하늘이 김창수를 아직 살려두어서 조선의 독립을 위해 쓰실 일이 있었기 때문일 것이다. 경위는 대강 이러했다.

법무대신이 몇 사형수의 명부와 함께 김창수의 이름이 든 것도 가지고 입궐하여 상감의 칙재를 받았다. 그런데 상감께서는 다 재가를 했는데, 그때에 입직했던 승지 중의 하나가 김창수의 죄명이 국모를 죽인 자에 대한 복수였다는 것을 보고 이상하게 여겨서 이미 재가된 안건을 다시 가지고 어전에 나아가 임금께 뵈인즉, 상감께서는 즉시 어전회의를 열고 그의 사형을 정지하라고 결정하시고 곧 인천 감리 이제정을 전화로 불렀던 것이다. 승지의 눈에 띈 것이 천행이었다.

또한 그가 사형 당하기로 되었던 날, 인천항의 지금의 도매상인 물상객주 서른 두 명이 통문을 돌려서 매집마다 한 사람 이상 우각동으로 김창수의 사형구경을 가되 각기 엽전 한 냥씩을 가지고 가서 그 돈으로 김창수의 몸값을 치르자고 했으며, 만일 돈이 모자라면 자기들이 그 부족액을 보충하겠다고 했던 것이다. 그것도 모두 감리서 주사가 귀띔해 준 것이었다.

대군주 폐하의 칙령으로 김창수의 사형이 정지되었다는 소문이 퍼지자, 전날 와서 작별하던 사람들이 이번에는 치하하러 모여 들었다. 하도 면회오는 사람들이 많아서 옥문 안에 자리를 깔고 몇날 동안이나 접대를 해야 했다. 그리고 오래지 않아 상경해서 높은 자리에 앉을 거라고 벌써부터 아첨하는 약삭빠른 사람까지 있었다. 아마 김창수의 어머니도 그 사실을 미리 귀띔 받았던 모양이었다.

병마우후 김주경

김주경이란 사람! 하루는 감리서 주사가 의복 한 벌을 가지고 와서 그에게 주면서 말하기를,

"병마우후兵馬虞候인 김주경金周卿이라는 강화사람이 감리사또에게 청하여 전한 것인데, 그 옷을 갈아입고 있다가 그 사람이 오거든 만나 보도록 하시오."

라고 하였다. 병마우후란 종3품 벼슬로 병마절도사兵馬節度使에 버금가는 벼슬로 아주 높은 지위였다. 이윽고 한 사람이 찾아왔는데 나이 사십이나 되어 보이는 이목구비가 번듯한 사람이었다.

"고생일 테지만 참으시오. 나 김주경이오."

만나서 그 말만 하고 다른 말이 없었다. 그의 어머니도 서녁 밥을 가지고 와서 김우후가 돈 200냥을 주면서 용처에 보태라고 하면서 열흘 후에 또 오겠다고 했다는 것이었다. 그러면서,

"네가 보아 그 양반이 어떻더냐? 밖에서 듣기에는 훌륭한 사람이라구 하더구나!"

"사람을 한 번 보구 어찌 잘 알 수 있나요? 하여튼 그 사람

고맙긴 합니다."

나중에 알고 보니 그의 일을 김주경에게 알린 것은 인천 옥의 사령반수로 있는 최덕만崔德萬이었다고 했다. 최덕만은 김주경의 집 비부婢夫였었다. 김주경은 본디 강화 아전의 자식이었는데 병인양요丙寅洋擾 뒤에 대원군이 강화에 3천명의 무사를 양성하고 섬 주위에 두루 포루砲樓를 쌓아 국방영문을 세울 때에 군량을 둔 창고를 지키는 지기가 된 것이 그의 출세의 시초였다. 김주경의 성품이 호방하여 초립동이 시절에도 글읽기를 싫어하고 투전을 일삼고 지냈던 것이다. 한번은 그 부모가 징계하기 위해 며칠 동안 골방 속에 가두었더니 거기 들어갈 때 투전목 하나를 숨겨 가지고 들어가서 갇혀 있는 동안 투전에 대한 여러 가지 묘법을 터득하여 나와서 투전할 때마다 투전목에 자기만 알 수 있는 표를 해놓아 수십만 냥의 돈을 땄다고 한다. 그리고 관속과 한량패를 모아 경내에 도적이 생기면 모조리 잡아서 이름을 떨치기 시작했다. 그래서 당시에 양반에는 이건창李健昌, 상놈에는 김주경이라고 할 정도로 이름이 날 정도였다.

10여 일 후에 과연 김주경이 찾아왔다. 당시 정부의 고관대작들은 썩을 대로 썩어 돈 아니면 뭐 하나 제대로 처결하지 않았는데 김주경이 김창수를 살려야 한다는 결심을 하고 법무대신 한규설韓圭卨을 찾아가서 김창수 같은 충의지사를 꼭 살려야 한다고 역설하자 한규설도 마음 속으로는 그러고 싶으나 일본 공사 하야시 곤쓰케林權助가 벌써 김창수를 죽이지 않은 것을 문제삼아 김창수를 옹호하는 자는 누구든지 용서할 수 없다고 떠들어 대어 어쩔 수 없다고 하였다.

이에 김주경은 흥분하여 공식적으로 법부에 김창수 석방을 요구하는 소장을 올렸다. 제사 법부에서도 그 의로움은 가상하나 사건이 중대하여 간단하게 처리할 수가 없다라고 해서 마음대로 할 수 없다고 하였다.

그 뒤에도 몇 차례씩 소장을 내었으나 별로 좋은 성과를 못 얻고 그동안 7, 8개월을 허송하고 그 많던 재산도 거의 탕진하고 그는 집에 돌아가서 김창수에게 편지를 쓰면서 끝머리에,

"새는 조롱을 벗어나야 좋은 새이며, 고기가 통발을 벗어나니 어찌 예사스러우랴. 충신은 반드시 효 있는 집에서 찾고, 효자는 평민의 집에서 볼 수 있을 것이다."라고 하였다.

그 뜻은 김창수에게 탈옥을 권하는 말인데, 이에 그는 김주경에게 자신을 위하여 심력을 다한 데 감사하고 어떻든 생명을 끝까지 보존할 테니 걱정말라고 답장하였다.

김주경은 그 뒤 동지들을 규합하여 관용선 청룡환, 현익호, 해룡환 세 척 중에서 하나를 탈취하여 해적이 될 준비를 하다가 사전에 탄로가 나 군수를 실컷 두들겨 주고 블라디보스토크에 갔다고도 하고, 그 근처에 숨어 있다고도 하는 바 그 뒤 소식이 묘연했다.

부모가 여러 가지로 그의 석방을 위해 애썼으나 김창수의 구명은 도저히 가망이 없었다. 그래서 그는 단념하고 옥중생활에 안주하려고 하였다. 신학문을 열심히 공부하면서 탈옥 같은 것은 염두에도 두지 않았다. 그런데 10년 징역을 사는 갈보 남편 조덕근과 김백석, 또 3년 징역인 양봉구 등과 어떤 종신수가 그에게 탈옥하기를 청했다. 그들 생각엔 김창수가 마음만 먹으면 한 손으로 몇 명씩 쥐고 공중으로 날아서라도 자기네들을 건져낼 수 있다고 생각한 모양이다. 그만큼 그를 초인적인 영웅으로 올려다 보았던 것이다.

마치 한 손에 하늘도 거머쥐고 이 산등성이와 저 산등성이를 건너 뛸 수 있는 현대판 홍길동인줄 알고 있는 눈치였다. 그러나 그는 상감이 친칙으로 그를 구했듯이 언젠가는 그가 옥에서 놓여날 것도 틀림없으리라는 한 가닥 믿는 구석도 있어서 진득히 기다리고만 있으면 언젠가는 풀려나리라는 희망을 갖고 있었다. 또 인천항의 모든 물상객주들이 자기를 석방시키기 위해서 돈까지 모았다니 용기도 났던 것이다.

헌데 그 왜놈들 때문에 상감도 그를 선뜻 내어주지 못한다는데 생각이 미쳤으니, 잘못하면 옥중고혼이 될지도 모르겠다는데 또한 생각이 미치자 한편 앞이 캄캄해지고 이대로 옥중에서 죽게 되지나 않을까 하는 절망감에 사로잡히기도 하였다. 그렇게 되면 왜놈들만 좋아할 게 분명하다고 생각되자 아예 탈옥해 버릴까 하는 생각도 들었다.

첫 번째 망설임

김창수는 본디 그가 바라건 바라지 않건 간에 양반이 되려는 욕심이 전혀 없었던 것은 아니었다. 벼슬아치들이 썩어 문들어진 것을 뻔히 알면서도 지난 번에 그 치사한 벼슬길에 오르려고 과거를 보기도 했었다. 그토록 세속의 영달에도 매력을 느끼고 있기도 했다.

지금 김창수에게는 황실로부터 손짓을 해오고 있다. 공연히 그 며칠을 못배겨 나서 탈옥을 저지를 필요를 느끼지 않고 있었다. 곧 자유스런 몸으로 출세의 길이 트일 터이니까! 탈옥을 같이 하기로 약속을 했다고는 하지만 그건 보잘 것 없는 천한 사김이 아닌가! 자기 장래를 좌우할 만한 대단한 존재도 아니고 꼭 약속을 지킬 의무가 있는 것도 아니고 하니까 아예 무시해 버릴까! 갑자기 가슴이 콱 막히는 것 같다. 가슴이 답답해 온다. 갈기갈기 찢어지는 것도 같다. 도무지 어떻게 해야 할지 빠져나가야 할 구멍이 안 보인다. 이리갈까 저리갈까? 세속의 영달을 따르자니 의리를 헌신짝처럼 저버려야 하고, 의리를 지키려면 이 세상에 있어서의 모든 출세길을 버려야 한다. 김창수에게 있어서는 첫 번째로 닥친 망설임이다.

조덕근이라는 동성연애를 하는 치사한 자가 있었는데 그 상대인 김백석이라는 미소년을 탈옥시켜 달라고 전부터 졸라 왔었다. 김창수는 별로 마음이 내키지 않았었다. 또 지금은 그럴 이유도 탈옥을 할 필요도 없어졌다. 대군주 폐하의 특사령으로 버젓이 정정당당하게 옥문을 활개치며 나갈 수 있게 되었으니까! 인간 대접도 받지도 못할 자들을 위해 만일 탈옥하다가 붙들리기라도 하면 큰 특혜인 방면의 좋은 기회도 수포로 돌아가는 것이 아닌가!

그러나 김창수는 이미 조덕근에게 탈옥할지 모르겠다고 통지한 바가 있다. 그 뜻을 넌지시 귀띔하자 조덕근은 하늘에라도 올라가는 듯이 기뻐했다. 이제 못하겠다고 하면 그 실망이 얼마나 클 것인가! 아마 하늘에서 지옥으로 떨어지는 것 같으리라! 아마 지금의 형세로는 김창수를 찢어 죽이거나 평생원수로 여길 것이다. 물론 그것이 두려운 것은 아니다. 그런 하잘 것 없는 자에게 그렇게 멸시 당할 것이 괴로울 뿐이다.

개 무엇이 무서워 피하는 것이 아니고 더러워서 피한다고 하지 않았는가. 인두껍을 쓰고서는 도저히 하지 못할 짓인 것이다. 그런 보잘 것 없는 존재에게 멸시 당하면서 어떻게 나라를 위해 큰 일을 할 수 있을 것인가! 하잘 것 없는 자로부터도 인정을 받아야 하지 않겠는가! 김창수는 이제 첫 번째의 망설임에 부딪쳤던 것이다. 결국 탈옥하기로 했다. 불과 며칠 사이에 본의 아닌 큰 죄를 저질렀던 것이다.

김창수는 우선 200량을 구해오라고 조덕근에게 말했다. 조덕근은 밥을 나르는 상림편에 돈을 구해오게 하였다. 그리고 3년 징역을 살며 이제 나갈 날이 머지 않고 다른 죄수를 감독하는 황순용이란 자를 손에 넣지 않고서는 안되는데, 마침 그 황가도 김백석을 좋아하니, 그로 하여금 김백석을 탈옥시켜 주도록 꾸미게 하였다. 황가도 역시 김백석의 간청에 못 이겨 그러기로 하였다.

다음에 남은 일은 세모난 철창 하나를 구하는 일이었다. 그래서 김창수는 자기 아버지에게 부탁하였더니 그의 아버지도 아들의 의도를 알아차렸는지 새옷 한 벌에 한 자 길이 되는 창을 싸서 들여 보냈다. 이제 끝으로 탈옥할 날짜만을 정하는 일만 남았다.

김창수의 두 마음

마지막으로 탈옥할 날을 정했는데, 그것은 무술년 곧 1898년 그가 스뮬한 살난 해로, 3월 조아흐렛날이었다. 그는 한 꾀를 부렸다. 사람이란 어려운 처지에 이르렀을 때 항상 좋은 생각이 떠오른다고는 할 수 없지만 문득 뜻하지 않은 수단이 생각나는 법이다. 특히 일이 성사가 되려면 말이다. 그때 김창수에게 그런 꾀가 떠오르지 않았더라면 그의 운명도 달라졌을는지 모른다. 설혹 사형은 당하지 않았더라도 대군주 폐하의 특사령에 의

해 석방돼서 자그마한 벼슬아치로 평생을 보냈을지도 모르고, 또 어떤 고을의 원님 노릇을 하다가 평범한 일생을 살았을지도 모를 일이었다. 아니면 그의 괄괄한 성격으로 의병대에 들어갔다가 일본군의 총탄에 맥없이 죽었을지도 모르는 일이다. 그가 생각해 낸 꾀란 그리 신통한 것은 아니었다. 흔히들 써 온 그런 수법이었다.

우선 김가란 옥사정에게 15냥이란 돈을 주어 오늘 밤 자기가 죄수들에게 한 턱을 낼 터이니 쌀과 고기와 모주 한 통을 사다가 먹이라고 하고, 특히 옥사정이 아편장인줄 안 그가 따로 25냥을 주어 그것으로 아편을 사먹으라고 했던 것이다. 김창수는 가끔 돈을 내어 죄수들에게 종종 그런 일을 했었기 때문에 옥사정도 별로 의심을 하지 않았던 것이다. 그야 그는 대군주 폐하의 칙령으로 사면이 되고 귀하게 될 것이라는 것을 관속들과 죄수들이 모두 알고 있었으니까 당연한 일로 여겼던 것이다.

다른 생각, 탈옥 같은 것을 할 것이라고는 꿈에도 생각하지 않았던 것이다. 50명의 징역수와 30명의 미결수들은 때아닌 잔치에 실컷 먹고 마셔 취흥이 도도해졌다. 기분이 좋은 옥사정 김가는,

"이놈들아, 오늘밤엔 김서방이 내시는 것이니 그가 즐겨 들으시게 장기대로 소리들이나 하여라."
하고 이 방 저 방에 통고를 하고 자기는 방으로 들어가 금단증세가 나타나지 않게 맛있는 아편을 먹기로 했다. 어지간히 술

들이 취하자, 김창수는 슬쩍 마루 밑으로 들어가서 바닥에 깐 박석(정방형으로 구운 옛 벽돌)을 창끝으로 들쳐내고 땅을 파서 옥 밖에 나섰다. 그리고 담을 넘을 줄로 사다리를 매어놓고 막 넘으려고 했다. 그때 문득 떠오르는 생각이 있었다. 만일 다른 사람들을 끌어내려다가 무슨 일 곧 옥사정에게 들킬지 모르니, 그대로 나 혼자만 도망쳐 버리는 게 좋지 않을까 하는 것이었다. 또 같이 나가기로 한 죄수들이 별로 인간적으로 좋은 자들도 아니니 반드시 끄집어 내야 할 필요도 없지 않은가 하는 생각이었다. 그 찰나에 마음속 밑바닥에서 한 소리가 들려왔다. 그것은 양심의 소리였다. 사람이 현인군자에게 죄를 지어도 부끄럽거늘 항차 저들과 같은 죄인들을 속이고서야 어찌 하늘을 이고 땅을 밟을 수 있으랴 하는 가책의 소리였다. 그러면 평생 그 수치심에 시달릴 것 같았다. 그래서 생각을 돌리기로 했다. 나온 구멍으로 다시 들어가서 천연덕스럽게 자기자리로 돌아갔다. 모두 흥에 겨워서 놀고 있었다.

그는 우선 조덕근에게 눈짓으로 자기 곁으로 오라고 하여 나가는 길을 일러주고 같이 나가기로 약조한 자들을 차례로 내보내고 자기는 끝으로 옥을 탈출했다. 헌데, 먼저 나간 자들이 좋아라 하고 떠들어 대다가 경무청과 순검청에게 발각되어 호각을 불며 비상소집을 해서 큰일이 벌어졌다. 그는 그 막다른 시간에 담 꼭대기에 손을 얹고 담 밖으로 뛰어넘어 간신히 빠져나왔다.

방랑의 길

늦은 밤 안개가 자욱했다. 다행히 옥에서 탈출은 했으나 앞길이 막막했다. 길은 생소하고 안개가 짙어 어디가 어딘지 분간할 수가 없었으며, 캄캄한 밤에 그래도 물결소리를 따라 어둠 속을 더듬어서 모래사장을 헤매다가 동이 훤히 틀 때 살펴보니 기껏 달아났다고 생각한 것이 감리서 바로 뒤 용동 마루턱에 있었던 것이다.

잠시 숨어서 휘휘 둘러보니까 수십보 밖에 순검 한 명이 칼자루 소리를 덜커덕 거리며 그가 서있는 데로 달려오고 있었다. 그는 다급해져서 길가 어느 가게집 아궁이를 덮은 널빤지 밑에 몸을 숨겼다. 그 순검은 그를 발견하지는 못한 듯 환도집을 흔들거리며 바로 그의 코 앞을 지나쳤다. 그제서야 그는 긴 안도의 숨을 내쉬었다.

자칫 잘못하면 다시 붙들려 이번엔 더 큰 곤욕을 치를 뻔하였다. 탈옥수이니까 몇 배나 더 무거운 징역살이를 하게 될 터이니 말이다. 문득, 탈옥한 것이 후회스럽게 생각되기도 했다. 조금만 더 기다리면 나라의 특사로 무죄 석방이 될 몸인데 무모하게 탈옥을 감행했으니 말이다.

눈을 들어 보니 천주교당 뾰족탑이 보였다. 그것이 동쪽인 줄 알고 조심스럽게 걸어갔다. 어떤 집 앞에서 주인을 찾았다. 집 주인은 나와서 그의 몰골을 의심스러운 눈으로 살펴보더니,

"누구십니까?"
하고 묻길래, 그는 자기가 누구인지 인천사람이면 다 알리라 생각해서,
"나는 김창수인데 간밤에 인천 감리가 비밀히 석방하여 주었으나 이 꼴로 대낮에 길을 갈 수 없어서 날이 저물 때까지 댁에 좀 머물게 해 줄 수 없을까요?"
"허어, 그렀소. 하지만 우리 집에선……."
하고 들어가 버려서 그는 하는 수 없이 또 거길 떠날 수밖에 없었다. 또 얼마를 가노라니 술이 잔뜩 취한 모주꾼 하나가 상투 바람에 두루마기를 걸치고 소리를 하며 다가왔다. 아마 식전에 해장국집으로 가는 모양이었다. 이번에도 자기가 인천 옥에서 풀려나온 이야기를 했더니 그는 대단히 친절하게 그를 이끌고 좁은 뒷골목 길로 요리조리 사람의 눈을 피해 화개동花開洞 마루턱까지 다다라서 이리 가면 수원이고 저리 가면 시흥인데 마음대로 가라고 일러주었다.

그는 서울로 갈 작정으로 시흥길로 접어들었다. 인천 시가를 벗어나서 한 5리쯤 갔는데 멀리서 호각소리가 들리고 먼 산에 두 사람의 그림자가 희끗희끗 나타났다. 아마 탈옥수들을 찾는 모양이었다. 그는 허허실실로 오히려 큰 길가에 숨는 것이 좋으리라 생각하여 길가 잔솔 밭에 들어가서 몸을 감추고 숨었다. 조금 있으니 칼 찬 순검들이 지나갔다. 그들의 말에 조덕근은 서울로, 양봉구는 배로 달아난 것 같다고 했다. 그러면서,

"김창수는 장사니까 잡기 어려울 거야. 하긴 잘 달아났지! 며칠간이라도 옥에서 썩으면 무얼 하겠어?"

"그래두 곧 풀려날 텐데, 왜 탈옥했는지 모르겠어."

"그렇긴 해, 그게 의심스러워!"

그들은 이런 말을 하며 지나갔다. 그는 한참동안 그 잔솔 밭에서 드러누워 시간을 보내기로 하였다. 때마침 하늘에는 짝 잃은 외기러기가 끼룩끼룩 하면서 북쪽하늘로 날아가고 있었다. 아마 자기네 떼를 찾아가는 모양이었다. 하늘은 늦봄이라 해가 떴어도 희끄무레하게 흰구름이 내리 덮고 있었다. 문득 그는 자기 신세도, 자기 떼를 잊어버린 외기러기 신세처럼 느껴졌다. 벌써 땅거미가 질 무렵으로 배가 심히 고팠다. 어제 이른 저녁밥을 먹고 나서는 곡기는 커녕 물 한 모금도 못 마시고 눈도 한 번 못 붙여서, 한 걸음도 발을 떼어놓을 수가 없었다.

거지꼴 행세에서 양반으로 둔갑

하는 수없이 남의 집 헛간에서 자고, 새벽 일찍이 일어나서 버티고개를 향하고 소로로 가다가 밥을 빌어먹을 양으로 어떤 집 문전에 섰다. 배에서는 꼬르륵꼬르륵 밥 벌레 우는 소리가 요란했다. 금세 쓰러질 듯 몸을 가눌 수가 없었다. 그는 진짜 거지행세를 할 참이었다. 그래서 무턱대고,

"밥 좀 주시우."

하고 큰 소리로 외쳐 보았으나, 목소리가 기어들어가 개가 짖을 만한 소리 밖에 안 나왔다.

"밥은 없으니 숭늉이나 자시오."

라고 숭늉 한 그릇을 내왔다. 하도 배가 고파서 숭늉 한 대접을 게눈 감추듯 들이마시고 그때부터는 말로만 듣던 장타령을 제대로 불러 보려고 길을 가면서 연습을 하였다. 그렇더라도 오랫동안 좁디 좁은 옥 속에서 살다가 넓고 자유스런 세상에 나오니 날 듯이 상쾌했다. 그러자 배고픈 것도 잊어버리고 부평·시흥을 지나 어느 덧 양화도楊花渡 나루터에 다다랐다.

헌데 뱃삯이 없었다. 앞이 캄캄했다. 나루를 건너야 서울에 들어 갈 수 있는데…….

생각 끝에 동네 서당을 찾아가서 훈장에게 청을 해서 뱃삯을 빌리기로 했다. 마침 훈장이 있어서 수인사를 했으나 그가 나이 어리고 의관이 분명치 않아 꼭 거지꼴이었으므로 무턱대고 하대를 했다. 인천 옥에서 죄수들일망정 그가 떠받들고 선생님! 선생님! 하고 존경받던 것을 생각하니 너무도 기가 막혔다. 자기 꼴은 생각시도 않고 내뜸,

"선생이 이렇게 교만 무례하구서야 어찌 남을 가르치겠소? 내가 일시 운수가 사나와 도적을 만나 이꼴로 선생을 대하게 되었소만 사람을 이렇게 괄시하는 법이 어디 있소? 허, 예절을 알 만한 분이……. 찾아왔다는 것이……. 아 참, 이 무슨 봉변이로고!"

하고 일변 책하고 일변 빼었다. 그러자 그 훈장은 곧 사과하고 다시 인사를 한 뒤 밤새 서당에서 글을 토론하고 다음 날 아이 하나에게 편지를 써주어 나룻배 주인에게 전해 뱃삯 없이 배를 탈 수 있었다.

뒷간에 들어갈 때와 나올 때

김창수가 영희궁을 찾아간 것은 황혼녘이었다. 서울에 도착하자마자의 일이었다. 진 오위장陳 五衛將을 만나러 간 것이었다. 그는 인천 옥에서 사귄 친구였다. 진 오위장은 본디 남영희궁에서 청지기로 있었는데, 배오개-지금의 동대문시장-유기장이 5, 6인과 짜고 인천 바다에 배를 띄워 놓고 가짜 백동전을 만들다가 들켜서 1년 동안이나 김창수와 함께 옥살이를 하였는데, 그동안 그에게 생전 못 잊을 신세를 졌노라고 출옥하면 꼭 자기를 찾아오라고 신신당부했던 사람이다. 김창수가 찾아왔다는 전갈을 받기가 무섭게 진 오위장은 버선발로 뛰어나와,

"아이구머니, 이게 누구요!"

하고 매달렸다. 김창수도 그와 손을 꼭 마주잡으며 재회의 감격에 눈시울이 뜨거워졌다. 흐르는 눈물을 닦으며 하늘을 쳐다보니 어두워지기 시작한 하늘엔 별이 하나 둘씩 희미하게 빛나기 시작했다. 어디선가 소쩍새가 울기 시작했다. 마치 구슬펐던 인천 옥 속의 그 옛날 일들을 서글퍼하는 듯, 그리고 저녁을 지어

먹는 듯 연기가 나지막하니 깔린 지붕들, 저쪽에서 먼 데 개 짖는 소리가 고요를 한층 더해 주고 있었다.

그리웠던 김창수를 이끌고 방으로 들어간 진 오위장은 그가 옥을 탈출한 곡절을 다 들으며 일방 자기네 식구들을 불러 그에게 인사를 시키고 나서 사람을 시켜 같이 갇혀 있던 공범들을 불러오게 하여, 김창수의 행색이 수상하다고 하며,

"나는 갓을 사오리다."

"나는 망건을 사오겠소."

"나는 두루마기를 지어오리다."

한 사람이 한 가지씩 추렴을 해서 그는 3, 4년 만에 비로소 의관을 정제하고 어엿한 차림으로 변하니 저절로 눈물이 날 지경이었다.

그는 우선 그렇게 간절하게 같이 탈옥시켜 줄 것을 청했던 남색 탐익자 조덕근의 종적이 궁금해졌다. 분명 서울로 왔다고 들었기 때문이었다. 그를 찾아가 보기로 하고 천신만고 끝에 갔더니 첫 번에는 어디 출타중이라고 해서 못 만났고, 두 번째 찾아갔을 때도 이 핑계 저 핑계로 도무지 만날 수가 없었다. 필시 그를 피하는 게 틀림없었다. 세 번째 가서도 만나지 못하자 김창수는 이런 속담이 문득 떠올랐다.

뒷간에 들어갈 때와 나올 때가 다르다 라는 말이 있다. 더욱이 살인강도라는 중죄를 진 자기를 만난다는 것은 큰 부담이 되니까 피하지나 않나 하는 것이었다. 옥에 있을 땐 다급해서

별의별 감언으로 꼬였으나 이제 옥을 탈출하고 난 뒤에는 별 볼일 없다고 생각한 모양이다. 세상만사가 다 그런 것이 아닌가 하고 새삼 인간사가 허무하게 느껴졌다.

김삼척이란 사람과 동지들

여러 날을 술타령으로 지내다가 진 오위장 등 서울의 동감자들이 모아준 노자를 짊어지고 길을 재촉하여 수원 오산烏山 장에 다다랐을 때에는 이미 노자가 다 떨어진 뒤였다. 문득 생각난 김삼척金三陟을 찾아가기로 했다.

그는 서울을 떠나 동작 나루를 건너 취생몽생하는 걸음으로 한없이 흔들거리며 길을 걸어 남쪽으로 흘러갔다. 구름에 달 가듯이 초여름날이라 들에는 씨뿌리는 남정네들과 아낙네들이 사래 긴 밭에서 샛밥을 기다리며 부지런히 오가고 있었으며, 이따금씩 황소의 울음소리가 구슬피 들려 목가적인 정취를 자아냈다. 오산장에는 역시 물건을 사고 파는 장꾼들이 분주히 움직이고 있었다. 가난한 살림을 꾸려 가려고 애쓰는 모습들이었다.

듣기에 김삼척이란 강원도 삼척원을 지내서 그런 이름이 붙었다는데 아들을 6형제나 두었으며 그 중에 맏아들인 김동훈이 인천서 장사를 하다가 실패한 관계로 인천 옥에서 한 달 정도 고생을 할 때에 김창수와 절친하게 지내게 되었다. 김동훈이 인천 옥에서 나올 때에 뒷날 출감하거든 꼭 자기집을 찾아와 달라고 굳게 약조했던 것이다.

그가 찾아가자 김동훈의 아버지 김삼척을 비롯해 6형제가 대환영을 하여 여러 날 그 집에서 밤낮으로 술을 먹고 소리를 하며 놀다가 염치는 있고 해서 떠나려고 하니 이번엔 노자를 듬뿍 주어 또 많은 돈을 가지고 떠났다. 그 뒤에 강경江景의 공종렬孔種烈을 찾아갔다. 거기서도 환대를 받았다.

쓴 나물도 정성이니까

김창수는 광주를 지나 함평咸平으로 갔다. 함평에서는 이름난 육모정六角亭 이 진사 집에 과객으로 하룻밤을 지내기로 했다. 진사란 과거에 합격하였으나 벼슬을 하지 않은, 그러나 그 고장에서 존경받고 땅떼기도 많아 돈 많은 사람을 일컫는다. 물론 돈 없고 가난한 사람도 있기는 했지만 육모정에는 언제나 빈객이 많았고 손님들에게 조석을 대접할 때에는 이 진사도 손님들과 함께 밥상을 같이했던 것이다. 물론 음식은 주인이나 손이나 마찬가지여서 조금도 차별이 없었다. 하인들도 손님을 내하는 태도가 주인께 대하는 것과 꼭 같았다. 육모정은 이 진사의 정자이면서, 그 속에는 침실 · 식당 · 응접실 · 독서실 · 휴양실 등이 모두 갖추어져 있었다. 그때에 그곳에서 글을 읽던 학동이 나중의 이재혁李載赫 · 이재승李載昇 두 형제였다.

김창수는 본디 이 진사를 모르고 있었으며, 하룻밤만 묵고 떠나려고 했으나 그의 학문에 반하였던지 다짜고짜로 붙들며 며칠 더 묵고 가라고 만류하는 바람에 거기서 보름씩이나 묵게 되었다. 벼룩도 낯짝이 있지 더는 폐를 끼칠 수가 없어서 내일은 떠나야겠다고 주인께 일렀더니, 그 말을 듣고 자기 집에 청한 사람이 있었다. 그는 김창수보다 연장자인 장년의 한 선비로 그가 육모정에 묵고 있는 동안 밤마다 찾아와서 담화하던 사람이었다.

김창수는 그의 정성어린 청을 뿌리칠 수 없어서 저녁밥을 먹으러 그의 집으로 갔다. 집은 정말 게딱지만큼 초라하고 방은 단칸이었다. 그의 부인이 개다리 소반에 주인과 겸상으로 저녁상을 들여온 것을 보니 밥은 아니고 무엇인지 모를 것이었다. 숟가락으로 떠서 입에 넣으니 맛이 쓰기가 곰쓸개와 같았다. 그건 쌀겨와 팥으로 만든 겨범벅이었다. 그 집주인인 선비는 김창수가 매일 끼니때마다 육모정 이 진사댁에서 흰 쌀밥과 좋은 반찬을 먹는 것을 보았지마는 조금도 미안하다는 기색이 없고 흔연히 그에게 권하고 자기도 먹었다. 김창수는 그의 고고한 기개와 의식주에 조금도 괘념치 않는 선비다운 절조를 새삼 본 듯 눈을 감다시피 하여서라도 조금도 남기지 않고 모두 먹어치웠다. 물론 얼굴도 찡그리지 않고…….

그리고서 김창수의 가슴속에는 시원한 바람이 불고 지나가는 것 같았다. 또한 깊은 물 속의 암흑 속에서 허우적거리다가 하늘에서 강한 빛을 발하는 큰 별빛이 자기를 끌어올려 밝은 천지에 놓아주는 듯한 느낌을 가졌다. 탐관오리가 득실거리고 썩을대로 썩은 조선사회에 그렇듯 고고한 선비정신을 간직한 높은 지조의 사람이 살고 있다는데, 마치 그 선비가 이 탁한 세상 사람이 아니고 천상의 신선처럼 느껴져 깊은 감동을 받았던 것이다.

세속의 피안으로

마곡사로

무한한 즐거움을 지니고 함평을 떠난 김창수는 호남의 화순·순창·담양을 두루 구경하고 경상도 하동 쌍계사河東 雙溪寺에 들려 칠자아자방七字亞字房을 보고 다시 충청도로 올라가 계룡산 갑사甲寺에 들렀을 때에는 가을 빛도 짙고 가랑잎이 흩날리는 초겨울의 마루턱에 다다를 때였다. 그 동안 보성寶城에서는 종씨인 김광언金廣彦의 집에서 40여 일을 묵고 그 부인한테서 필낭 하나를 선물로 받았었다.

그가 갑사 앞 어떤 음식점에서 점심을 사먹고 있었는데, 바로 옆에 동학사東鶴寺로부터 왔노라는 어떤 유산객과 수인사를 나누게 되었다. 40이 넘은 듯한 그는 말투가 비관에 찬 듯하였다.

그러면서 마곡사麻谷寺가 거기서 40리 밖에 아니 되니 함께 구경을 가자고 하였다. 그는 그 절 이름인 마곡사를, 어렸을 때에 동국명현록東國名賢錄을 읽었을 때 화담 서경덕花潭 徐敬德이 "마곡사 팥죽가마에 중이 빠져 죽는 것을 대궐 안에서 동지 하례를 하면서 보았다."는 글에서 본 적이 있었다.

이 서방이라는 그 길손과 같이 마곡사 앞 고갯마루에 올라섰을 때에는 이미 황혼이 되어 저녁 노을이 붉게 물들고 있었다. 산은 누릇누릇하고 불긋불긋하게 단풍이 짙었으며 멀리 아래로 내려다 보니 안개가 자욱한 가운데 마곡사의 기와지붕이 비쭉 비쭉 솟았고, 그 밑으로 가끔 드러나는 기둥의 단청은 울긋불긋한 빛이 점점 어둠 속으로 묻혀가고 있었다. 고갯마루에 서 있는 큰 나무 밑에서 졸졸 솟는 옹달샘이 나그네의 향수를 자아내고 있었다.

마곡사 동쪽에는 겹겹이 쌓인 산마루가 달려가고 있었다. 그 옛날 홍길동이 몸을 단련하고 날파람을 잡았다는 전설을 품은 채 어둠 속에 잠겨가고 있었다. 유자비추풍遊子悲秋風이란 감회를 깊게 자아내고 있있다. 뎅, 뎅, 뎅……. 인경소리가 기슭을 타고 기어 올라왔다 이곳 마곡사에서는 김창수의 새로운 운명이 기다리고 있었다.

중이 되려고 머리를 깎고

"김형, 이제 어떻게 하시려오?"

곁에 앉아서 쉬던 이 서방이 마치 김창수의 눈동자 속에서 그의 본심을 읽어 내려는 듯 질문을 한다.

"세상사를 다 잊고 나와 함께 중이나 됩시다."

갑작스러운 물음에 흠칫 놀랐으나 곧 아무 대답도 하지 않고 빙그레 웃고 있는 그에게 재촉이나 하듯 권유했다. 김창수는 이 서방의 말에,

"여기서 말하면 무엇하오? 중이 되려는 자와 중을 만들려는 자가 마주 앉은 자리에서 이 문제는 작정하도록 합시다."

그들은 일어나서 바지를 툭툭 털고 자욱하게 낀 안개를 헤치고 고개를 내려갔다. 고풍스런 산문山門-절간의 출입문-으로 다가갔다. 그때 김창수는 자기가 속세를 떠나서 극락에로 한 걸음 한 걸음씩 다가가는 듯한 느낌이었다. 세속의 먼지를 훨훨 떨어버리고 불가에서 말하는 속세의 건너편인 피안彼岸으로 성큼 다가선 기분이었다. 속세를 떠나 중이 되는, 중이 된다는 출가出家의 길이 문득 열리는 것 같았다. 다시는 이 속세에는 돌아올 수 없는 영겁의 세계로 말이다.

두 사람은 매화당梅花堂을 지나 냇물이 조잘대며 흘러가는 물 위에 놓인 나무다리를 지나 심검당尋劍堂에 들어갔다. 거기엔 머리가 벗어진 늙은 스님 한 분이 그림을 한 폭 펴놓고 들여

다보다가 인기척이 나자 그들의 인사를 받았다. 같이 간 이 서방은 그 노승과 전부터 잘 아는 사이 같았다. 그 노승은 포봉당抱鳳堂이라는 분이었다. 이 서방은 김창수를 심검당에 남겨두고 다른 데로 갔는데 잠시 후 밥이 나왔다.

출출하던 김에 저녁을 배불리 먹고 기지개를 펴고 있노라니 어떤 머리가 하얗게 센 노승 한 분이 와서 김창수에게 공손히 인사를 하였다. 김창수는,

"본디 소생은 송도 태생으로 조실부모하고 강근지친도 없어서 혈혈단신孑孑單身으로 강산구경이나 하려고 방황하는 중입니다."

라고 거짓말을 하였다. 절에서 거짓말을 하는 것이 어쩐지 양심에 가책이 되었지만, 일부러 속여서 무슨 잇속을 얻고자 한 것이 아니므로 그리 속이 불편하지는 않았다. 그 노승은 속세의 성이 소蘇씨라고 하고 전라도 익산 출신으로 삭발하고 출가한 지 벌써 50년이나 되었는데 그러면서 은근히 심부름하는 밑의 중인 상좌가 될 것을 바라는 눈치였다.

"만약 상좌가 되면 고승대덕 밑에서 불학을 수련케 해주리다."

라고 권유하는 것이었다. 이튿날 이 서방은 벌써 머리를 깎고 나타났다. 머리는 달걀같이 둥글고 반들반들하였다. 웃음이 나왔지만, 그 웃음을 속으로 삼키려고 무척 애를 썼다. 속명 이 서방은 김창수에게,

"만일 김공이 상좌가 되면 절의 갑부인 보경寶鏡 스님의 밑에 있을 수 있게 되며, 그러면 공부하는 데 여간 도움이 되지 않을

터이니 어서 삭발하시오."

반강요조로 권했다. 그도 마곡사에서 하룻밤을 지내고 보니 마음이 맑아지는 것 같아서 아예 머리를 깎고 중이 되어 속세를 떠날까 하는 생각도 간절해졌다. 얼마 후에 그는 놋칼을 든 사제 호덕삼扈德三을 따라 냇가로 가서 쭈그리고 앉아 삭발진언削髮眞言을 덕삼이 가르쳐준 대로 송알송알 외우며 섬뜩섬뜩 머리칼이 깎여져 내리는 것을 보았다. 상투가 모래 위에 뚝 떨어졌다.

마침내 세상과의 인연은 그 한 가닥 한 가닥의 머리카락 속에 엉겨 끊어지고 있었던 것이다. 설혹 오랜 번뇌 끝에 결심한 것이라 하더라도, 정작 깎여지는 머리카락 속에 세상의 모든 욕망을 묻어버려야 한다고 생각하니 새삼 감개가 무량하였다. 이제는 장가도 갈 수 없고 아내도 맞이할 수 없게 되었고나 생각하니 한 가닥 설움도 서리고 또 자기의 그런 꼴을 보면 부모님이 얼마나 슬퍼하실 것인가도 생각되어 불현듯 불효자라는 회한도 밀려왔다.

먼데서 우는 뻐꾸기의 울음소리도 어쩐지 더욱 서글피 들리는 것 같았다. 가까이서 종소리가 은은히 들려왔다. 그건 득도식得度式을 알리는 해탈에의 행진곡 같았다. 산내 각 암자로부터 가사장삼을 입은 수백 명의 승려가 모여들고 향적실에서는 공양주가 불공밥을 짓고 있었다.

김창수의 법명은 원종圓宗이었다. 창수가 죽고 원종이 태어난 것이다. 원종은 날마다 진언집을 외우고 초발심자경문初發心

自警文을 외우면서 수도의 길로 정진하였다. 승행에는 하심이 제일이다. 우선 교만한 마음을 없애는 데 주력하였다. 헌데 보경 스님의 상좌인 하은당荷隱堂의 성미가 고약하여 원종을 막종으로 부리려 들었다.

그리고 김창수의 생김새에 대해서도 욕설을 퍼붓고 마구 천대하였다. 그는 중이 되면 오히려 세상의 천시도 사라지고 세속에서의 반상의 차별도 받지 않는 그야말로 만민평등의 부처님의 가르침을 순수하게 받드는 곳이 바로 절인줄 알았는데, 그래서 그 허세만 부리는 양반이란 자들의 콧대를 꺾으려고 생각했었는데, 이건 한술 더 뜨는 게 아닌가! 그는 호법선신護法善神의 힘을 빌려 일체법공一切法空의 칼로 그런 자들의 정신을 뿌리째 베어 버리려고 했던 것이다.

그러나 그가 생각했던 것은 환상에 불과하였다. 후회막급이었다. 이미 엎질러진 물이니 돌이킬 수도 없었다. 혼자 스스로 비웃으며 탄식하고 체념하였나. 이왕 중이 되었으니 하라는 내로 순종할 수밖에 없었다. 하루는 물을 길어 오다가 물통 하나를 깨뜨린 죄로 스님한테 눈이 빠지도록 야단을 맞았다. 어찌나 심하게 하은당 스님이 그를 나무라던지 보경당 스님이 보다 못해,

"전에도 남들이 모두 괜찮다는 상좌들을 들여 주었는데도 저렇게 못 견디게 들볶아 내쫓더니, 이제 또 원종이를 저렇게 못살게 구니 원종인들 붙어 있을지 몰라."

하고 오히려 하은당을 꾸짖었다. 그럴수록 원종은 낮에는 일을 하고, 밤에는 다른 사미-막 출가하여 십계를 받기는 하였으나 아직 수행을 쌓지 않는 동승-들과 같이 예불하는 법이며 천수경千手經・심경心經 같은 것을 외우고 수제자 스님에게 보각서장普覺書狀을 배우며 불도에 정진했다.

용담이란 보경 스님의 수제자는 불학만이 아니라 유학도 잘 알기로 마곡사에서도 유명했다. 그 용담 스님에게 시중하는 상좌에 혜명慧明이라는 중이 있었다. 그는 어느날 원종에게, 견월망지見月忘指라고 달을 보면 그만이지 그 달을 가리키는 손가락이 아무러면 어떠냐고 위로해 주었다. 또 참을 인자의 이치를 가르쳐 주면서 그에게 용기를 북돋워 주기도 했다. 어느 날, 그동안 소식을 모르고 있던 김주경을 만나고 싶어서,

"이제 금강산으로 가서 불경공부를 하여 일생에 충실한 불제자가 되겠나이다."

하고 보경 스님께 말씀드렸더니, 쌀 열 말을 주며 노자로 쓰라고 하였다. 원종은 그 쌀을 팔아 가지고 아직도 중은 서울 4대문 안에 못 들어가게 했으므로, 서대문 밖 새절 지금의 백련사白蓮社에 가서 하루를 묵는데 다행스럽게도 사형인 혜명을 만났다. 그와 작별할 때 풍기의 혜정慧定이라는 중을 소개해 주었다. 그가 마침 평양 구경을 가는 길이라고 해서 동행하기로 하였다.

불가의 인연은…

영천암 주지

김창수인 원종은 수양산 신광사首陽山 神光寺 부근의 북암이라는 암자에 머물면서 혜정사 형에게 그의 사정을 대충 얘기하고, 해주 텃골에 가서 그의 부모와 비밀히 만나서 그의 안부를 전하되 그가 지금 어떤 신분이고 또 어디 있다는 말은 결코 하지 말아 달라고 신신부탁하였다. 그가 돌아와서 알려줄 소식을 기다리고 있는데 바로 4월 29일 석양 무렵에 혜정의 뒤를 따라 부모님이 오셨다. 하는 수 없이 원종은 거기서 부모님을 모시고 하룻밤을 지내고 길을 다시 재촉하고 부모님은 아흐렛날 본향으로 갔으나 순검이 따라가서 그의 부모를 잡아다가 옥에 가두었다. 김창수의 행방을 추궁하기 위해서였다. 그러나 부모님도

자기 아들이 지금 어디서 무얼 하고 있는지를 모른다고 하니까 하는 수 없이 석방하였다.

원종은 평양에 도착하여 이튿날 모란봉을 구경하였다. 바로 그날은 단오절이었다. 원종은 모란봉을 구경하고 돌아오던 길에 그의 앞날에 중대한 영향을 준 사람을 만나게 되었다. 관동貫洞 골목을 지나노라니까 어떤 집 사랑에서 머리에 지포관을 쓰고 몸에 심수의를 입고 두 무릎을 모으고 점잖게 꿇어앉아 있는 사람을 보았다. 그는 문득 호기심이 발동하여 한번 말을 걸어 보았다.

"소승 문안 드리오."

그러자 그 학자는 원종을 물끄러미 쳐다보고,

"뉘신지 모르지만 일단 들어오시오."

들어가 인사를 한즉 바로 그 사람은 그가 일찍이 존경해 마지 않던 간재 전우艮齋 田愚의 문인 극암 최재학克菴 崔在學으로 이미 세상에 이름을 떨치고 있었던 사람이었다.

"소승은 공주 마곡사에서 왔는데 천안 금곡金谷에 전간재 선생을 찾았으나 마침 출타하신 터라 만나뵙지 못했는데, 고명하신 선생을 뵈오니 여간 다행히 아니올시다."

그리고 서로 도에 대한 이야기를 나누었다. 그때 옆에 앉아 있던 풍채가 좋은 노인을 소개해 주었는데, 그 노인은 당시 평양 진위대의 참령-대령-으로 있는 전효순全孝淳이란 사람이었다.

"참, 이 대사는 학식이 높으니 영천암靈泉菴 방주를 내이시면, 영감 자제와 외손들의 공부에 유익하겠소이다. 영감 의향이 어떠시오?"

하고 즉석에서 원종인 김창수를 추천하였다.

"거 참 좋은 말씀이오. 지금 곁에서 듣는 바에도 대사의 고명하심을 흠모하였소. 대사 의향은 어떠시오? 내가 내 자식놈 하나와 외손자 놈들을 최 선생께 맡겨서 영천암에서 공부를 시키고 있는데, 지금 있는 주지승이 성행이 불량하여 술만 먹고……, 도무지 합당치 않아 곤란 막심하여 생각 중이오만."

그러면서 응낙해 주기를 간청했다. 그러자 김창수는 속으로는 퍽 마음이 내켰지만,

"소승의 실력이 본래 있던 중보다 덜 할지 어찌 아시오?"

라고 한번 사양했으나 역시 속으로는 옳지 다행이다 라고 생각하여, 마음속으로 기분 좋은 웃음이 절로 숨어들었다. 그렇게 되면 부모님도 편안히 모시게 되니 황송하기 짝이 없구나! 하고 천행이라고 생각했다. 그러자 전참령은 평양 서庶 홍순욱洪淳旭을 찾아가서 품하고, 승 원종으로 영천암 방주를 자징함이란 첩지를 가지고 와서 그날로 부임하라고 그를 재촉하기에 이르렀다. 영천암은 평양서 서쪽으로 40리 대보산-나중에 도산 안창호의 송태산장이 있던 곳-에 있는 암자로 눈 아래 대동강이 구비쳐 흐르고, 그 냇가의 푸르고 넓은 들과 평양을 바라보는 경치 좋은 곳에 자리하고 있었다. 원종은 곧 혜정과 함께 부모님을 모셔다가 지낼 수 있었다. 참으로 운명이라고 하기에는 너무나도 행운스러웠다.

다시 속세로 돌아와서

환속해서 김두래로

김창수는 부모님의 간곡한 청과 자기 나라를 위한 번듯한 일을 하기 위해 고향 해주로 돌아왔다. 누구 하나 반기는 사람이 없었고 오히려 어떤 해를 입지 않을까 꺼리는 눈치였는데, 다만 작은 아버지인 김주영만 그래도 친조카라 어떻게 해서든지 사람을 만들고 농사꾼으로 키워 보려고 애썼다. 그러나 김창수는 한평생 흙이나 파먹으며 살고 싶지 않아서 어느 날 몰래 고향을 떠나서 이전에 자기를 위해 애쓰다가 가산까지 다 탕진한 강화 김주경을 찾아가기로 했다. 또 이름도 김두래金斗來로 바꾸고 강화도로 갔다. 김주경의 집을 찾아갔으나 그는 어디론지 가버리고 그 셋째아우인 진경鎭卿이라는 사람이 그를 맞아주었다.

"나는 연안 사는 김두래일세. 자네 백씨와 막역한 동지인데 수년간 백씨의 소식을 몰라서 이렇게 찾아온 걸세. 마침 짬이 생겨서……."

"아 그렇구만요. 3, 4년 전에 형님이 집을 떠난 뒤, 아직 아무 소식도 없어서 우리도 궁금합니다. 하여튼 잘 오셨습니다. 누추하지만 일단 들어오시지요."

그 집은 비록 초가로 여러 해 가꾸질 않아서인지 깨끗하진 않았지만 본디 썩 잘 지은 널찍하고 좋은 집이었다. 마침 방안에서는 윤태潤泰라고 하는 7살 먹은 김주경의 아들이 놀고 있었다.

"모처럼 백씨를 찾아왔는데 못 만나서 섭섭하지만, 마침 그의 아들에게 얼마 동안 글이나 가르치면서 소식을 기다리고 싶은데……."

"여부가 있겠습니까. 바라던 바입니다."

김창수인 김두래는 그날부터 시골 훈장이 되었다. 동몽선습童蒙先習, 사략초권史略初卷 그리고 작은 아들에겐 천자문을 가르치기 시작했다. 그 소문이 동네에 퍼지자 인근의 학동들이 삼십 명이나 모여들어 그는 이제 심혈을 기울여 서당 훈장으로 아이들을 가르치게 되었던 것이다. 그럭 저럭 석달이 지났다. 어느날 김진경이,

"글쎄 유인무柳仁戊란 사람도 참 우습기 짝이 없어. 김창수가 왜 우리집에 온담!"

김두래인 김창수는 그 말을 듣자 흠칫 놀랬다. 가슴이 뜨끔했으나 그 유인무라는 사람이 어떤 인물인지 궁금하기 짝이 없었다. 그래서 넌지시 물어보았다. 김진경은,

"유인무는 부평 양반으로 연전에 읍에서 30리쯤 되는 곳으로 이사해서 3년쯤 살다 간 사람인데, 그때에 주경 형님과 반상의 사이를 초월해서 서로 친하게 지냈습니다."

"음—."

"헌데 김창수가 인천옥을 깨뜨리구 도망한 뒤에, 여러 번 해주 김창수가 오거든 급히 알려 달라는 편지를 했는데, 이번에 통진通津 사는 이춘백李春伯이라는, 주경 형님과도 친한 친구를 보내니 의심하지 말고 김창수의 소식을 알려 달라고 합니다."

"그래 김창수가 그 뒤 한 번도 안왔소?"

그는 시침을 뚝 떼고 넘겨 짚어 보았다.

"참, 형장두! 생각해 보십시오. 여기서 인천이 지척인데, 그래 피신해 다니는 김창수가 왜 오겠소?"

그도 그럴 듯했다. 하지만 그 유인무라는 사람이 좀 수상쩍었다. 그래서 또 넘겨 짚어 보았다.

"그럼 유인무가 왜놈의 염탐꾼인지도 모르지."

그러자 김진경은 정색을 하고,

"아니오, 유인무라는 이는 그런 양반이 아니오. 내 친히 만난 적은 없으나, 형님의 말씀이 유생원은 보통 벼슬하는 양반과는 달라서 학자의 기풍이 있다고 들었소."

김진경은 유인무의 인물을 극구 칭찬했다. 그 이튿날 조반을 막 먹자마자, 어떤 키가 후리후리하고 얼굴이 숭숭 얽은 50 가량 됨직한 사람이 서슴지 않고 사랑방으로 쑥 들어오더니 김두래의 앞에서 글을 배우고 있던 윤태를 보고,

"그 사이에 퍽 컸구나! 안에 들어가서 작은 아버지에게 좀 나오시라구 해라, 내가 왔다구."

김두래는 보나 마나 그 사람이 이춘백이라고 생각했다. 김진경이 나오자 그 사람은 다짜고짜로,

"백씨 소식 못 들었나?"

"아직 아무 소식도 없습니다."

"허어! 걱정이로군! 헌데 유인무의 편지는 받았지?"

"네, 어제 받았습니다."

김진경이 딱하다는 듯,

"유인무란 양반두 지각이 없으시지, 김창수가 형님두 안계시는 우리 집에 왜 올거라구 편지를 자꾸 보내는지……."

"자네 말이 옳긴 하지만, 여기 밖에 알아볼 데가 없지 않은가! 그가 해주 본고향에 갔을 리는 없구, 실사 그 집에서 김창수가 있는 데를 안기루서니 발설을 할 리가 있겠나! 유인무루 말하면 아랫녘에 내려가 살다가 서울 다니러 왔던 참에 자네 백씨가 김창수를 구해 내려구 가산을 탕진하구 부지거처루 피신했다는 말을 듣구 자네 백씨의 의기를 장하게 여겨서 어떻게 해서라두 김창수를 건져내야 한다구 결심했으나, 법으로 할 대로 다

했으니, 인제 힘으루 할 수밖에 없다구 해서 열세명 결사대를 조직했던 것인데, 나두 그 중 한 사람이지만 그래서 인천항 중요한 곳 7, 8곳에 석유를 한 통씩 지구 들어가서 불을 지르구 그 소란통에 옥을 깨뜨리구 김창수를 살려내기로 하구 유인무가 날더러 두 사람을 데리구 인천에 가서 감옥 형편을 알아오라구 하기에 가본 즉 김창수는 이미 사흘 전에 다른 죄수 네명을 데리구 달아난 뒤란 말일세. 일이 그렇게 된 걸세. 그러니 유인무나 자네 백씨두 김창수의 소식을 알고 싶어 할 것이 아닌가! 그래 정말 김창수한테서 무슨 편지라두 온 것이 없나?"

"편지두 없습니다. 편지를 보내구 회답을 기다릴만 하면, 차라리 본인이 오지요."

"그도 그러이."

"이 선생께서는 언제 서울루 가시렵니까?"

"오늘은 친구나 몇 만나보구 내일 가겠네. 떠날 때에 또 봄세."

그런 말을 본의 아니게 엿들은 김두래는 유인무란 믿을 만한 사람이라고 단정하고 곧 유인무를 찾아가도 되겠다고 생각해서 김진경에게,

"실은 내가 바로 그 김창수일세."

라고 그랬더니 김진경은 깜짝 놀랐다. 그들이 그렇게도 기다리고 찾으려던 김창수가 김두래일 줄은 꿈에도 몰랐던 것이다.

거북 龜자로 고치다

그 이튿날 김창수가 유인무를 찾아보기로 하고 이춘백과 같이 떠나겠다고 하니까 정말 섭섭해 하면서 그도 어쩌는 수 없어 그러라고 하였다. 이제 그의 정체를 아는 이춘백과 함께 유인무가 묵고 있다는 공덕리孔德里 박진사 태병朴進士 台秉의 집에 갔다. 이윽고 중키가 채 못되고 얼굴은 볕에 그을려 거무튀튀하고 시커먼 갓을 쓴 검소한 옷을 입은 생원이 나와서 그의 손을 붙잡고 방으로 이끌었다. 그러면서,

"내가 유인무요. 고생 많이 하셨소. 남아하처 불상봉이라더니 마침내 창수 형을 만나고 말았구려!"

유인무는 마치 연인이라도 만난 듯 기뻐했다.

"무슨 일이고 한두 번 실패한다손 치더라도 낙심할 것이 아니란 말일세. 끝끝내 구하면 반드시 얻는 날이 있단 말야. 전일에도 안 그랬던가!"

김창수도 그에게,

"상화 김주경의 댁에서 선생이 나같은 사람을 위해 굉장히 애쓰셨다는 것을 알았고, 오늘 존안을 뵈었는데 세상에서 침소봉대로 권하는 말을 들으시고 이제 정작 실물을 보시니 낙심하실 줄 압니다. 부끄럽기 짝이 없습니다."

"허어, 겸손의 말씀을. 뱀의 꼬리를 붙들고 올라가면 용의 머리를 보겠지요."

그리고 집주인 박태병은 유인무의 동서라고 했다. 김창수는 잠시라도 그렇게 자기를 위해 여러 가지로 걱정해 주던 유인무를 의심했던 것이 마음에 걸려 좀처럼 마음이 편안할 수가 없었다.

"유생원, 정말 죄송했소!"

"예? 무슨 말인지……."

"그렇게 이 불초한 자를 아껴주신 줄도 모르고, 혹시 일본의 밀정이나 아닌가 하고 의심했던 순간이 있어서……."

"하하하……."

유인무는 유쾌한 듯 가가대소하며,

"그야 그럴 것이 뻔하지 않소? 생면부지인 내가 김 공의 행적을 꼬치꼬치 물어봤으니 누구라도 그런 의심을 가질 수 있었을 게요."

그러면서 역시 웃음을 그치지 않았다. 그 말을 듣자 김창수는 잔뜩 끼었던 먹구름이 순식간에 개이고 푸른 하늘이 빙긋이 웃으며 자기를 가련하게 내려다보는 듯한 산뜻한 기분이 되어 가슴속의 암울했던 마음도 사라지는 듯한 상쾌함이 감쌌다.

유인무는 김창수가 본명으로 행세하기 불편하리라 여겨 이름을 아예 고치라는 것이었다. 창수라는 이름을 아예 버리고 이제부터는 거북 구자로 곧 김구龜로 이름을 고치고, 자字를 연상蓮上, 아호를 연하蓮下라고 하라는 것이었다. 유인무의 큰 딸은 시집을 가고, 아들 형제가 있는데 맏이는 한경韓卿이라 하는데,

무주茂朱 군수 이탁李倬도 그의 인척이라고 하였다. 또한 이천경이나 이시발이나 성태영이 모두 그의 동지들인데, 새로운 인물을 받아들이려면 이 집에서 저 집으로 김구가 당한 모양으로 돌려가며 그 인물을 관찰하고 그 결과를 따져, 만일 벼슬자리에 적합하면 벼슬을 시키고, 장사나 농사가 알맞으면 그렇게 하도록 한다는 것이었다.

김구는 아직 학식이 모자라니 공부를 더 시켜 양반을 만들기 위해, 연산蓮山 이천경의 가대를 주어 그의 부모가 잘 살도록 하여 그를 양반축에 넣자는 것이었다. 유인무는 그에게 편지 한 장을 써주어 강화의 버드러지長串에 있는 주진사 윤호朱進士 潤鎬에게로 보냈다. 강화에 간 김에 김주경의 소식을 탐문했으나 여전히 소식은 없고, 주진사가 그에게 백동전 사천 냥을 주면서 노자를 삼으라고 하였다. 서울에 다시 가서 유인무의 집에 묵고 있던 어느 날 밤에 아주 흉측한 꿈을 꾸었는데 그의 아버지가 잘못되는 꿈이었다. 그런데 집에 돌아와 보니, 아버지의 병세가 위중하였다. 그러나 아직 돌아가시지는 않았다.

김구는 할머니가 돌아가시려고 할 때, 아버지가 자기 손가락을 잘라 그 피를 마시게 한 것을 생각해 냈다. 그러나 지금 그는 장차 나라를 위해 큰일을 해야겠고, 또 어머님이 크게 상심할까봐 어머님이 안 보는데서 왼쪽 허벅지에서 고깃점 한 점을 떼어서 고기는 구워 약이라고 속여 먹이고 흐르는 피는 마시게 하였다. 그러나 아버지는 애쓴 보람도 없이 나흘 뒤에 그만 운명하시고 말았다.

유인무와 성태영에게 부고를 보냈더니, 유인무는 서울에 없었고, 성태영만 나귀를 타고 5백리 먼 길을 달려왔다.

여자들과의 인연들

여옥이와 선을 보고

임인년인 1902년 정월에 그의 나이 25세 때 장연長淵에 있는 먼 일가댁에 세배를 갔더니, 그에게 할머니뻘 되는 분이 그 친정 당질너로 17살 되는 처녀가 있으니 상가들 마음이 없느냐고 하기에, 그는 세 가지 조건만 맞으면 혼인하겠다고 말하였다. 그 세 가지란,

첫째 말이 없을 것.

둘째 신부될 사람이 학식이 있을 것.

셋째 당자와 서로 대면해서 말을 해 볼 것이었다.

어느 날 그는 그 할머니와 함께 그 처자를 보러 갔다. 그녀의 어머니는 과수댁으로 딸이 넷 있었는데, 위로 세자매는 모두 시

집을 가고, 여옥如玉은 국문을 깨치고 바느질을 잘 한다고 하였다. 집은 오막살이여서 말할 수 없이 초라한 집이었다. 위의 두 가지 조건은 좋지만 당자 대면이란 어렵다고 하였다. 그래서 김구는,

"나와 대면하기를 꺼리는 여자라면 내 아내가 될 자격이 없소"

라고 잘라 말하자, 그 집에서는 하는 수 없이 처녀를 불러들였다. 그 집으로서도 사윗감으로 놓치고 싶지 않았던 모양이었다. 그는 그 처자를 보자,

"당신이 나와 혼인할 마음이 있소?"

그래도 대답이 없었다.

"내가 지금 상중이니 1년 후에 탈상을 하고 성례를 할 터인데, 그동안 나를 선생으로 부르고 내게 글을 배우겠소?"

그 뒤 그는 여자독본이라고 할 만한 것을 한 권 만들어서 여옥을 가르치기 시작했다. 어느덧 1년이 지나 탈상도 하고 해서 그 집으로 달려갔더니 여옥은 오랜 감기로 누워 있다가 닷새 만에 그만 세상을 뜨고 말았다. 그의 나이 30세 때였다.

다시 교원으로

그해 2월에 장연읍 사직동으로 이사갔다. 진사 오인형吳寅炯이 김구로 하여금 집 걱정하지 않고 공공사업에 종사하도록 그에게 20여 마지기 전답에 산과 과수원까지 주어서, 그는 해주에

서 데려온 사촌형인 태수泰洙 부처에게 그것을 맡기고, 오 진사 댁 사랑에 학교를 설립하고 오 진사의 딸 신애信愛와 아들 기원基元, 또 그의 동생들의 아들과 딸들을 모아서 가르치기 시작했다. 아직 남녀칠세부동석이라는 유습이 남아 있어서 방 한가운데를 병풍으로 막아서 남녀의 자리를 갈라놓았다.

오순형은 인형의 셋째 아우로서, 사람이 근실하고 또 예수를 잘 믿으며 교육에도 열심히 김구와 함께 학생을 가르치기도 하고 예수교 전도에도 힘써 일년도 못되어 교회도 일으키고 학교도 확장시켰다. 당시에 출입하던 백남훈白南薰으로 하여금 예수를 믿게 하여 봉양학교鳳陽學校의 교원이 되게 하고 김구는 공립학교의 교원이 되었다. 그 당시 황해도에는 공립학교가 해주와 장연에 각각 하나씩 있었을 뿐이었다. 그런데 해주에 있는 것은 이름만 학교이고 여전히 사서삼경을 가르치는 서당의 틀을 벗어나지 못하고 있었고, 정말 칠판을 걸고 신식학문인 산술·지리·역사 등을 가르치는 곳은 장연학교 뿐이었다.

안신호와의 인연

여름에 평양 예수교에서 주최한 사범강습소에 갔을 적에 최광옥崔光玉이란 사람을 만났다. 그는 숭실중학교崇實中學校의 선생이면서 교육가로, 또한 애국자로 이름이 높았고 김구와도 뜻이 맞는 사람이었다. 최광옥은 김구가 아직 미혼이라는 말을 듣고 도산 안창호의 영매인 안신호安信浩와 혼약하라고 권유했다. 안신호의 나이는 스무살로 극히 활발하고 신여성 중의 명성이라고 할 만 하였다. 드디어 김구는 안창호의 장인인 이석관李錫寬의 집에서 안신호와 첫대면을 하였다. 물론 주인과 최광옥도 동석했다. 그날 최광옥은 안신호가 승낙하였다고 전했다.

헌데 그 이튿날 이석관과 최광옥이 또 그 혼약이 깨졌다고 전했다. 그 까닭인즉 도산 안창호가 미국으로 가는 길에 상해 어느 중학교에 재학 중인 양주삼梁柱三에게 여동생 신호와 혼약하라고 하고 그가 학교를 졸업하기를 기다려서 결혼해도 좋다고 했는데, 그 소식을 전하는 편지가 왔다는 것이었다. 그런데 바로 어제 김구와 약혼 약속이 있었으나 뜻밖에 양주삼이 학교를 졸업하였으니 허혼하라는 편지가 왔다는 것이었다. 오빠의 그런 편지를 받은 안신호는 밤새 고민하다가 마침내 두 사람 모두 거절하고 한 동네에서 함께 자란 김성택金聖澤-뒤에 목사가 됨-과 혼인하기로 결정하였다는 것이었다.

그렇다면 어쩔 수 없지 않느냐고 단념은 했으나, 김구로서는 섭섭한 마음을 금치 못했다. 한편 안신호는 일단 그렇게 되었으니 미안하다고 하면서 차후로는 오라버니로 모시겠다고 해서, 오히려 그녀의 결단성에 마음이 흐뭇해졌다.

뽕나무 묘목사건

김구는 뜻하지 않게 칭찬을 받고 높은 자리에 오르게 되었다. 그건 정말 우연한 일이었는데, 결국은 김구의 진실한 성품 때문이었을 것이다. 한번은 윤구영尹龜榮이란 군수가 그를 불렀다. 실은 정창극鄭昌極이란 높은 벼슬아치가 그를 군수에게 천거하였던 것이다. 김구가 성실하고 경륜이 있어서 나라의 중대한 일을 해낼 수 있는 사람이라는 것을 믿었기 때문이다. 해주에 가서 농상공부에서 보내는 뽕나무 묘목을 가져오는 일이었다. 그는 노자 100냥을 타가지고 걸어서 해주로 갔다. 말이나 가마를 타고 가라고 했지만, 공연한 경비를 쓰지 않으려는 심사에서였다.

해주에는 중앙의 농상공부 주사가 특파되어 묘목을 각 군에 나눠주고 있었다. 정부에서 전국에 양잠을 장려하려고 일본으로부터 뽕나무 묘목을 들어다가 나눠주고 있었던 것이다. 그런데 묘목은 다 마른 것이었다. 그는 그 마른 묘목을 보자,

"이런 마른 묘목을 가져다 무엇에 쓰겠소. 나는 가져가지 않겠소."

"아니 그게 무슨 소리요? 정부에서 보내는 걸 받지 못하겠다니, 명령을 거역하는 거요?"

"그래 나라에서 보내시는 묘목을 마르게 한 책임이 누구에게 있는지 알아봐야겠소. 이 사실을 관찰부에 보고해야겠소."

그러자 그 주사는 겁이 덜컥 났던지,

"아, 그럴 것까지는 없고, 그러면 생생한 것으로 골라가면 되지 않겠소?"

김구는 결국 심어서 살 수 있는 생생한 묘목만 골라 수천 그루를 가지고 돌아왔다. 노자는 70냥만 쓰고 30냥은 정창극에게 돌려주었다. 그것도 쓴 내역을 짚신 한 켤레에 얼마, 냉면 한 그릇에 얼마 하는 식으로 자세히 기록하여 그 장부와 함께 남은 돈도 돌려 주었던 것이다.

"허어……, 사람들이 다 선생 같으면, 나라 일이 걱정없겠소. 다른 사람이었다면 적어도 200냥은 더 청구했을거요."

어안이 벙벙한 모양이었다. 그런 정창극도 진실한 사람이었다. 당시 상하를 막론하고 벼슬아치라는 자들은 모두 나라의 것이나 백성의 것이나 훔쳐서 자기 배만 불리려는 게 통례인데, 김구는 곧이곧대로 너무 꼼꼼하리만큼 정직했던 것이다. 그래서 나중에 나라를 위해 큰일을 할 수 있었는지도 모른다.

하여튼 김구의 그런 태도를 보고 군수도 감히 횡령을 못하고, 그를 상부에 추천하여 농상공부의 종상위원種桑委員으로 삼도록 했던 것이다. 그 종상위원이란 당시 큰 벼슬이어서 서민들은 물론이고 관속들조차 그가 지나가면 피우던 담뱃대도 감추고 허리를 굽혀 예를 차릴 정도의 높은 자리였다.

될성부른 나무는 떡잎부터 안다 라는 속담이 있지만 김구는 이미 30살이 넘은 청년이지만 나라의 광복을 위한 일을 시작하기 전이라 중국으로 망명한 뒤의 그의 항일투쟁에 있어서 두각을 나타낸 것도 그런 착한 심성에서 비롯된 것이다.

호사다마라고 할까 그는 그 자리도 버리고 또 두 해 동안이나 정붙이고 살던 사직동 집을 떠나지 않으면 안되었는데, 그 동안 집과 논밭을 빌려 주었던 오 진사가 배를 늘리면서 생계를 유지하다가 그만 가산을 탕진하고 세상을 떠나게 되었다. 설상가상으로 종형이 죽었는데, 그렇게 되자 김구는 오 진사에게서 받았던 집과 논밭을 오 진사의 유족에게 돌려주지 않으면 안되었다. 또 집안 일을 맡아보던 김구의 종형 태수가 낫 놓고 기역자도 모르는 무식군이었으나, 그를 따라 장연에 가서 예수를 믿기 시작한 뒤로 국문에 능통하여 강단에서 설교까지 하게 되었는데 불행하게도 예배를 보다가 뇌일혈로 작고하였던 것이다. 그는 형수에게 친정으로 갔다가 개가하라고 권하였고, 그녀는 그의 어머니를 모시고 읍내로 떠나야 했던 것이다.

그가 사직동에 있는 동안에 유인무와 주윤호가 다녀갔는데, 그들은 예전에 북간도의 서상무徐相茂 관리사와 힘을 합쳐 북간도에 한 근기지를 만들고 국내에서 동지를 구하러 왔다고 하였다. 그런데 김주경은 잠적한 뒤 붓장사를 하여서 수만원을 모았는데, 그만 금천에서 객사하고 그 유산은 주막집 주인이 가로챘다고 하였다. 김주경의 유족은 산산이 흩어지고, 그의 아우 진경도 전라도에서 객사하였다는 것이었다. 김구는 한없이 슬펐다. 착한 사람, 뜻 있는 인물이 그렇게 불행을 당했다는 것이

통한스러웠던 것이다.

최준례와의 결혼

김구는 마침내 최준례와 결혼하였다. 물론 많은 곡절 끝에 억지로 맺어졌다. 최준례는 그때 어머니와 함께 신천 사평동信川 謝平洞에서 의원을 개업하고 있던 형부네 집에 우거하고 있었다. 그녀의 어머니는 본디 서울 구리개에서 일을 하고 있다가 맏딸이 시집간 신창희가 황해도 신천에서 개업을 하자 둘째 딸인 최준례와 함께 그곳에 와 있었던 것이다. 그때 준례는 겨우 열여덟 살이었고, 그녀의 어머니는 젊은 과수댁이었다. 김구는 양성칙梁聖則 영수領袖-지금의 장로와 안수집사의 중간 성직으로, 지금은 없어졌음-의 중매로 최준례와 약혼을 했는데, 그 때문에 교회에선 큰 문제가 일어났다.

본래 준례의 어머니는 강성모姜聖謨라는 사람을 사위로 삼고자 딸과의 혼약을 허락했었는데, 이미 열여덟의 성인으로 자란 준례가 당시의 사조에 따라 혼인의 자유를 고집해서 자기의 상대는 자기가 고르겠다고 주장했던 것이다. 여기서 문제가 까다로워졌다. 한위렴韓衛廉과 군예빈君芮彬이란 미국인 선교사들도 나서서 준례더러 강성모에게 시집가라고 권했으나, 준례는 끝끝내 자기 주장을 굽히지 않고 김구에게 자기와 결혼해 달라고 부탁하였다. 그도 본인의 자유를 무시하는 어머니의 의사에 비판하는 입장이었다. 마침내 김구는 최준례와 결혼하기로 하고 그녀를 사직동 자신의 집에 데려와서 약혼을 한 뒤, 서울 정신여학교貞信女學校로 유학시켜 버렸다.

김구는 여자도 역시 공부를 해야 한다는 생각으로 신식여학교에 입학시켰던 것이다. 그렇게 되자 김구와 최준례가 교회의 의사에 반항한다고 해서 파문과 같은 책벌을 받게 되었다. 그러나 결혼이 기정 사실화되자 교회나 선교사들도 어쩔 수 없었던지, 그렇게 반대하던 군예빈 목사가 그들의 혼례서를 만들어 주고 두 사람의 책벌도 풀어주어 정식으로 결혼이 성립되었다.

비로소 최준례는 김구의 정식 부인이 된 셈이었다. 안신호와의 약혼건, 여옥의 혼전 사망 등 여러 곡절 끝에 김구와 최준례의 결혼이 성립되어, 나중에 인, 신 두 아들을 얻게 되었던 것이다.

망국의 하늘아래에서

나라를 잃어버린 시절

1905년 11월 17일 밤중에 일본의 특파대사 이토 히로부미伊藤博文의 강압에 의해, 한국의 외교권이 일본 정부에 늑탈되는 협약을 조약이라는 미명 아래 이른바 을사보호조약乙巳保護條約이 체결되었다. 이로써 <대조선제국>의 외교권은 일본 정부의 손에 넘어갔다. 이 을사보호조약을 대강 서술하려는 것은, 그로 말미암아 김구의 차후의 애국운동이 촉발되었기 때문이다.

러일전쟁露日戰爭에서 이긴 일본은 미국의 포츠머스란 곳에서 러시아와 강화조약을 맺었는데, 그때 고무라 주타로小林壽太郞라는 일본국 대표가 주조선공사 하야시 곤스케林權助와 총리대신 가쓰라 다로오桂太郞 등과 모의를 하고 조선으로부터 외교권을 빼앗으려고 추밀원장樞密院長인 이토를 특파대사로 조선에 파견하였다. 그들은 1905년 11월 17일 오후 3시에 조선 궁중에 들어가 이른바 어전회의를 열도록 강요했다. 이때 주조선 일본군 사령관 하세가와 요시미치長谷川好道 대장으로 하여금 시위를 하게 하고, 이토 대사는 강제로 세 번씩이나 임금 고종高宗을 배알했다.

이때의 조선의 각료는 수상인 참정대신에 한규설韓圭卨, 내부대신 이지용李址鎔, 외부대신 박제순朴齊純, 군부대신 이근택李根澤, 법무대신 이하영李夏榮, 학부대신 이완용李完用, 탁지부대신 민영기閔泳綺, 농상부대신 권중현權重顯, 궁내부대신 이재극李載克 등이었다. 찬반토론에 있어서 한규설과 민영기는 반대표를 던졌다. 그러나 박제순, 이지용, 이근택, 이완용, 권중현이 적극 찬성하여 조약은 체결되고 그들은 마침내 을사오적乙巳五賊이 되었다.

당시 시종무관장이었던 민영환閔泳煥이 자결하여 뒤에 충정공忠正公으로 추모되었고, 그의 집 마루를 뚫고 대나무가 솟아났다는 전설은 인구에 회자되었다. 그 동상은 안국동 네거리에 섰다가, 지금은 창덕궁 정문인 돈화문敦化門 옆에 옮겨졌다.

이 일이 있은 뒤 온 백성의 원성은 하늘을 찌를 듯하였고, 사방에서 지사와 유림들이 들고 일어나서, 경기 · 충청 · 경상 · 강원 각도에 의병의 혈전이 시작되었다. 허위許蔿 · 이강년李康秊 · 최익현崔益鉉 · 유인석柳麟錫 등의 의병대장 등이 격렬한 항쟁을 전개하였다. 그러나 그들은 의기가 있을 뿐 잘 조련되고 뛰어난 병기를 가진 일본군에게 곳곳에서 격파되어 장렬하게 산화하였다.

그때 김구는 진남포鎭南浦의 에벳 청년회의 총무로 있으면서, 서울 상동교회에서 표면상으로는 교회사업을 표방하고, 내용적으로는 애국운동인 모임에 참석하였다. 이때 모인 사람들은 전덕기全德基, 이준李儁-뒤에 헤이그 밀사 사건으로 자결하는 애국열사-, 이동령李東寧-뒤에 대한민국임시의정원 의장-, 옥관빈玉觀彬, 조성환曺成煥-뒤에 대한독립촉성회 위원장이 됨-, 그리고 김구金龜 등이고 그 밖에 여럿이었다. 거기서 결의된 것은 매번 4, 5명씩 연명으로 상소하여 죽든지 잡혀가든지 몇 번씩이고 반복하기로 했다. 첫 번째 상소문은 이준이 쓰기로 하고 최재학과 다른 네 사람이 더 서명하여 신민 대표로 도합 5명이 나서기로 하였다. 김구 등 동지들은 죽기를 각오하고 덕수궁의 정문인 대한문으로 몰려갔다. 그런데 어떻게 알았는지 벌써 왜경 순사대가 달려와서 그들의 해산을 명령하였다. 그러자 그들은 내정간섭이라고 반발하고,

"이건 일본이 우리 국권을 강탈한 데 대한 우리 2천만 신민이 죽기로 각오하고 싸우는 것이오."

버텼으나 힘이 없는 조선의 백성에게는 불가항력이었다. 왜경 순사대가 서명한 주동자 다섯 명을 강제로 경무청으로 잡아갔다. 종로경찰서로 끌려갔다는 소리를 듣고 모두 그리로 달려

가자 왜경순사대는 발포를 하였고, 그들은 쫓기다가 다시 상동교회에 모여 이런 식으로 저항해 봤자 독립을 찾기는 어렵다고 의논하고 모두 향리로 돌아가 교육사업에 힘쓰자고 합의하여 각기 자기 고향으로 돌아가기로 했다.

김구도 황해도로 돌아가서 문화 초리면 종산 서명의숙草里面鍾山 西明義塾의 교원이 되었다가 이듬해에 김용제의 초청으로 안악으로 가서 양산학교楊山學校 교원이 되었다. 그것은 1908년 정월달 일이었고, 그달 18일 갓난 첫딸 화경化敬이 찬바람을 쏘여서인지 안악에 온 후 곧 죽어 그의 마음을 아프게 하였다.

안악에는 김용제·김용진 등과 그들의 아들과 조카 김홍량과 최명식崔明植 등 지사들이 있어서 신교육사업에 열심이었다. 또한 여러 곳에 신식학교가 많이 생겼기 때문에 신식 지식을 가진 교원이 태부족이어서 최광옥과 같은 사람을 평양으로부터 초빙해서 양산학교에서 하기강습회 같은 것을 열었다. 거기에는 보통 사숙의 훈상들과 백발이 성성한 노인네들도 청강을 했던 것이다.

여기서 김구가 특히 잊을 수 없는 인물은 다름 아닌 김효영金孝英이었다. 그는 김용진의 부친이며 김홍량의 조부였다. 그는 젊었을 때 글을 읽다가 집이 가난함을 한탄하여 황해도에서 나는 면포를 짊어지고 평안북도 강계·초산등 산골로 행상을 하면서 밑천을 마련하여 근검 절약해서 치부한 사람으로, 김구가 교사로 부임했을 때에는 이미 70 고개를 넘은 노인이었지만 기골이 장대하고 용모 또한 범속치 않을 뿐더러 손주인 김홍량을 일본에 유학까지 보낸 선각자였다. 뿐만 아니라 양산학교가 경영난에 빠졌을 때 무명씨로 백석지기 땅도 기부한 독지가였다. 김구가 나이로 보면 아들이나 조카 또래인데도 선생이라고 해서 며칠에 한 번씩 김구가 기거하는 집 문전에 와서 문안까지 하는 겸손한 사람이었다.

또 한 사람 잊을 수 없는 사람은 최광옥이었다. 그는 신교육의 선각자로 양산학교의 하기강습 때의 중요한 강사였을 뿐 아니라 김구에게 커다란 영향을 끼친 인물로, 한때는 그와 함께 교육총회를 조직하여 김구가 그 학무총감이 된 일도 있었다. 백천白川군수 전봉훈全鳳薰은 본시 재령의 아전으로 있다가 해주의 총순으로 승진하면서 교육에 많이 힘쓴 사람으로, 한번은 최광옥을 초빙하여 사범강습소를 설립하고 최광옥이 강연 도중 강단에서 피를 토하고 죽자 황해도와 평안도의 인사들이 그의 공적을 사모하여 평양의 안태국에게 비석 만드는 것을 맡겨 역사를 시작하다가 그만 한일합방이 되어 그것을 중지하기에 이르기도 했다. 최광옥-그는 시인 주요한의 장인이기도 하다-의 급사는 아까운 일이었다. 큰일을 할 사람이었는데.

환등회에서 있었던 일

그 당시 옛날 원님들이 정사를 보던 곳을 동헌東軒이라고 했는데, 일본인들이 조선의 외교권을 강탈한 을사보호조약 체결 후에는 그 동헌들을 대개 일본인의 사무실로 빼앗아 썼으나, 전봉훈 군수는 끝끝내 동헌을 내주지 않고 그냥 자기 관아로 쓴 그런 외세에 굴하지 않는 경골의 군수였다. 그런 굳굳한 전 군수의 초청을 받아 간 김구가 읍 못미처 있는 오리정五里亭에 이르니 군내 각 면의 주민들이 나와서 기다리다가 그가 당도하자,

"김구 선생 만세!"

전 군수의 선창으로 만세를 부르는 것이었다. 만세란 옛날에는 임금님에게만 부르던 것이었고 황태자에게도 천세라고 밖에 못 부르는 것이 상례였다.

예전에 폭군 연산燕山을 내쫓고 새로이 상감으로 모신 중종中宗시대에 고금에 찾아볼 수 없었던 석학 조광조趙光祖가 개혁정치를 하자 감격했던 백성들이 그가 나타나자 만세를 불렀다가 조광조가 역심을 품었다고 하여 그렇게 아끼던 중종도 조광조의 빠른 출세를 시기하던 반대파의 모함으로 드디어 유배를 보내고 마침내 사약을 내려 죽인 사실이 있었는데, 지금은 개화천지라 친구의 송영에도 만세를 부르는 세상이 되어 김구도 만세소리 속에 영접을 받았던 것이다.

김구는 재령 양원학교養元學校에서 유림을 모아놓고 신교육의 필요성과 그 실천에 대한 계획을 설명하고 장연군수의 청으로 읍내 각 면을 순회하던 중, 송화군수 성낙영成樂英의 간청으로 오랜만에 송화읍에 들르게 되었다. 그곳은 의병을 토벌하던

요해지로 읍내에는 왜의 수비대, 헌병대, 경찰서, 우편국 등 왜의 기관이 밀집되어 있고, 관사는 모두 그들이 점거하여서 군수는 일반집을 빌려서 정무를 보고 있던 처지였다. 거기서 김구는 환등회幻燈會를 가졌던 것이다.

남녀 청중이 수천 명이나 모였다. 군수 성낙영을 비롯 세무서장 구자록具滋祿 등 각 관청의 벼슬아치들은 물론이고 왜의 장교와 경관들도 많이 모여들었다. 지금에는 환등이 별로 신기하지 않지만 사진기가 사람의 혼을 빼앗아 간다고 하던 시절이니 환등이란 참 신기한 기계였다. 사진 필름을 거꾸로 넣으면 그 사진이 몇 갑절로 크게 비추는 것이 정말 보기에도 대단했던 것이다. 김구는 조선의 고종 대황제 폐하의 사진을 가져오라고 요청했다. 그 사진을 강단 정면에 봉안하고 일동 기립, 국궁 배례하였다. 왜의 장교들과 관리들까지 그렇게 하도록 하였다. 그러자 장내는 무언 중에 엄숙한 분위기에 감싸였다.

김구는 먼저 한인이 배일하는 이유가 무엇인고라는 연제로 일장 연설을 하였다. 예전에 일본을 신뢰하였는데 그 후에 일본이 조선의 외교권을 강탈, 일본군인이 각 촌락을 횡행하며 민가를 약탈하는 것을 보고 오히려 일본인을 배척하는 감정이 일어나 배일하게 되었다고 하고, 그것은 일본의 잘못이고 한인의 책임이 아니라고 교탁을 두드리며 역설했다. 그리고 청중을 둘러보니까, 성낙영·구자록 두 군수의 얼굴이 흑빛이 되었지만 일본 청중들은 흥분된 기분이었다. 반면에 왜인의 눈에는 노기가 등등하였다. 이윽고 호각소리가 요란하고, 환등회는 중지되고 김구는 경찰서로 붙들려 가서 숙직실에 구류되었다. 그러자 각 학교의 학생들이 위문차 몰려갔고 밤새 그 위문의 줄이 끊이지 않았다. 실은 일종의 항의 시위였던 것이다.

이튿날 아침 신문에 하얼빈 역두에서 윤치안이란 사람에게 침략의 원흉 이토 히로부미가 저격당했다는 기사가 실려 있었다. 그 안응칠이 십수년 전 김구가 청계동에서 만났던 총 잘 쏘던 소년인 안중근이라는 것을 곧 알아차렸던 것이다.

안중근과의 연루

김구는 느닷없이 경찰에 구금되었다. 곰곰이 생각하니 그것이 안중근3) 사건과 관계된다는 것을 알게 되자 좀처럼 풀려날 수 없다는 것을 알았다. 왜놈들은 별로 근거가 없다손 치더라도 약간의 연관만 있어도 미운 털이 박힌 사람은 일단 구금해 놓고 다음에 따지거나 조사하기 마련이기 때문이었다. 안중근 사건이 있은 뒤 한달 후에야 몇 마디 묻고 나서 해주 지방법원으로 그는 이송되었다

수교水橋 장터를 지날 때 감승무甘承武의 집에서 점심식사를 먹는데, 시내 학교의 교원들이 김구는 교육공로자이니까 그를 위해 한턱 위로연을 베풀겠다고 호송하는 왜순사에게 간청을 했더니, 김구가 해주에 갔다가 돌아올 때 해도 늦지 않을 것이

라며 허락하지 않아서 그대로 물러갔다. 그는 곧 해주감옥에 수감되었고, 그 이튿날 검사청에 불려나가 문초를 받았다.

"안중근과 그대 김구는 어떤 관계인가?"

"나는 그와 아무 관계가 없고, 다만 그의 부친과 잘 아는 사이이다."

"그럼 그대가 지난 수년간 지낸 행적을 말하라."

그러면서 작은 책을 내어놓고 이것저것 심문했다. 그러나 실제 안중근의 사건과 아무 관련이 없다는 것이 밝혀져 곧 석방되었다.

김구는 옥에 들어갈 때 맡겼던 사물을 챙겨 가지고 감옥에서 나와 박창진의 책사로 갔다가 거기서 유훈영을 만나 그 아버지 유장단의 환갑연에 참석하고, 송화에서 그를 호송해 갈 때에 왜순사와 같이 갔던 조선인 순사들이 그의 일이 궁금해서 돌아오기를 기다리면서, 아직도 해주에서 묵고 있단 말을 듣고 그들 조선인 순사 전부를 술집에 청하여 한턱 잘 먹였다. 조선인 순사들은 그를 걱정하여 왜순사의 눈을 피해 그의 동정을 살펴주었던 것이다. 그동안 안악에 있던 동지들은 한정교韓貞教를 해주로 보내 사정을 알아보게 하였다. 김구는 이승준 등 친구들을 찾아보고 곧 안악으로 돌아갔다.

제자들을 키워야지

장덕준 · 덕수 형제

안악에 돌아간 김구는 곧 양산학교 소학부의 유년반을 맡아 가르치면서 재령군 북률면 무상동北栗面 武尙洞의 보강학교保强學校의 교장직을 아울러 맡았다. 그 학교는 나무리벌의 한 끝에 있는 가난한 사람들이 추렴하여서 세운 학교였다. 그 나무리벌은 남강 이승훈이 이인환일 때 장사의 요령과 경륜을 터득한 고장이기도 하다.

전임으로 있던 교원으로는 전승근田承根이 있었고, 장덕준張德俊은 교사이면서 학생으로 그의 아우 장덕수張德秀를 데리고 학교 안에서 숙식을 하고 있었다.

김구가 보강학교 교장이 된 뒤에 웃지 못할 희극이 일어났다.

그것은 학교에 세 번씩이나 도깨비불이 났다는 것이었다. 학교를 지을 때에 교사 옆에 있던 큰 고목을 찍어서 불을 때었는데 그 원한을 품은 도깨비가 불을 놓는 것이니, 그것을 막으려면 마을의 수호신을 모시는 부군당付君堂에 치성을 들여야 한다는 것이었다. 그것은 순전히 미신으로 샤머니즘이 아직도 먹혀들던 조선사회에 있어서 그럴듯하게 각색되었던 것이다. 김구는 하나의 꾀를 생각해 냈다.

어떤 직원을 시켜서 밤에 몰래 지켜보라고 했다. 아니나 다를까 그 동네 서당 훈장이 몰래 학교에 들어가서 불을 질렀던 것이다. 그 직원은 그 자리에서 그 훈장을 잡아 족쳤다. 그 훈장의 토설에 의하여 신식학교가 서기 때문에 자기가 직업을 잃는 게 분해서 학교에 불을 놓았다는 것이었다. 그러자 김구는 그 훈장을 경찰서에 보내서 징역을 지게 하는 것보다는 잘 타일러서, 그 사실을 자백하고 동네를 떠나게 하였다.

장덕준과 장덕수도 그 사실을 알고 한바탕 웃고, 김구의 처사에 탄복하였다.

이재명李在明이란 열혈청년

하루는 김구가 노백린盧伯麟[4]을 만났다. 안악에서였다. 노백린은 서울로 가는 길에 안악을 지나가다가 문득 김구가 생각나서 그를 찾아가서 나무리 진초동 김정홍金正洪의 집에서 밤을 새우며 김구와 시국에 대해 토론하였다. 김정홍은 그 동네의 교육가로 전부터 잘 알고 지내던 사이였다.

저녁에 진초학교 직원들도 와서 주연을 벌이고 있는데, 갑자기 동네가 소란스러워서 그 연유를 알아 보았더니, 진초학교에 오인성吳仁星이란 여자 교원이 있는데, 무슨 이유인지는 모르지만 그녀의 남편인 이재명이란 청년이 단총으로 그녀를 위협해서 그녀가 하는 수 없이 다른 집으로 피신하였다는 것이었다. 이재명은 누구든 매국하는 자는 모조리 죽인다면서 미쳐 날뛰기 때문에 일어난 소동이라고 하였다. 그러자 김구와 노백린은 이재명이란 청년을 불러다 앉혔다. 그는 22, 3세 되는 청년으로 이마에 분노의 빛이 가득 서려 있었다.

"도대체 어떻게 된 일이오?"

"저는 어려서 하와이에 건너가 거기서 공부를 하고 있었는데, 이완용 등이 나라를 팔아먹었다는 말을 듣고 분함을 못 이겨 그 매국노들을 죽이려고 귀국하였소. 헌데, 평양에서 결혼을 한 내 처가 남편의 그 애국적 뜻을 이해하지 못하기 때문에 처단하려는 것이었소."

"허어……. 그럼 말로 타이를 것이지 어찌 폭력을 쓴단 말이오? 부인도 알 만한 분이고 말로서도 충분히 납득할 터인데……."

"……."

"앞으로 큰일을 하려는 분이 그 중요한 무기를 가지고 부인을 협박한다는 것은 당치도 않소. 그 단총을 일단 이 노백린에게 맡기시오. 좀 더 수양을 해야겠소."

"죄송합니다. 그만 생각이 그리 못미쳐서……."

그리고 단총을 노백린에게 맡겼다.

그 뒤 노백린이 사리원에서 기차를 타고 막 떠나려는데, 이재명은 그곳에 나와서,

"맡긴 단총을 도로 주십시오."

"허어허, 그 단총은 서울에 와서 찾으시오."

그 뒤 한 달도 못되어 이재명은 동지 몇 사람과 함께 군밤장수로 변장하고 천주교당에서 나오는 이완용을 칼로 찔렀다. 허나 인력거꾼은 그 자리에서 즉사하고 간신히 살아난 이완용은 그 뒤 나라를 파는 일에 도장을 찍었으니 얼마나 애석한 일인가! 김구와 노백린이 공연히 이재명으로부터 단총을 맡아 두었기 때문에 본의 아니게 큰일을 방해했던 것이다. 가끔 좋은 뜻도 빗나가는 모양이다.

안명근安明根의 무모한 계획

어느날 밤중에 안중근의 사촌동생인 안명근이 양산학교 사무실로 김구를 찾아왔다. 김구가 서울에 가 있는 동안 여러 차례 김구를 찾아왔다가 만나지 못하고 이날 비로소 만났다.

"내가 찾아온 것은 다름이 아니라 도내의 부자들에게서 독립

운동 자금을 거두기 위해서인데 내겠다고 약조를 하고서도 안 내는 자들이 많으니, 이제 육혈포로 협박을 해서라도 받아내려고 하는데 김구 동지는 어떻게 생각하오? 그 의견을 듣기 위해서 찾아왔소."

"음—, 그럼 그건 우리 <신민회>가 계획하는 일과는 상관없지 않소?"

"그야 그렇소. 돈을 많이 모아서 동지들에게 황해도 내의 전선과 전화를 끊어 각지에 있는 왜적이 서로 연락하는 것을 막고, 각 곳에서 일어나 자기 지방에 있는 왜적들을 죽이기만 하면 반드시 성사가 되리라 믿소. 설혹 타지방에서 원군이 대부대로 온다손 치더라도 닷새는 걸릴 테니 그동안 우리 동지들은 자유로이 행동하고 자유로운 세상을 맛볼 수 있을 것이오."

그 말을 하는 안명근의 눈에서는 날카로운 비수가 번득이듯 하는 빛이 쏟아져 나오고 있었다. 그리고 그건 정말 열혈남아의 의기의 빛이었다. 김구도 그의 그 애국충정에 그만 물들어 간 듯한 느낌에 순간적으로 이성을 잃는 듯하였다. 허나 김구의 냉철한 머리는 그런 폭력이 무모한 불장난으로 끝나리라는 것을 곧 깨달았다.

"안 동지! 그 의기는 충분히 알겠소만……."

"왜요?"

김구는 안명근의 그 열정을 수그러 뜨리지 않게 하기 위해서 잠깐 사이를 두고,

"내 생각에는, 내 생각에는 말이오. 설사 그렇게 성사되었다고 해도 그건 이 황해도에 국한된 일이고, 더 넓게 우리 전 조선을 생각해 볼 때는 아무래도 무모한 계획인 것 같소. 설혹 잠시 원한을 풀 수는 있겠지만 종당에는 나라를 찾아야만 온 백성의 원한을 풀 수는 없을 터이니 말이오."

"하지만, 여순에서의 중근 형님의 그 억울한 옥살이를 생각하면……."

"그야 나도 그걸 모르는 바가 아니오. 그렇기 때문에 더더욱 안중근 의사의 그 고귀한 뜻을 생각해서……. 더 근본적인 조국 광복책을 생각해야 할 것이오."

"그렇지만……."

"국가의 독립은 그런 일시적 설원으로 되는 것이 아니고 널리 동지를 모으고 동포를 가르쳐서, 사실 동포 가운데는 망국이 무엇인지도 모르는 몽매한 백성도 많으니 그들을 가르치고 깨우쳐서 온 국민이 일제히 일어서도록 계발하는 것이 만년지계라고 생각하오."

"글쎄요. 나는 좀 생각이 다른데요."

"정 그렇다면 하는 수 없지."

안명근은 고개를 갸웃거리며 돌아가고 말았다.

왜의 모함속에 다시 옥으로

억울한 연행

그 다음 해 정월이었다. 초닷샛날 새벽 아직 겨울이 한참이어서 온 세계가 얼어붙은 때였지만 따스한 빛을 예측케 하는 해가 돋으려면 얼마간 있을 어둠이 깔려 있는데, 김구가 숙소로 사용하고 있는 양산학교 사무실에 느닷없이 한 사람의 불청객이 찾아들었다. 그는 일본 헌병이었다.

"김 선생! 우리 소장님이 잠깐 뵙자고 해서 오시면 좋겠다는데요."

"나를?"

그는 헌병분견소로 갔다. 별로 딴 생각이 없었다. 학교교육에 대한 무슨 지침을 내리겠거니 하는 생각을 하면서. 허나 그것이 아니었다. 그곳엔 이미 김홍량・도인권 등과 양산학교 선생들이 모두 붙들려 와 있었던 것이다. 그제서야 김구도 갑자기 또 다른 생각이 머리에 떠올랐다. 아무래도 심상치가 않았다. 필시 양산학교는 불온교육을 하는 기관이라고 해서 폐교시키려는 게 틀림없다고 생각되었다. 일본 헌병분견소 소장은 그들을 경무총감의 명령으로 구류한다고 하면서 3일 후에 재령으로 압송하였다. 또 사리원으로 데려가더니 이번엔 서울 가는 기차를 태웠다.

차안에서 남강 이승훈을 만났다. 물론 자신이 잡혀가는 것은 아니었지만 오랏줄에 묶여 무더기로 잡혀가는 김구 등을 무한히 슬픈 빛으로 보다가 창 밖을 보며 눈물을 흘리고 있었다. 아마 그의 가슴 속에는 흐느낌이 용솟음쳤으리라! 남강이야말로 구국열정에 넘치는 사람이고, 열다섯 살이나 아래인 도산의 연설을 듣고 즉석에서 상투를 깎고 신 교육에 눈을 떠 <오산학교>를 세운 사람이니까.

조작된 105인 사건

김구는 <105인 사건>의 주모자의 한 사람으로서 계속 심문을 받았다. 심문하는 일본 경찰은 우선 그의 주소, 성명 등 인정심문을 하고 나서,

"네가 어찌하여 여기 끌려 왔는지 아느냐?"

"잡아왔으니 끌려왔을 뿐이오. 이유는 모른다."

"허어. 그놈 지독하군! 혼 좀 나봐야겠군."

심문관은 김구의 수족을 묶어 천장에 매달았다. 처음에는 고통스러운 것을 참았지만 마침내 정신을 잃고 말았다. 다시 정신이 들어 주위를 살펴보니 그는 고요한 겨울 달빛을 받고 심문실 한구석에 누워 있었는데, 고문경관은 김구의 얼굴과 몸에 찬 물을 끼얹어 정신을 들게 하였으나 그건 감각적으로 느꼈을 뿐이고 도무지 생각이 떠오르지 않았다.

아득히 멀리서 누가 손짓을 하며 그더러 따라오라는 것 같았다. 그게 어떻게 보면 저승사자인 것 같기도 했고, 또 누군지 모르지만 안악의 양산학교에서 안명근이 부르는 것 같기도 하였다. 그러자 문득 정신이 들었다. 김구가 정신이 돌아온 것 같자 일본인 심문관은,

"다시 묻겠는데, 안명근과는 어떤 관계지?"

"서로 아는 사이임은 틀림없다. 하지만 그와 같이 일한 적은 없다."

"뭐야 이놈! 아직도 정신을 못 차려? 혼좀 더 나봐야 알겠군!"

그 자는 김구를 다시 천장에 매달고 이번엔 막대기와 단장으로 수없이 패는 것이었다. 그는 또 정신을 잃었다. 그러자 여러 놈이 그를 끌어다가 유치장에 내던졌는데, 그때는 벌써 밤이 훤히 밝을 무렵이었다. 아침의 발그레한 고운 노을이 낙산駱山 봉우리에 가로놓이고 안개가 봉우리를 감싸고 있었다.

그는 심문하는 왜놈들이 밤새 쉬지 않고 그를 다루는 것으로 보아 그들은 그들 나름대로 자기네 나라에는 충성스럽구나 하고 한편 감탄하고, 우리 백성들이 자기만을 위해 아귀다툼하는 것이 부끄럽기도 하였다. 물론 그건 한순간 그의 머리를 스쳐가는 생각이었지만. 그리고 그런 악형을 받은 것은 비단 김구 뿐만이 아니었다. 옆 방에 갇혀 있는 김홍량, 한필호, 안태국과 안명근도 끌려 나갈 때에는 기운찼었으나 다시 돌아올 때에는 반 죽음이 다 되어 있었다. 한번은 안명근이 소리 소리 지르며,

"이놈들아, 죽일 때에 죽이더라도 애국지사의 대접을 이렇게 할 수 있단 말이냐?"

그리고 그 사이 사이에,

"나는 내 말만 하였고 김구, 김홍량과는 관계가 없다고 하지 않았느냐?"

그건 자기는 김구와 김홍량 등에 대해선 아무 이야기도 하지 않았다는 것을 알리려는 신호를 보내는 것으로 들었던 것이다. 사실 그러했다. 감방 안에서 다른 방에 통화하는 방법도 발명해서 보안법 위반과 강도의 두 범죄자를 나누는데 아무쪼록 동지들의 희생을 줄이도록 서로 알려주었다. 양기탁, 안태국 등도 그렇게 다른 방에 통지하는 것이었다.

그런데 왜놈들도 그 눈치를 채고 한순직韓淳稷이란 젊은 친구를 살살 꼬여 그들이 통화하는 방법을 밀고케 하였던 것이다. 헌데 안명근이 한순직을 김구에게 소개할 때 그는 용감한 청년

이라고 했는데 그만 그 용감한 청년이 왜놈들의 꼬임에 넘어가서 밀고 하는데 용감하였던 것이다.

진고개-지금의 충무로-끝 남산 기슭에 있는 경무총감부에서는 밤이나 낮이나 도살장에서 돼지를 잡는 것 같은 신음소리가 끝이 없었다. 하루는 한필호가 심문을 받고 돌아오는 길에 밥구멍으로 김구를 들여다 보면서,

"모두 부인했더니 지독한 악형을 받아서 나는 이제 죽습니다."

"왜 그렇게 낙심을 하시오? 마음을 굳게 먹어야지."

"이젠 물도 한 모금 넘길 수 없게 되었소."

결국 한필호는 옥중에서 순국하고 말았다.

감옥은 더 굳은 결심을

와타나베의 X광선

하루는 김구가 최고심문실이라는 데 끌려갔다. 거기에서 김구는 깜짝 놀랐다. 17년 전에 김구가 인천옥에서 심문을 당할 때 방청석에 앉아 있다가 김구가 호통을 치는 바람에 혼쭐이 났던 일본인 순사가 지금은 경무총감의 기밀과장인 경시警視가 되어 의젓하게 앉아 있는 것이 아닌가!

김구는 가슴이 덜컥 내려앉았다. 그 와타나베라는 놈은 첫마디에,

“나는 가슴에 X광선이 있어서 그대의 평생의 내력과 가슴 속에 품은 비밀을 소상히 알 수 있으니 추호도 숨김이 없도록 다 자백을 하면 괜찮지만 만일 조금이라도 숨기는 일이 있으면 이

자리에서 너를 때려 죽일테다."

그 말을 듣자 김구는 자기의 과거를 솔직히 털어 놓을까도 생각했으나 그렇게 되면 죽을 것이 뻔한데 어차피 그럴 바에는 끝끝내 숨기고 시치미를 떼는 것이 오히려 나을 거라고 마음속에 다짐했다.

그러나 그 자의 X광선은 고장이 났는지 17년 전의 일을 까마득히 모르고 있었다. 당시의 이름은 김창수로, 지금은 해주검사국에서의 보고에는 김구라고 되어 있어 그때 일본군 장교 쓰치다를 타살한 기록이 없었던 모양이었다. 와타나베가 김구의 경력을 묻자,

"나는 어려서 농사를 하다가 근년에 종교와 교육사업을 하고 있는데, 지금 양산학교의 교장으로 있다."

"흠, 그럼 표면상으로는 교육자인 척 하지만 실은 안명근과 공모하여 총독암살 음모를 꾸미고, 서간도에 무관학교를 세워 독립운동을 하려구 부자들의 돈을 강탈한 것이 아니냐?"

"나는 안명근과는 전혀 관계가 없고 서간도로 이민간 가난한 농민들을 도우려는 것은 사실이다."

그리고 나서 숨을 돌리고,

"헌데, 당신네들 경찰은 도량이 좁고 의심은 많아서, 툭하면 모두 배일하는 사람으로 보니 이러구서야 백성들이 아무 일도 할 수 없지 않은가?"

하고 도리어 큰소리를 쳤다. 그리하여 와타나베의 X광선은 완

전히 고장나 버렸고, 그의 말이 거짓 엄포였음이 곧 드러났다.

고문도 여러 가지

김구에 대한 심문은 과장과 각 경찰서의 주임 경시 7, 8명이 연좌해서 이루어졌다.

"네 동료들 거의 모두가 자백을 했는데 네가 아무리 입을 다물고 있다손 치더라도 사건의 전모가 명명백백하게 드러났으니 아예 너도 실토를 해서 고생을 면해라. 가령 어떤 지주가 새로 땅을 샀다고 하자. 그 밭에 거추장스런 돌멩이가 있으면 추려내지 않고 그냥 둘리가 없지 않느냐?"

"그거 말 잘했소. 그럼 그 돌인 나를 파내려구 하지 말고 내가 아예 죽어 버리면 그대들의 수고를 덜을 터이니 그리하겠다." 하고 머리로 옆에 있는 기둥을 들이받았다. 정말 자살하려는 것이었다. 너무 고통스러워서 그는 그냥 정신을 잃고 쓰러졌다. 그러자 그놈들은 김구에게 인공호흡을 한다, 찬물을 얼굴에 끼얹는다, 그러면서 법석을 떨더니 그가 정신을 차리자 어떤 자가 능청스럽게,

"김구는 조선인이 존경하는 인물이니 이같이 대우하는 것이 옳지 않소. 그 자를 본직에 맡기시오. 내가 잘 달래볼 터이니."

"좋소."

모두 그 사람의 청을 받아들여 승낙을 하였다. 그 자는 자기

방으로 김구를 데려가더니 담배를 권하며 공손한 말로 그에게 말했다. 그는 경무총감이었다. 아카시 모도지로明石元二郞라는 그 자는 김구를 자기 방으로 불러들여 극진히 우대하였다. 그러면서,

"그대가 생각을 돌려 일본에 대해 충성하기만 하면 옥고를 면하게 해줄 뿐만 아니라 부귀영화를 누리게 될 거요. 또 일본이 조선을 통치함에 있어서 일본인만 쓰는 것이 아니라, 그대와 같이 덕망이 높은 조선인을 많이 써서 정치를 하려고 하니 그대와 같이 충후한 분이 대세를 알 터이니 시국에 순응함이 어떻겠소. 그러니까 사실을 자백하십시오."

"당신이 내가 충후하다는 것을 인정하거든 내가 자초부터 공술한 것도 믿어야 하지 않겠소?"

도저히 고문이나 회유나 그밖의 방법으로는 김구를 설득하기 어렵다는 것을 안 일본 경찰은 이번엔 새로운 음모를 꾸미기에 이르렀다. 양산학교의 어떤 교직원의 아들에 이원형李元衡이란 14살 난 소년이 있었다. 그는 안명근이 김구와 만나서 계획을 꾸몄다는 그날 안악에 있었다. 그 소년이 증인으로 붙들려 왔다. 그 소년은 김구가 심문을 받는 옆 방에서 취조를 받고 있었다.

"너는 안명근과 김구가 그 자리에 있는 것을 보았지?"

"나는 안명근이라는 사람은 얼굴도 모르고 김구 선생은 그 자리에 없었소."

그도 그럴 것이 그 시간에 김구는 500리나 떨어진 경성에 있었던 것이다. 그렇게 이원형이 대답하자, 그 옆에 있던 어떤 조선인 순사가,

"너, 이 미련한 놈아, 안명근이도 김구도 그 자리에 있었다고만 말하면 네 아버지를 따라 집에 돌아가게 해 줄테니 시키는 대로 대답이나 해."

소년 이원형은 잠깐 망설였다. 아무리 그렇게 말하고 싶었지만 존경하는 김구를 모함하고 싶지는 않았던 것이다. 또 양심에 가책을 느끼기도 했다. 마음속으로 이럴까 저럴까 저울질하였다. 앞에 뭔가 가로막혀 갑자기 캄캄해졌다. 숨이 막힐 것 같았다. 푸— 하고 큰 숨을 내쉬었다. 그리고 입술을 꼭 깨물고 결심을 하였다. 나중에 김구 선생에게 잘못했다고 빌면 용서해 줄 것만 같았다. 용기를 내어,

"그러면 그렇게 말할 터이니 때리지 말고 날 내보내 주시오."

검사정에서도 증언으로 불려간 이원형 소년이,

"네."

하고 대답하자 간수들은 엉뚱한 애기가 튀어나올까봐 그를 밖으로 내몰았다.

억울한 공판

법정 피고석 걸상에 앉은 차례는 수석에 안명근, 다음에 김홍

량, 셋째로는 김구, 그리고 도인권·김용제·최명식·한정교 등 모두 15명인데 방청석에는 피고인들의 친척, 친지와 남녀학생들이 들어찼고 변호사, 기자들도 있었다. 소위 판결이라는 것이 있었는데 안명근은 종신징역이고, 김구·김홍량 등 7명은 징역 15년, 도인권 등은 10년, 김용제·한정교 등은 각각 7년과 5년형이 선고되었다.

그리고 보안법 사건으로는 양기탁·안태국·김구·김홍량·주진수·옥관빈 등이 있었는데, 이중 양기탁·안태국·김구·김홍량·주진수·옥관빈은 징역 2년이고, 나머지는 징역 1년에서 6개월이었다. 그밖에 행정처분으로 이동휘·이승훈 등 19명은 무의도無衣島·제주도·고금도古今島·울릉도 등에서의 1년간의 거주제한인 유배살이로 정해졌다. 판결이 확정되어 징역을 선고받은 죄인 아닌 죄수들은 서대문 감옥으로 이감되었다. 그나마 형무소에 갇히게 되자 동지들을 서로 볼 수 있는 것이 그런대로 위로와 위안이 되었다.

그리고 옥중에서 징역살이를 하는 복역수들에게는 대개 아들들이 있었으나 김구는 딸 하나만 있었다. 김용제에겐 아들이 넷이나 있어서 셋째 아들 문량文亮을 김구의 양아들로 주겠다고 하였다. 그는 동지의 호의를 고맙게 받아들였다.

옥중살이를 하는 동안 김구에게는 일본에 대한 미움이 더해갔다. 실은 지난 10년간 예수의 가르침에 따라서 어떤 일에서든지 자기 자신을 책망할지언정 남을 원망하지 말고 무엇이든 용서하고 관용의 덕을 가지도록 애썼으나 일본에 대해서는 신앙의 적을 미워하라는 말씀에 따라 한결 적대감을 가지게 되었다. 그리고 그 동안 조선의 밥을 먹고 조선의 옷을 입고 살아왔으니, 조선에 대한 충성심은 더 커졌다.

"식인지식의인의食人之食衣人衣, 소지평생막유위素志平生莫有違-사람의 밥을 먹고 사람의 옷을 입었으니, 품은 뜻은 평생토록 어김이 없어야 한다-라는 뜻을 더욱 깊게 깨달았다.

김구가 복역 7, 8년 만에 그의 어머니가 면회를 왔다. 그리고 그녀는,

"나는 네가 경기감사나 한 것보다 더 기쁘다."

라고 격려해 주어서, 그는 속으로부터 힘이 솟는 것 같았다. 그리고 또,

"밥이 부족하거든 하루 두 번씩 사식을 들여 주겠다."

고 해서 그에게 용기와 살고자 하는 의욕을 북돋아 주었다.

굳은 동지를 모아야지

통칭 김 진사에게 배우다

김구는 형무소에서 청소하는 일을 맡게 되었는데 마침 동지인 최명식도 같은 일을 하고 있었다. 둘이서 의논해서 같이 형무소에 있는 죄수들 중 쓸만한 인물을 고르기로 하였다. 그들은 마침 두 사람이 모두 좋다고 느낀 한 사람을 골랐다. 다른 죄수들과 비슷한 옷자림이었지만 사실 형무소 안에서는 별다른 옷차림이나 별다른 일을 하는 사람은 없었지만 그들이 눈여겨 본 사람은 40대로 보이는 통칭 김 진사라는 사람인데, 5년형을 선고 받고 두 해를 치르고, 3년을 남긴 강도범으로 눈에 정기가 있고 동작도 남다른 데가 있었다. 그가,

"당신은 누구이고 무슨 죄로 들어왔소?"

"나는 황해도 안악에 사는 김구라고 하는데 강도죄로 15년형을 언도 받았소."

"거, 형이 좀 무겁소 그려! 초범이시오?"

"그렇소."

"허어……. 아무래도 이상한데……."

바로 그때 간수가 와서,

"여기선 서로 말을 해선 안돼."

라고 꾸짖어서 그들은 결국 더 이야기를 계속하지 못하고 헤어져야 했다. 그때 다른 죄수가 나지막이,

"그 사람을 잘 아시오?"

"아니 초면이오."

"허어, 남도 도적치고 그 사람을 모르는 사람은 없소이다. 그 사람은 삼남 불한당 괴수인 김 진사요. 그 패거리가 많이 잡혀 들어왔는데 더러는 병나 죽고 사형도 당하고, 놓여 나간 자도 많지요."

그 뒤 그 김 진사란 자가,

"나도 오늘부터 이 방에서 신세를 좀 져야겠소."

하고 김구가 있는 방에 같이 있게 되었다.

그리고 서로 수인사를 나누자 그는 느닷없이,

"노형은 강도 15년이라 하셨지요?"

"네, 그렇소이다."

"그럼 어느 계통이시오? 추설이오? 목단설이오? 북대요? 또

행락은 얼마 동안이나 하셨소?"

"아니, 추설이니 목단설이니 북대니 또 행락은 도대체 무엇이오?"

"노형은 북대인가 보오."

그러자 옆에 죄수 하나가,

"이 분은 국사범 강도이시니, 그런 말을 해도 못 알아 들으실 겝니다."

김구는 문득 그 전에 양산학교에서 교직원들이 불한당이니 활빈당이니 하는 큰 도적떼가 있어서, 능히 장거리와 큰 고을을 쳐서 관원을 죽이고 재물을 빼앗되, 단결이 굳고 용기가 있어서 동에 번쩍 서에 번쩍 동작이 민첩하여 나라 군사도 그들을 잡지 못한단 말을 들은 적이 있었다. 김구는 속으로 이렇게 생각했다.

'우리가 독립운동을 하자면 견고한 조직과 기민한 훈련이 필요한데, 저 도적떼의 결사와 훈련의 방법을 연구할 필요가 있겠나.'

김구는 서너 살 때 마마를 앓다가 생긴 살짝 곰보의 얼굴을 찡그리며 심삭한 얼굴로 나라독립의 빙법을 찾기에 골몰했다. 담을 넘고 담벼락 구멍을 뚫어 재물을 감춰하는 좀도둑이라면 몰라도 수십, 수백 명이 떼를 지어 나라의 관아를 습격하거나, 나라를 다시 찾으려는 큰일을 하려면 그 김 진사의 수법이 적합할 것 같았다.

사실 이조 초에 두문동 72현과 또 이성계의 건국을 못마땅하게 여겼던 지사들이 도적이라고 불리기는 하였으나 백성들의 재물은 결코 탈취하지 않고 관원이나 양반들의 재물만 탈취하여 가난하고 불쌍한 자들을 구제함으로 장하게 생각했던 것을 김 진사는 말해 주었다. 사실 옛날 독일에서도 유명한 시인이요 극작가인 실러Schiller가 떼도둑이라는 희곡에서, 성주의 맏아들이 무리를 모아 도적질을 해서 가난한 백성에게 나누어 준 그런 작품도 있었다. 물론 김구는 그런 사실을 알 리가 없었지만 …….

추설이란 삼남지방에 있는 도적떼이고, 목단설이란 강원도에 근거를 둔 패고, 그 두 설에 속하지 않고 떠돌이로 임시 패거리를 모아 도적질하는 자들을 북대라고 했던 것이다. 그런데 그 도적떼의 총두목은 노사장老師丈이라고 하며, 그 밑에 있는 소두목을 유사有司라고 하였다. 김 진사는 이조시대의 도적의 근원을 이야기하고 나서,

"노형은 황해도라고 하셨지?"

"예."

"그럼, 연전에 청단靑丹장을 치고 곡산 원을 죽인 사건을 아시겠구려."

"그야 알지요. 정말 대단했지요!"

그러자 김 진사라는 사람은 빙그레 웃으며 마치 그 옛날을 회상이나 하는 듯, 한참 동안 천장을 바라보더니 웃음을 먹으며,

"그 때에 도당을 지휘한 것이 바로 나요."

김구는 흠칫 놀랐다. 과연 그 사건은 온 황해도를 떠들썩하고 도저히 상상조차 못할 만큼 커다란 사건이었고, 아직도 오리무중에 있는 불가사의한 사건이었다. 김 진사는 의기양양하게,

"나는 그때 양반의 행차로 차리고 사인교를 타고 구종별배로 벽제까지 시키면서 호기당당하게 청단장에 들어갔던 것이오. 장에서 볼일을 다 보고, 그 길로 질풍신뢰같이 곡산읍으로 들어가서 곡산군수를 잡아죽였으니, 그것은 그놈의 학정에 인민을 늑탈하고 어육을 삼는다고 하기로 하늘 대신 벌을 내린 것이오."

그리고서 또 새 동지를 구할 때는 신중하게 오래 두고 관찰한 끝에 비로소 사람을 얻기로 한다는 것이었다. 김구는 그를 통해 많은 것을 배웠고, 또 실제 뒤에 독립운동을 하는 데 큰 도움을 받았다.

도인권과 안명근

그때 같이 옥고를 치룬 동지 가운데 도인권과 안명근의 꿋꿋한 기개에 김구는 고개가 절로 숙여지는 것을 느꼈다. 김구는 구 한국군의 정교正校로 있다가 군대가 해산되자 향리에 돌아가 있는 도인권을 양산학교의 체육교사로 초빙하였고, 이때부터 김구와 동지가 되었다. 그는 옥에 갇힌 뒤 일본인들이 자기네의 국교라고 할 수 있는 부처에게 예불을 하라고 시키자, 자기는 예수교 신자이기 때문에 그런 우상에게는 절을 할 수 없다

고 하며 아무리 위협을 해도 부처에게 절하기를 거부하였다. 그것이 문제가 되었지만 일본인들도 어쩌는 수 없어서 흐지부지 되고 말았다.

그런데 이번에는 도인권이 옥에서 주는 상표를 거절하였다. 자기는 죄를 지은 일도 없고 따라서 개전이란 말은 당치도 않다고 버티면서 죄를 뉘우쳤다는 뜻으로 주는 상표 따위는 받지 않을 것이라고 딱 잡아 떼었던 것이다. 또 그 다음에 가출옥시킬 때에도 그는 본래 자기는 무죄인데 지금에 와서 깨달았으니 나가라는 말은 당치도 않다면서, 그 가출옥의 가자를 떼어 버리면 몰라도 나가지 않겠다고 고집을 부리는 바람에 결국 형기를 다 채우고 나서야 석방되었다.

이때 종신형을 받고 옥살이를 하고 있던 안명근도 일본인들의 유신 주체인 메이지 왕이 죽었다고 해서 대사령이 내려 무기가 20년으로 감형되었다. 그러자 안명근은 형을 더해 사형을 받을지언정 감형은 안 받겠다고 우기며 항거하였고, 결국에는 옥에서 형을 사는 죄수는 일체 강제로 집행하는 것이니 감형을 아니 받을 자유도 없다고 해서 억지로 20년으로 감형이 된 일도 있었다. 이후 그는 새로 지은 마포형무소에 이감되었고 17년 형을 마치고 석방되어 신천 청계동에서 부인과 함께 지냈지만, 그 부친과 아우가 그리워 만주 화룡현和龍縣으로 가다가 그만 불귀의 객이 되고 말았다. 아까운 인재였다.

새 인생으로 항일전선에

백범 김구의 탄생

여러 차례 감형이 거듭되자 김구는 다시 세상에 나가서 나라를 위해 일을 할 수 있다는 희망을 가지게 되었다. 형기가 2년밖에 남지 않았으니 말이다. 그러나 그의 괄괄한 성격과 왜놈에 대한 치미는 울분은 결국 일을 저지르고 말았다. 동지들이 옥에서 풀려나자 왜놈들에게 굽실굽실 순종하는 것이 아니꼬와서 하루는 서대문 형무소 감옥 제2과장인 일본인하고 싸웠다. 그런 일이 있자 그 자는 보복으로 김구를 아주 힘든 인천 축항공사장으로 돌렸다. 김구는 그곳의 뜰과 창을 닦으면서 나라를 다시 찾아 독립국가가 된 우리나라 청사의 뜰을 쓸고 창을 닦는 것이라면 얼마나 좋으랴! 하고 생각하면서 마음을 먹었다.

김구는 그 전에 거북 구자 대신 아홉 구자로 이름을 고치고, 호도 연하가 아니라 백범白凡으로 고치기로 하였다. 이름은 그대로 두고 호는 이 나라의 가장 천한 백성인 백정白丁의 백자와 가장 평범한 사람이라는 범凡자를 따서 백범이라고 부르기로 하였다.

이제 2년이면 석방이 되려던 차에 인천 축항공사에 끌려가게 되어, 3년이나 동지들과 서로 위로하던 생활의 추억이 담긴 서대문 형무소로부터 인천으로 끌려갔다. 17년 만에 고향(?)으로 돌아갔던 것이다. 그가 글을 읽던 그 감방이 그대로 있었으나 감방은 새로이 증축이 되었고, 와타나베란 왜놈을 꾸짖던 경무청이 매음녀 검사소가 되었고, 감리사가 있던 내원당來遠堂은 창고가 되었을 뿐, 옛날 들끓던 조선인 순검 대신 왜놈 천지가 되어 있었던 것이다. 그렇더라도 온갖 설움 속에서도 정다움이 서린 고향에 돌아온 듯해 감회가 깊었다. 감방에 첫발을 들여놓자 그런대로 반가운 얼굴이 있었다. 헌데 그 중 어떤 자가 김구에게 가까이 다가서더니,

"당신 낯이 매우 익은데……."

그리고 한참 있더니,

"가만 있자, 당신 혹시 김창수 아니오?"

김구는 깜짝 놀랐다. 청천벽력이었다.

자세히 살펴보니 그는 17년 전에 한 감방에 있던 절도 10년의 문종칠이었던 것이다. 좀 늙고 이마에 움푹 들어간 구멍이 있을

뿐 젊은 날의 인상이 남아 있었던 것이다. 김구의 머리에 얼핏 떠오르는 생각이 있었다. 만일 저 자가 내 전력을 일러바치면 이 모두가 도루아미타불이 되어 영락없이 극형을 받을 터인데……. 그런데 그 문종칠은,

"창수, 김 서방, 나를 모를 리 없겠지요? 지금 내 면상에서 구멍이 없다고 생각해 보면 아실 것 아니오? 나는 당신이 탈옥한 뒤에 죽도록 매를 맞은 문종칠, 그 문종칠이란 말이오."

"허어, 어쨌든 반갑구려!"

김구는 우선 반가운 듯 그의 손을 덥석 잡았다.

"당시에 인천항을 떠들썩하게 진동시켰던 충신이 또 무슨 죄를 지었기에 또 옥에 들어오셨소?"

"15년형을 진 강도죄요."

"아니 충신과 강도는 거리가 먼데, 그건 또 어쩐 일이오? 그때 당신은 충신과 도적놈들을 한방에 있게 한다구 경무관한테까지 내들지 않았소? 강도죄로 15년이란 꽤 무거운데……."

김구는 사실을 말해줄까 하는 충동도 느꼈으나 꾹 참고 능청을 떨었다.

"충신 노릇하는 것도 사람이고, 그 사람이 강도짓도 할 수 있는게 아니겠소?"

그리고 일단 말문을 돌리는 게 좋겠다고 생각했다.

"헌데, 문서방은 또 어쩌다 이렇게 옥에 갇히게 되었소?"

"나요? 나는 이번까지 감옥 출입이 일곱 번째요."

그리고 한숨을 푹 쉬고 나더니,

"한평생을 감옥에서 사는 셈이지요."

"그래 이번엔 몇 해나 되오?"

"강도 7년에 5년이지만, 대강 치르고 한 반년만 지내면 또 한 번 세상구경을 하고 올 참이오! 나가 봤자 배운 짓이 도적질이니 또 걸려 들어올 게 뻔하지 않겠소?"

그는 체념을 한 듯 또 한숨을 토해냈다.

무서워서 피하는 것이 아니라

"당신두 여기서는 별 꿈을 다 꾸겠지만, 사회에 나가보면 생각이 달라질 거요. 도적질하다가 징역살이한 놈이라고 손구락질 하면서 아무도 받아주질 않을거요. 개눈엔 무엇만 보인다고, 배운 게 도적질이니 또 그 짓을 할 수밖에요."

듣고 보니 그 말도 옳은 듯했다. 세상이란 마냥 그런 것이라는 걸 모르지도 않기 때문이다. 그렇지만 그 문종칠이란 자가 몇 번씩이고 죄를 거듭 져서 이제 중벌을 받을 것이 틀림없는데 어떻게 그렇게 빨리 나갈 수 있는지 궁금해서 물어 보았더니 지난번 죄는 깜쪽 같이 숨기고 매번 초범으로 취급 받는다는 것이었다.

김구는 그가 17년 전에 탈옥했던 김창수라는 것이 탄로가 나면 또 어떤 중벌을 받을지 모르겠다는 염려로 문종칠의 비위를 거슬리지 않기로 결심했다. 얼마 남지 않은 복역 기간을 빨리 끝내고 다시 한 번 세상에 나가서 사회와 나라를 위해서 일을 해야겠기 때문이었다. 그래서 설혹 감옥에서 주는 밥이라도 자기는 굶으면서까지 어떤 구실을 붙여 그에게 주기도 하였다. 그럴때마다 자기가 너무 비굴하지 않는가 양심에 가책도 받았지만, 개똥이 무서워서 피하는 것이 아니라 더러워서 피한다는 속담을 생각하며 스스로 쓴 웃음을 머금고 마음을 달래었다.

사실 예전의 그 곧 김창수일 때나 거북 구자 김구 때라면 속에 품은 생각을 그 즉시로 나타내는 괄괄한 성격으로 속시원하게 밖으로 내뿜지 않고는 못 배겼으리라. 하지만 안명근 사건과 <신민회> 사건으로 붙들려 가서 갖은 고문을 받고 또 오랫동안 옥살이를 하면서 참을성을 키웠기 때문에 웬만한 일로는 화를 내지 않는 성품이 된 것이다. 또 이른바 김 진사에게 들은 얘기에서 지도자로서의 자질도 닦은 바가 있어서 이제 곧 사회에 나가서 큰일을 도모해야겠다는 야망도 있고 해서 모든 일에 참을 인자, 인내해야 된다는 덕목을 키웠던 것이다.

그러던 중에 문종칠이 만기가 되어 출옥하게 되었다. 그가 나가자 김구는 그가 풀려나간 데 대해 그를 위해 다행스럽게 생각도 했지만, 김구 자신의 안위를 위해서도 여간 안도스럽지가 않았다. 앓던 이가 빠진 것 같은 시원함으로 큰 한숨을 내쉬었다.

하지만 또 아침이면 다른 죄수 하나와 쇠사슬로 허리를 마주

매어 짝을 이루고 축항공사장으로 나가 흙지게를 등에 지고 십여 길이나 되는 사닥다리를 오르내려야 했다. 반 달도 못되어 어깨는 붓고 등은 헐고 발은 부어서 운신조차 못하게 되었다. 어떻게 면할 도리도 없었다. 그 일이 너무 고되어 높은 사다리 위에서 떨어져 죽을까도 생각하였다. 그러나 그와 마주 맨 사람이 인천에서 구두 켤레나 담뱃갑을 훔치고 들어와 두서너 달 징역을 지내는 경범죄인이라 그 얼굴을 쳐다보면 너무나 가여워서 그 사람을 애매하게 같이 죽게 할 수도 없다고 생각해서 죽고 싶은 생각을 꾹 누를 수밖에 없었다. 열즉열살도리熱卽熱殺闍梨 한즉한살도리寒卽寒殺闍梨-더울 때는 더위로 도리를 죽이고, 추울 때는 추위로 도리를 죽여라-라는 선가의 방법으로 일하는 데만 몰두하였다.

또 하나 괴로운 것은 축항공사에 가는 길가엔 그가 17년 전에 자기 부모님께 정성을 다해 주던 물상객주 박영문과 안호연의 집에 있었는데, 그 두 사람에게 지난날의 고마웠던 일을 사례하고 싶은 마음이 굴뚝 같았지만 어쩔 수 없었던 일이었다. 자유롭게 인사할 수도 없었으니 말이다. 7월 어느 심히 무더운 날이었다. 갑자기 죄수 모두 교회당으로 모이라는 것이었다. 거기서 왜인 간수가,

"55호?"

라고 부르자 그는 한참 어리둥절해서 자기가 55호인 줄은 잊고 있다가 문득 생각이 나서 벌떡 일어섰더니,

"가출옥이오."

하고 뜻밖에 선고를 하는 것이었다. 그야말로 좋은 뜻으로 청천벽력이었다. 마침내 풀려났던 것이다. 그 지긋지긋한 옥살이와 고문으로부터 놓여난 것이다. 하늘로 훨훨 날아오를 것 같은 기분이었다. 아니 그 순간은 그냥 멍청하게 푸른 하늘만 쳐다보고 있었다. 옥문을 나서는 순간, 울음이 콱 솟구쳐 올랐다.

준영 숙부의 죽음

김구가 가석방된 뒤 며칠 후에 고향 읍내에 이인배李仁培란 사람은 위로의 뜻으로 연회를 베풀고 기생들도 불러 성대하게 잔치를 베풀었다. 잔치가 무르익고 한참 흥이나고 있는 자리에, 갑자기 그의 어머니가 문을 벌컥 열고 나타났다.

"이니, 내가 여러 해 동안 고생한 것이 오늘 네가 기생을 끼고 술이나 퍼먹고 있는 것을 보려고 한 것이냐? 당장 때려치우지 못하겠느냐?"

호통을 쳤다. 사실 그의 어머니와 아내 최준례기 서울서 내려와서 종산鍾山의 우종서禹宗瑞 목사댁에 의탁하고 살아가고 있을 때 준영 삼촌이 양식을 실어다 주어 그들은 간신히 연명할 수 있었다. 어머니와 아내가 김구가 서울에서 옥살이를 할 때, 그 옥바라지를 하려고 서울로 갈 때 해주에 들렀는데 그때 준영 삼촌이,

"어찌 형수님이 젊은 며느리를 데리고, 천리타향 사고무친인 대처에 가서 고생을 하시렵니까, 그러지 말고 본향에 돌아가십시오."

"아니오, 내 하나밖에 없는 아들이 옥에서 고생을 하는데 그깟 내 고생쯤 어려울 게 뭐 있겠소. 아무래도 우리는 서울로 가야겠소."

그렇게 해서 그의 어머니와 아내는 부득부득 서울로 갔었다. 그러다가 김구의 감옥살이가 길어지자 그녀들은 할 수 없이 다시 시골로 내려왔던 것이다. 준영 삼촌의 그 고마운 뜻을 생각해서 김구는 곧 준영 삼촌을 찾아 뵐 작정이었으나 차일피일하고 있던 중이었으며, 더욱이 가출옥 중이라 주거가 제한되어 있어서 헌병대의 허가를 받아야 하는데 왜놈들에게 고개를 숙이는 것이 싫어서 미루고 있었던 것이다. 그 뒤 거주 제한이 풀려서 곧 찾아뵈려고 생각하고 있었는데 김용진의 부탁으로 문화의 궁장宮庄 농장에 추수를 살피러 간 사이에 준영 삼촌이 다녀갔다는 것이었다.

정초가 되었다. 김구는 가까운 어른들에게 세배를 하고 그의 어머니에게 세배를 하려고 온 사람들을 접대하고 나니 초닷새가 되었다. 이제는 해주로 가서 준영 삼촌에게 세배도 할 겸 찾아보고 그동안 고마웠다는 인사도 하려고 차비를 하고 있는데, 그 전날인 초나흗날 재종제인 태운이가 헐레벌떡 들이닥치더니 준용 삼촌이 별세했다는 기별을 전했다.

'아차, 이거 천추의 한이로구나! 다시는 준영 삼촌을 만날 수도 없고 고마움을 표시할 기회가 영영 사라지고 말았으니!'

그는 땅이 꺼지고 하늘이 무너지는 듯한 슬픔에 잠겼다. 그의 아버지 김순영 4형제 중에 아들이라곤 김구 하나뿐이고, 준영 삼촌과 필영 삼촌도 각각 딸만 하나씩을 두었으며, 백영 큰아버지는 관수, 태수 두 아들이 있었으나 모두 일찍 죽었던 것이다. 날이 훤하게 밝는 대로 김구는 태운과 함께 해주로 달려가서 준영 삼촌의 장례를 주장해서 텃골 고개 동녘 기슭에 모셨다.

그 뒤 그는 아내가 일을 하고 있는 양산학교 일을 거들어 주며 전과 같이 교육사업에 종사하려고 때를 기다리고 있었다. 그러나 그때는 오지 않았고 하는 수 없이 그냥 있을 수도 없어서 김홍량 일가가 경영하는 농장에서 감독일을 하려고 하였다. 그들은 김구더러 좋은 농장에 가 있으라고 권했지만, 그는 오히려 소작인들의 풍기가 문란하고 땅의 질도 좋지 않은 동산평東山坪이란 농장의 관리자인 농감자리로 가겠다고 간청했다.

그 농장은 수백 년 전에 나라가 직접 관리하던 이른바 궁장으로 관리자들이 협잡만 하고 또 농민들도 타락한 형편없는 곳이었다. 소작인들은 밤낮 도박으로 지새우고, 혈뜯는 일을 밥먹듯이 하는 한편, 농토도 척박하여 살 수 없는 곳으로 유명했다. 그가 좋다는 모든 권유를 뿌리치고 그 동산평으로 가서 우선 밤에 공부하는 야학을 세우고, 학령이 되어도 아이들을 공부시키지 않는 사람들에게는 붙여 먹는 땅의 상등지 두 마지기를 거두어 들이고, 아이들을 학교에 보내는 사람에게는 일등답 두두락을 내주는 법을 세웠다.

그런데 일은 쉽게 풀리지 않았다. 오랫동안 마름으로 있으면서 소작인들을 착취해온 노형극이란 자의 형제가 가지고 있던 과분한 토지를 회수해서 부지런하면서 붙여 먹을 땅이 없는 사람들에게 나누어 주었더니, 그게 불만인지 노형극 형제는 김구에게 화풀이를 하기도 하고 집에 불을 놓는다는 등 협박을 하였던 것이다. 호사다마라고나 할까! 뭔가 좀 일을 해보려고 하면 방해공작을 하는 악의 무리가 꼭 있는 법이라니.

그곳엔 본디 학교가 없던 데라 김구는 곧 학교를 세웠다. 처음엔 20명 가량의 아동들로 시작했으나 장덕준이 재령에서, 그리고 지일청池一青이 김구와 같은 데서 농촌개발운동을 하여 도박이 차츰 사라지고 소출도 늘어나고 또 학교운영방법이 주효해서 점점 좋은 농촌으로 탈바꿈해 갔다.

넓은 하늘로 날개를 다

조국을 떠나 타국으로

1919년 3월 1일 이른바 기미독립운동이라는 만세사건이 터졌다. 천도교 대표, 기독교 대표, 뒤에 불교 대표 등 손병희·이승훈·한용운 등 33인이 서명하고, 거국적으로 궐기한 대한독립을 외치는 만세소리가 전국 방방곡곡을 진동시켰다. 이 만세운동 사건이 황해도의 한 시골인 동산평에 전해지지 않을 리가 없었다. 허나 김구는 그 만세운동에 휩쓸려 들어갈 것인지 그렇지 않으면 그것을 계기로 보다 더 큰 독립운동사업을 할 것인지 오랫동안 망설이지 않을 수 없었다. 고민 끝에 김구는 하나의 길을 택했다. 비록 잠시 동안은 비겁하다는 말을 들을는지 모르지만, 만일 그 시위 운동에 참가하면, 그의 괄괄한 성격과 애국

열정으로 보아 선봉에 나서서 왜헌과 정면으로 대결할 것이 틀림없을 테니 사살되거나 체포되어 다시 옥고를 치를지 모르겠다고 생각했던 것이다. 그야 옥에 갇혀 몇 해 썩는 것은 괜찮지만 그러는 가운데 독립운동을 할 수 없을 것이라고 생각하니, 아무래도 이번 기회에 고국을 떠나 말로만 듣고 있던 중국으로 가서 본격적인 항일전선에 뛰어들고 싶었던 것이다.

만주에는 안명근을 비롯해서 독립운동을 하는 선배동지들이 많다고 들었고, 또 중국 본토에서는 독립사상을 가진 지사들이 집결하고 있다는 말도 들었던 것이다. 특히 <신민회>의 중추적인 지도자의 한 사람이었던 도산 안창호도 미국으로부터 중국으로 갔다는 말이 떠돌고 있었다. 가뜩이나 한 고향의 동지인 김홍서 그리고 전에 잘 알고 있던 이광수도 상해에 있다는 소식이고 보니, 잠시 뒷머리를 끌어당기는 듯한 도망자란 말을 듣는 한이 있어도 역시 고국을 떠나서 중국으로 가는 것이 좋다고 생각했던 것이다. 그렇게 결정하고 나니 더 주저할 이유가 없었다. 또 일단 작정하면 더 망설이지 않고 실행에 옮기는 그런 성미이기도 하였던 것이다.

경성에서는 만세사건이 터졌다는데도, 김구는 어디서 바람이 부느냐는 듯, 떠날 날을 하루 앞두고도 동산평 작인들을 동원하여 일만 시키고 만세사건에는 아무 관심도 없는 듯 가래질만 하고 있었다. 그의 동정을 살피러 왔던 일본 헌병들은 의아하게 여겼다. 으레 앞장서서 날뛸 것으로 생각했던 김구가 뜻밖에도 조용히 그리고 계속 농사일에만 전심하는 것이 오히려 이상하게 생각되었다. 그러면서도 한편으로 김구는 곧 터질지 모를 폭탄처럼 보이기도 했던 것이다. 김구가 계속 일꾼들을 독촉하며 농사일에만 열중하는 것을 보고 왜헌병들은 안심하고 돌아들 갔다.

일본 헌병이 다 돌아갔다는 보고를 듣자 김구는 곧 집으로 달려가 짐을 꾸리고 그 이튿날 사리원역으로 가서 경의선 열차를 탔다. 아슬아슬하지만 평양도 무사히 지날 수 있었다. 그건 경성에서의 만세사건이 아직 그곳까지는 번지지 않았기 때문이었을 것이다. 기차는 청천강 철교를 건너 고읍을 지나 곧 굴로 들어가고 있었다. 문득 창밖을 보니 <오산학교> 교사가 보였다. <신민회>의 동지요, 열렬한 애국자인 남강 이승훈이 도산 안창호의 연설에 감동되어 그의 향리에 돌아가 신식 교육기관을 세운 바로 그 <오산학교>가 아닌가. 김구는 새삼 감개가 무량했다. 지금 그 남강 이승훈은 경성에서 많은 동지들의 앞에서서 독립만세 운동을 지휘하고 있을 것을 생각하니, 언뜻 자괴의 느낌도 없지는 않았다.

정주는 평양과 신의주의 중간지점으로 헌병이 서로 교대하는 곳으로 경계가 더욱 삼엄한 곳이다. 변장을 하고는 있었으나 검색하는 헌병이 자기를 노리고 걸어오고 있는 듯한 착각으로 가슴이 두근거렸다. 요행히 그곳도 지나고 이제 최후의 관문인 신의주도 통과하여 압록강 철교를 건너고 있었다. 압록강 철교는 본대 개폐교로 다리가 닫혀야만 건널 수 있었는데, 다리가 올라가서 내려오는 시간이 어찌나 긴지 마치 천년 같은 느낌이었다. 다리가 내려와서 기차가 거기를 통괴하자 김구는 이제 살았고나 하고 큰 안도의 숨을 내쉬었다.

안동安東에 도착하고 곧 동지들에게서 들은바 있는 이륭양행怡隆洋行으로 찾아갔다. 그 가게는 영국 국적인 아일랜드인 쇼가 경영하는 무역상으로, 그곳에 가자 미리 와 있던 동지들이 그를 반가이 맞아주었다. 거기서 7일을 묵고 역시 이륭양행의 배를 타고 15명이 나흘만에 상해의 포동浦東이란 부두에 도착하였다. 안동을 떠날 때에는 아직도 얼음 덩어리가 첩첩이 쌓여 있었는데, 황포강黃浦江 강가에는 벌써 녹음이 우거져 있었다. 상해에 도착하자 김구는 공승서리公昇西里 15호에서 하룻밤을 지냈다. 김구는 이제 날아갈 듯 기분이 좋았다. 그 칠흑 같은 일헌 탄압의 지옥 같은 고토를 떠나 광활하고 마음놓고 독립운동을 전개할 수 있는 넓은 천지에서 자유로운 숨을 쉴 수 있다는 것이 얼마나 유쾌한지 모를 일이었다.

그때 상해에 모인 사람 중에는 김구가 전부터 잘 알고 지내던 이동령·이광수·김홍서·서병호 등 넷이 있었고, 그밖에 일본·러시아·구미 각국으로부터 5백여 명이나 되는 많은 동지들이 와 있다고 하였다. 이튿날 김구는 자신이 장연서 교육총감으로 있을 때 아끼던 청년으로 이미 가족을 데리고 상해에 와 살고 있던 김보연金甫淵의 집에서 숙식을 하며 장래에 할 일을 준비하고 있었다.

하루는 다 저녁 때 황포강가에 나가서 뚝에 앉아 흘러가는 강물을 바라다 보고 있었다. 저녁이라 벌써 노을이 지고, 서쪽 하늘이 불그레 물들고 있었다. 어디선가 더위를 씻어주는 시원한 저녁 바람이 뺨을 스치고 지나갔다. 김구는 그답지 않게 잠깐 감상에 젖어들었다. 그는 아녀자의 감성으로나 자아내어질 애상같은 것은 경멸해마지 않던 애상적인 감상이 그의 온 몸을 엄습했던 것이다. 아마도 조국에 많은 제자와 백성을 남겨둔 채 홀로 이국에 와 있다는 생각이 그를 그런 감상에 빠져들게 했는지 모른다.

강물은 그리 맑지 않았다. 어떻든 저 흐르는 물은 황해라고 불려지는 서해로 흘러 들어갈 것이다. 그 바다 건너에 그가 자라고 거기 많은 사연이 있던 고향 황해도가 있을 게 틀림없었다. 옛날 그 바다를 건너, 이 중국의 여러 나라들, 지금은 중화민국이라고 하지만, 당나라 · 명나라 · 청나라로 이름이 바뀌면서 그들 중국인들이 자기네 나라를 대국이라고 부르던 큰 나라가 사리하고 있음이 틀림없었을 게다.

문득 김구는 이제 이 나라에서 악독한 일본에 항거해서 싸워야 한다는, 빼앗긴 조국의 광복을 위해 피비린내 나는 항전을 해야 한다는 현실로 돌아와 정신이 퍼뜩 들었다. 그는 자리를 툭툭 털고 일어나서 다시 발길을 숙소로 돌렸다. 우선 김보연의 안내로 동지들을 만났고 미국으로부터 돌아와 <대한민국임시

정부>의 내무총장으로 국무총리를 대리하고 있던 도산 안창호를 찾아갔다.

"안 동지, 나도 이제 나라를 위해서 뭔가 해야 할 것 같소. 내 생각에는 정부의 문지기부터 시작하는게 좋을 것 같은데, 그게 내 소원이기도 하오만……"

"김구 동지, 그건 좀……"

"아니오, 내가 본국 감옥에서 소제를 할 때 우리 정부의 청사의 뜰을 쓸고 유리창을 닦게만 되면 더 바랄 것이 없다고 하느님께 빌었고, 또 그것이 내 진정한 소원이었소."

"하여튼 동지의 그 청원은 국무회의에 제출해서 결정하기로 하겠으니 잠깐만 기다리십시오. 곧 통지하리다."

이때 다른 총장들은 아직 취임하지 않고 있었고, 윤현진尹顯振·이춘숙李春塾·신익희申翼熙5) 등 새파란 젊은 차장들이 총장직무를 대행하고 있던 때라,

"나이 많은 선배동지가 문을 지키고 있으면 우리가 드나들기가 민망스러우니 차라리 그분을 경무국장으로 임명하여 수문장을 맡게 하는 게 어떻겠소."

"그게 좋겠소."

김구가 이 이야기를 듣고 순사도 될 자격이 못되는 사람에게 경무국장은 당치 않다고 얘기하자 도산 안창호는,

"만일 백범이 거절하면 젊은 사람들 밑에 있는 것이 싫은 것으로 오해할 염려가 있으니 그대로 합시다."

라고 하여, 결국 백범 김구는 <대한민국임시정부>의 초대 경무국장으로 출발하여 나중에 주석까지 오르게 되었다.

가족들도 상해로

김구가 상해에 도착한 것이 1919년이니까, 그 이듬해 곧 1920년에 그의 아내인 최준례가 첫아들 인仁을 데리고 상해에 오고 그 4년 뒤엔 그의 어머니도 그곳에 도착하고, 금상첨화로 둘째 아들 신信을 얻었다.

김구가 국모 명성황후를 죽인 일당이라고 생각하여 일본군 장교 쓰치다를 격살한 지 24년 만에, 그 살해사건이 김구가 김창수일 때 저지른 일이라는 걸 일본인들이 알게 되었을 때에는 김구는 일가족 넷과 함께 상해에서 단란한 생활을 하고 있었으니, 하늘도 보살펴 주었으며 또 조선인 순사들도 왜의 간교한 강압으로, 호구지책으로 순사질을 할망정 피는 물보다 진해서 같은 민족인 그의 행동을 숨기고 있었던 것이다.

<대한민국임시정부>로

국무령으로 되기까지

민국 5년 곧 1923년에 김구는 <대한민국임시정부>의 내무총장이 되었지만 그만 아내인 최준례가 둘째 아들 신을 낳은 뒤에 난산으로 인해 폐렴에 걸려 몇 해를 고생하다가 보륭의원寶隆醫院의 진찰로 서방인의 병원인 홍구폐병원虹口肺病院에 입원 치료를 받게 되었는데, 이것이 김구와는 보륭의원에서 한 작별이 영이별이 되어 버렸다. 그녀는 1924년 6월 1일에 그만 이승을 하직하고 프랑스 조계인 숭산로崇山路의 공동묘지에 묻히게 되었다.

김구로서는 이제 조국과 민족을 위해 그 큰 뜻을 피려고 날개를 펴기 시작했을 때 뜻하지 않게 아내를 잃게 되었던 것이다. 김구는 그녀의 시체를 공동묘지에 묻고 나서, 물끄러미 이제 다시는 돌아올 수 없는 영면의 길을 가고 있는 것을 쳐다보며 깊은 슬픔에 젖어들었다. 어디선가 까마귀가 우는 것 같았다. 두 아들의 어머니이면서 그렇게도 굳센 민족운동의 동지였던 아내가 허망하게 세상을 떠났다는 것이 도무지 믿어지지가 않았던 것이다. 지난번 황포 강가에서와 마찬가지로 중국땅에 가서 부쩍 향수에 젖어들곤 하였던 그의 감성이 또다시 고개를 들고 그의 가슴속으로 스며드는 것이었다.

그녀가 죽자 <임시정부>의 동지들이 그녀가 죽은 것은 나라를 찾기 위해 순국한 거나 다름이 없으니 돈을 모아 성대히 장례를 치루자고 서둘렀으나, 김구는 공연히 그런 허식적인 일에 돈을 쓰는 것이 오히려 당치 않다고 우겼다. 그럼에도 불구하고 동지들은 그녀도 김구 총장의 아내일 뿐 아니라 동지로서 애쓰다 죽은 것이니 그럴 수 없다고 주장하여, 결국 성대하게 장례를 치루고 묘비까지 세우게 되었다. 그중에도 유세관柳世觀·유인욱柳寅旭 등이 병원 교섭과 묘지 주선에 애썼다. 둘째아들 신은 갓난아이일 때 어머니를 잃고, 할머니 손에 자라게 되어 어머니라는 말을 모르고 할머니란 말만 알게 되었다. 1927년에 그의 어머니는 신을 데리고 조선으로 다시 나갔으며, 김구는 외톨박이 홀아비 신세가 되었다.

1927년 12월에 김구는 드디어 <대한민국임시정부>의 최고 수령인 국무령으로 뽑혔다. 김구는 이에 여러 번 사양하다가 강권에 못이겨 부득이 취임하였고, 이후 독재적인 국무령제를 모든 위원이 평등한 발언권을 가지고 국무위원제로 고쳐서 그도 그 중의 한 사람인 국무위원이 되었다.

나석주의 성의

그 전의 일이다. 하루는 나석주羅錫疇라는 사람이 조반 전에 고기와 반찬거리를 들고 찾아와서, 김구의 어머니더러 오늘은 생신날이니 옷을 전당 잡혀서라도 생일잔치를 차려 드리고자 하오니 거절 마시고 푸짐한 조반을 마련하시라고 해서 그리했던 것이다. 사실 그 전에 김구가 동산평에서 농감으로 있을 때에 그곳 사람들이 1919년 2월 16일이 그의 어머니의 회갑날이니 모두 추렴을 해서 수연을 베풀려고 했는데 그의 어머니가 눈치를 채고 오히려 역정을 내며,

"지금이 어느 때인데 내가 환갑 잔칫상을 받아 먹겠느냐. 당치 않다. 뒤에 우리가 넉넉하게 살 때로 미뤄야지."

해서 중지된 일이 있었는데 상해에 간 뒤로는 그런 여유도 없었지만 동지들이 죽고 동포들이 굶고 있는 형편에 언감생심 생일잔치란 꿈도 꾸기 어려웠던 것이다. 그게 김구의 마음에는 항상 섭섭하고 죄스럽기도 했던 것이다. 그런데 이렇게 나석주가 생일잔치를 차려 주니 감회가 깊었다.

그러는 가운데 인천 소식이 전해졌는데 그때 자기를 물심양면으로 도와주던 물상객주 박영문이 별세하고 안호연만 살아

있다고 하기에 인편으로 회중시계를 한 개 사 보내면서 자기가 김창수였던 김구라는 것을 전해 달라고 했으나 회답이 없었다. 다만 성태영은 길림에 가서 산다고 했고, 유인무는 북간도에서 누구에게 암살을 당하고 그 아들 한경漢卿은 아직도 그곳에서 살고 있다고 하였다.

감옥에서 김구에게 글을 배우던 이종근은 의병장이었던 이운용李雲龍의 사촌동생으로, 헌병 보조원으로 다니다가 일본 헌병이 이운용을 죽이라고 하자 마음을 고쳐먹고 의병을 따라다니다가 잡혀갔고, 김형진의 유족의 소식은 아직 모르고, 강화의 김주경도 아직 소식을 모른다고 하였다.

1919년 고국을 떠난 지 10여 년이 지난 지금 그는 다만 건강한 독립투사로 나라의 광복을 위해 불철주야로 싸우고 있다는 것을 하느님께 감사히 여기며, 오늘도 국사에 분주히 쫓아다니는 것이었다.

터지는 민족의 함성

번지는 3·1 운동

김구가 상해에 올 때에는 여러 독립운동 동지들이 신한청년당新韓青年党이란 단체를 조직하여 김규식金奎植을 프랑스의 서울 파리에서 열리는 만국평화회의에 파견한 지 벌써 두 달이나 지난 뒤였던 것이다. 상해 신한청년당은 이광수·장덕수·선우혁·김철·여운형·조동호·한진교 등이 조선독립을 위해 결성한 단체였다.

또한 4월 초에는 <대한민국임시정부>가 조직되었고, 그 수반인 국무총리에 이승만 박사 밑에 여러 부서가 있었다. 각 부에는 총장이 있는데 그 총장들은 대개 멀리 있어서 실제로는 차장들이 임무를 대리하고 있었다. 이에 앞서 만주인 중국의 동삼성에서는 중광단重光團의 여준呂準·이상룡李相龍·유동열柳東說·신채호申采浩·박은식朴殷植·이동령·김동삼金東三 등 39명의 이름으로 1918년 12월에 무오독립선언문성언을 발표했으며, 그 뒤 적도 도쿄에서는 이광수·최팔용崔八鏞·서춘徐椿·김도연·백관수 등 여러 젊은 지사들이 이른바 2·8선언이란 독립선언문을 발표한 바도 있다.

김구가 <임시정부>의 경무국장, 판사, 검사를 겸임하는 일종의 사법책임자로 5년 동안을 맡아서 일을 해 왔는데, 마침 그때에 일본의 군부실력자인 다나카 요시가즈田中義一가 상해에 왔다. 오성륜吳成倫이라는 의사가 그를 황포마두에서 폭사를 시키려다 폭탄을 던졌으나 불발되어 미수에 그치자, 이어 권총을 쏘았는데 정작 다나카는 맞지 않고 미국 여자가 맞아 죽은 사건이 일어났다. 일본·영국·프랑스가 공동으로 프랑스 조계를 에워싸고 한인들을 수색했는데, 한 프랑스 경관이 전부터 김구와 잘 아는 사이로 그를 앞세우고 김구의 침실을 급습하였다. 김구는 어쩔 수 없이 붙잡히게 되었다.

그러나 이 프랑스 경관은 자기를 따라오라고 하면서 김구를 프랑스 경무청으로 빼내어 연행해 갔다. 거기엔 이미 원세훈元世勳 등 다섯 사람이 끌려와 있었다. 그리고 김구가 보증인이 되어 그 다섯 명도 같이 석방되었다. 여기에 얽힌 재미있는 몇 가지 에피소드가 있다.

일본 관헌의 고등밀정이었던 선우갑鮮于甲이란 자는 그가 죽을 죄를 졌으나 사형을 달게 받겠다고 자청했으므로 장공속죄將功贖罪-다시 말해서 죄를 뉘우치고 공을 세우겠다-의 서약을 했으므로 살려 주었더니 니흘 만에 본국으로 도망해 버렸다.

또 강인우康麟佑라는 왜놈 밑에서 경부로 활동하는 자는 상해에 와서 김구를 만난 자리에서, <총독부>에서의 지령을 털어놓고 자기가 거짓 보고를 할 터이니 그런 거짓 자료를 달라고 해서 그렇게 했더니 그 뒤 본국에 돌아가서 풍산군수까지 승진하였다. 그리고 구 한국의 내무대신을 지낸 바 있는 동농 김가진東農 金嘉鎮이 일본이 준 남작 작위까지 팽개쳐 버리고 아들과 함께 상해에 와서 대동당大同黨이란 독립단체를 만들기도 하였던 것이다. 황해도 해주 사람으로 3·1운동 전에 상해에 왔던 사람으로 독립운동에 열심히 하고 있는 듯하여 그 집에 동지들을 유숙케 하였더니, 뒤로는 일본 영사관과 내통하여 돈을 얻어 쓰고 김구 등을 습격하여 모두 암살하려던 사실이 폭로된 적도 있었다.

또 박모라는 청년이 경무국장 김구를 면회하자고 해서 만나 주었더니 단총 한 자루와 수첩 한 권을 내 놓으며, 자기는 수일 전에 본국으로부터 상해에 왔는데 일본영사가 자기가 건장하게 생겼으므로 김구를 죽이면 돈도 많이 주려니와 만일 실패할 경우에도 그 가족에게 보상으로 좋은 토지를 주겠다고 꼬였으며 만일 거절하면 불령선인으로 엄벌하겠다고 하기에 그러마고 대답하고 프랑스 조계에 들어가 당신을 여러 번 보았으나,

자기도 같은 조선사람으로 조선독립을 위해 싸우는 지사를 저격할 수는 없어서 이렇게 실토하고 자기는 먼 지방으로 도망쳐서 장사나 하겠다고 하였다.

김구로서는 고맙게 생각되었다.

철석 같이 믿었던 자의 배신

평양 사람에 한태규란 자가 있었다. 김구가 <대한민국임시정부>의 초대 경무국장으로 일하고 있을 때 그는 김구의 부하로 7, 8년간이나 충실하게 봉사하고 있었으므로, 그때의 그를 아는 내외국인들은 모두 그가 착실하다고 믿고 있었다. 김구가 경무국장을 그만둔 뒤에도 한태규는 경무국에서 계속 일을 하고 있었다.

하루는 노백린이 아침 일찍 김구네 집에 가서 길가에 한복차림의 젊은 여자의 시체가 있다고 말해 김구가 나가 보았더니, 그녀는 다름 아닌 명주明珠라는 행실이 좀 수상하던 여자였다. 그녀는 상해에 와서 정인과鄭仁果・황석남黃錫南이 세들고 있는 집에 식모로 있으면서 젊은 사내들과도 추문이 많았었다. 어느날 밤에 한태규가 그녀와 팔짱을 끼고 가는 것을 본 적이 있었는데, 김구는 그도 젊은 사람이니 으레 그러려니 하고 지나쳐 버렸었다.

그녀의 시체를 얼핏 보니 머리에 피가 묻어 있고 목에 밧줄로 졸린 자국이 있었다. 분명히 타살임에 틀림없었다. 그 수법이 김구가 전에 감옥에서 이른바 그 김 진사에게 배운 그 방법인 것을 알고 한태규를 의심했있는데, 그 수법에서 난서를 삼아 조사해 본 결과 한태규의 짓임이 드러나 프랑스 경찰에 알려 체포하고 김구가 배심관으로 문초를 했다. 그러자 김구가 경무국장을 그만둔 뒤 그는 여러 가지 꼬임에 넘어가서 일본의 밀정으로 매수되었고, 명주가 한태규와 동거할 때 한태규가 일본의 밀정임으로 매수되었고, 명주가 한태규가 일본의 밀정임을 눈치채어 김구에게 밀고할 것을 겁내서 죽인 것이라고 그는 자백하였던 것이다. 그런 점으로 보아 명주가 비록 창녀같이 행실을 하였으나 한가닥 민족적 양심은 있었던 것이다.

김구와 동향이던 나우羅愚라는 동지도 한태규가 분에 맞지 않게 돈을 물 쓰듯 쓰는 것을 보고 오랫동안 의심을 했었으나 확실한 증거도 없이 고자질을 하면 그건 동지를 믿지 못하는 비열한 짓이라고 꾸중할 것을 염려해서 말을 하지 않았다고 하였다. 그러던 중 한태규가 다른 죄수들을 선동해서 정초인 1월 1일에 탈옥하자고 굳게 약속해 놓고, 자기는 그 사실을 관헌 당국에 밀고하고 간수들에게 경비를 강화케 한 뒤, 약속한 시간에 옥문을 부수고 탈옥하려다가 그가 오히려 도망치는 죄수들 중 8명을 쏘아 죽이고 나중에 사건이 진압되자 그 살인공로로 무죄 방면되고 뒤에 고국으로 도망쳐 가서 조그마한 가게를 경영하고 있다고 하였다. 김구도 그후 부터는 사람을 쉽게 믿어서는 안되겠다고 생각하였다. 믿는 도끼에 발등 찍힌다 라는 속담이 새삼스럽게 뼛속 깊이 스며드는 것이었다.

이념은 과연 원수인가?

공산주의의 횡포

1920년에 접어들면서 국제사회에서는 새로운 사회사상인 공산주의가 1919년의 소련 볼셰비키혁명이 성공함으로써 마치 요원의 불길처럼 각 민족 특히 약소민족을 휩쓸기 시작하였다. 공산주의는 헤겔의 유심변증법을 인용하여 마르크스·엥겔스의 유물론적 변증법으로 사회발전이 정正·반反·합合으로 발전한다는 논리이다. 곧 A라는 형태의 사회가 그 반동으로 반A의 사회로 그것이 다시 A도 반A도 아닌 합의 단계로 발전한다는 것인데, 그것이 역사적인 필연성이라고 그들은 논리를 펴나갔던 것이다. 그리하여 역사발전에 있어서도 봉건군주 사회가 시민자본주의 사회로 바뀌고 다시 사회주의 사회로 발전한다는 것이다. 그것이 또 마침내는 노동계급이 주도하는 공산주의로 발전하는 논리를 펴내고 있는 것이 공산주의자들의 이론 체계인 것이었다.

그리하여 <대한민국임시정부> 내에서도 대통령인 이승만과 국무총리인 이동휘는 공산혁명을 부르짖고 나섰던 것이다. <임시정부>의 국무회의에서는 러시아로 보내는 대표로 여운형·안공근·한형권 세 사람을 선정하였는데, 그때 실권을 쥐고 있던 이동휘가 자기 심복인 한형권을 몰래 떠나보내 한이 시베리아로 떠났을 즈음에 대표가 이상의 세 사람이라는 것을 발표하였던 것이다.

하루는 이동휘가 김구를 꼬여 공원을 산책하자고 했으며, 은밀히 김구에게 자기를 도와달라고 청했으므로 김구는 자기는 경무국장이니까 총리를 경호하는 것이 당연한데 그 동안 무슨 잘못이 있었느냐고 물었다. 그러자 이동휘 총리는,

"그런 것이 아니라, 대저 혁명이란 피를 흘리게 마련인데, 우리가 하고 있는 독립운동은 민주주의 혁명에 불과하다. 설사 독립을 하더라도 다시 공산주의 혁명을 해야 하는데 두 번 피를 흘리게 되면 우리 민족에게 큰 불행을 가져오게 되니, 아예 적은이는 지금부터 나와 함께 공산주의혁명을 대번에 해치우는 게 어떤가?"

적은이란 이동휘가 손아래 동지에게 흔히 쓰던 말이었다. 그런 말을 듣자 김구는,

"우리가 공산혁명을 하는 데는 제3국제공산당의 지령을 받지 않고서도 할 수 있습니까?"

김구는 그때부터 우리 민족은 어디까지나 자신의 힘만으로, 곧 자주독립을 해야 한다는 생각이 가슴속 밑바닥으로부터 싹트고 있었던 것이다. 김구는 별로 반론을 제기할 의사가 없었다. 그러나 김구의 그런 질문에 이동휘는 허를 찔린 듯 흠칠하며 주춤하지 않을 수 없었다. 이동휘 자신도 별로 깊이 분석해보지 않고 그저 하급기관으로서는 당연히 상부의 지령을 따라야 한다고 쉽게 생각했던 것이다. 그래서 갑자기 답변할 수 없어서,

"그건……, 그건 안되지요."

그 대답을 듣자 일개 경무국장에 불과하지만 오랜 독립운동을 열망하고 염원해 왔던 그는 단호히 반론을 제기했다.

"이동휘 총리님, 저는 이렇게 생각합니다. 우리 독립운동은 우리 대한민국 독자운동이요, 제3자의 지도나 명령에 따른다는 것은 유감스럽습니다. 도저히 이해가 가지 않을 뿐더러 이 총리께서도 그런 말씀을 거두시기 바랍니다. 남에게 의존하는 것이니 우선 우리 <임시정부>의 헌장에 위배되는 것이고, 총리께서 그런 말씀을 하시다니."

퍽 잘라 말하자, 이동휘[6])도 더는 말을 잇지 못했다.

한편, 한형권이 러시아 국경 안에 들어서서 자기는 <대한민국임시정부>의 대표라고 말하자 그것이 모스크바 정부에 보고되었다. 러시아가 요청한 대로 2백만 루블를 주기로 약속하였

다. 한은 그 중 제1차분으로 40만 루블을 가지고 모스크바를 떠났다. 령 안의 한국 동포 등은 태극기를 흔들며 각 정거장마다 그를 환영하였고, 볼셰비키의 영도자 레닌은 그에게 한형권이 40만 루블을 가지고 온다는 소식을 듣고 이동휘는 같은 공산주의자인 비서장 김립金立을 시베리아로 마중 보내서 그 돈을 받아오도록 비밀지령을 내렸다. 그러나 김립의 속셈은 달랐다. 우선 자기 가족을 위해 북간도北間島에 땅을 사놓고 상해에 돌아와서 비밀히 숨어서 관동觀東 여자를 첩으로 얻어 호화롭게 지내기 시작했던 것이다. 그러자 <대한민국임시정부>에서는 그런 사실을 알고 이동휘에게 책임을 묻자 이동휘는 국무총리직을 사임하고 러시아로 도망쳐 버리고 말았던 것이다.

그 뒤 한형권은 다시 모스크바로 가서 통일운동의 자금이라고 하여 20만 루블을 더 얻어 가지고 몰래 상해로 돌아와서 공산주의 활동자금으로 돈을 뿌렸다.

거기서 이동휘를 수령으로 하는 상해파와 안병찬安秉瓚·여운형을 두목으로 하는 이르쿠츠크파, 그리고 일본 유학생으로 일본의 수재만 다닌다는 도쿄 제국대학생 김준연 등의 ML당 등 세 파로 갈렸다.

또 공산당 외에 이을규李乙奎·이정규李丁奎 형제와 유자명柳子明 등이 상해·천진 등에서 활동한 무정부주의 정당 등이 일어났던 것이다. 헌데, 그 레닌이 보조해 준 돈은 후에 큰 말썽으로 발전하게 되었다.

유일독립당 촉성회

공산주의자들은 민족독립운동 뒤에 곧 사회주의 혁명운동을 하는 것을 필연적인 단계로 주장하고 있었는데, 그들의 상전 러시아 볼셰비키혁명의 수장인 레닌이 "식민지에서는 사회운동보다 민족독립운동을 먼저 하라."는 새로운 지령을 내렸다. 그러자 여태까지 민족독립운동을 조소하고 비난하던 공산주의자들은 자기네 수장의 지령을 따르지 않을 수 없어서, 급기야 민족독립운동이 공산당의 당시黨是라고 부르짖고 나섰다. 공산주의자들이 그렇게 돌변하자 민족주의자들도 그들을 적대시할 아무런 이유가 없어져서 <유일독립당 촉성회>를 만들기로 하였다.

이에 발빠른 공산주의자들은 그 기회를 놓치지 않고 내막적으로 모든 조직 안에 자기네 조직원을 세포로 심어 놓으려고 했다. 그러나 그들의 습성을 이미 잘 알고 있던 민족주의자들이 속아 넘어가지 않자 공산주의자들은 자기네들이 주동했던 <유일독립당 촉성회>를 교묘하게 깨뜨려 버렸다.

그렇게 해서 생긴 것이 순전한 민족주의자들로만 조직한 한국독립당으로 도산 안창호를 비롯한 이동령[7] · 조완구 · 이유필 · 차이석[8] · 김붕준 · 송병조 · 김구 등 그동안 표면적으로 들어나 있던 독립운동의 거물들이 망라된 단체였다.

공산주의자들은 이제 더 이상 상해에서 활동할 수 있는 명분이 없어졌고 만주로 도망치고 말았다. 거기에는 아직까지 공산주의가 발붙일데가 있었다. 말하자면 정의부, 신민부, 참의부, 남군정서, 북군정서 등이 갓 조직된 것을 틈타 그 조직들 속에 숨어들었던 것이다. 그리고 그들은 청산리의 영웅 김좌진을 비롯해서 백광운白狂雲 · 김규식金圭植 등 민족운동의 거물 지도자들을 암살하였다.

풍운이 감도는 만주

캄캄한 어둠 속에서 병사들은 조그마한 전깃불을 켜들고 이리저리 왔다갔다 하며 무언가 장치하기에 바빴다. 대강 일이 끝난 것 같이 보여지자 가와모토 대좌는 나지막하게 그러나 차갑게,

"장치가 끝났으면 줄을 끌어와라. 단추만 누르면 즉시 폭발할 수 있게."

"네."

이때 멀리서 기적소리가 들려 왔다. 레일이 진동하기 시작했다.

"전원 지성된 위치에 내피하라."

가와모토가 날카로운 목소리로 명령을 내렸다. 한편, 부하인 오자키 대위는 가와모토 대좌의 명령을 받고 관동군 사령부로 달려가 참모장 사이토齋藤 중장에게 강력히 진언했다.

"오자키 대위, 그건 안된단 말이야. 그렇게 되면 우리 관동군이 이번 사건에 정식으로 개입한 것처럼 된다니까."

"하지만 실패로 돌아가면 더 큰일입니다. 관동군 전체의 사기에도 관계될 뿐 아니라 우리가 포섭한 로오닝浪人들도 우릴 믿지 않을 것입니다."

오자키는 필사적으로 사이토 참모장을 설득하려 들었다. 그러면서 상부에서 아무리 주저해도 이미 사태는 걷잡을 수 없게 되어 버렸으니까 빨리 승낙하는 것이 좋을 거고 속으로는 웃고 있었던 것이다. 이미 일은 곧 벌어질 것이 기정사실이라고. 그러는 동안 경봉선의 기차는 철령인 봉천을 향해 점점 가까워지고 있었다.

"사이토 중장 각하! 오늘밤엔 소수의 군대로서도 능히 경봉선 지나支那수비군을 격멸할 수 있습니다. 그러면 그 여세로."

"오자키 군, 나두 이 만주에서 무슨 요절을 내야 할 줄은 알구 있네. 그러나 본국 정부의 지령없이 일을 저지르면 누가 그 책임을 지겠나."

"하지만 시간이 없습니다."
하면서 오자키 대위는 손목시계를 급히 들여다 보았다. 이미 5시 10분을 가리키고 있었다.

가와모토 대좌의 심복 오자키 대위가 사이토 참모장에게 개입하기를 거절당하고 사령부를 물러날 즈음, 장개석 단기서段祈瑞와 더불어 중국을 지배하는 세 사람 중의 하나요 동북부의 삼개성을 지배하고 있는 장작림張作霖을 태운 귀빈열차는 이미 폭탄장치가 되어 있는 교차로 가까이로 달려들고 있었다.

"쾅."

가와모토 대좌의 "눌러라!" 하는 명령과 함께 굉음이 울려 퍼졌다. 소리가 그리 크지는 않았다. 기차가 봉천역에 도착하기 10여분 전의 일이었다. 봉천역두에는 장작림의 고급 부하들이 기대했던 좋은 성과를 가지고 돌아오는 장군을 맞기 위해 초조하게 그러나 흐뭇한 마음으로 기다리고 있었다. 1931년 6월 4일 새벽 5시 30분, 장작림을 태운 귀빈열차 3량은 마침내 산산조각이 나고 말았다. 물론 장작림도 함께……. 이 소식은 삽시간에 극단적인 놀람으로 전세계에 퍼졌다. 그야말로 그것은 비단 동양에서 뿐만 아니라 전세계의 국제정세에도 커다란 영향을 끼칠 중대사였던 것이다.

이른바 일본 제국주의자들이 만주사변이라고 부르는 그 유조구柳條溝 철도폭파 사건은 급속도로 중국 동북부에 막대한 영향을 끼쳐 만국제국이라는 괴리정권을 세우게 하였고, 따라서 한민족의 독립운동에도 커다란 영향을 받게 되었다. 이어 곧 삼시협정三矢協定이 체결되었다. 삼시협정이라는 것은 1925년 6월 11일에 <조선총독부 경무국장> 미쓰야 미야마쓰三矢宮松와 장작림의 부하 우진于珍과의 사이에 체결된 협정으로, 봉천성 관내에서 활동하는 한국인 독립운동자들을 체포해서 일본측에 넘기면 머리 한 개에 10원씩을 보상금으로 주기로 하는 협정이었다. 그래서 장작림의 부하들은 혈안이 되어 많은 한국독립운동자들을 체포하여 일본 영사관에 넘겼고, 독립운동자들은 대단히 곤란한 경지에 빠지고 말았다. 그나마 독립운동 단체도 통일이 안돼서 도저히 가늠할 수 없고, 더더욱 걷잡을 수 없이 질서가 문란하던 때에 설상가상으로 큰일이 벌어졌던 것이다.

김구 국무령으로 취임

호령하던 거인 장작림이 폭살당하고 독립운동 단체들도 좌우익으로 갈려 산산조각이 나고 민족주의 지도자들이 암살을 당하는 등 어지럽기 짝이 없는 데다가 상해에서도 좌익 공산주의자가 설치는 가운데 중국 동삼성의 수부이며 심양瀋陽인 봉천에서 공산주의자들이 분열을 조작하여 뒤숭숭한 가운데 유일한 민족주의 정당인 한국독립당을 중심으로 <대한민국임시정부>가 다시 조직을 가다듬어 새로이 국무회의를 구성하려고 하였다 실패하고, 다음엔 홍진洪震[9])이 선출되어 진강鎭江으로부터 상해에 와서 취임했으나 역시 내각 조직에 실패하고 마침내 무정부상태가 되었던 것이다.

이에 당황한 의정원 의장인 이동령이 하루는 김구를 찾아가서 국무령이 되기를 권하였고, 김구는 극구 사양하였다. 그러나 이동령 의장은 거듭해 우선 이승만 대통령이 물러간 뒤를 박은식朴殷植이 이어 대통령이 되었으나, 대통령제를 국무령國務領제로 고치는 정도에서 물러나고 제1대 국무령으로 이상룡李相龍을 서간도로부터 상해로 초빙하는 등 내각조직을 하려다가 지원자가 없으므로 이동령이 장담한 대로 김구가 국무령으로 취임하자 윤기섭·오영선吳永善·김갑金甲·김철金澈·이규홍李圭洪 등이 참여하여 내각이 조직되었고, 김구는 내각 수반이 되는 국무령제를 고쳐 국무위원제로 하여 차례로 돌아가며 국무령의 책임을 지고, 국무령은 다만 국무회의의 의장이 되도록 제도를 고쳤다.

그러나 또 다시 어려움이 닥쳐왔다. 운영할 재원이 없었던 것이다. 우선 정부청사의 집세가 월 30원이고, 심부름꾼의 월급이 20원으로 최소한 그 돈은 있어야 하는데 그것마저도 없었던 것이다. 이때 대개의 국무위원들은 거의 가족들이 있어서 이럭저럭 생계를 꾸려나갔으나, 김구는 아들들과 어머니를 고국에 돌려보내고 혼자였으므로 정부청사에서 잠을 자고, 동지들의 집을 전전하며 끼니를 때웠다. 특히 조봉길曺奉吉·이춘태李春台·나우·진희창秦熙昌·김의한 등이 잘 대해주었고, 또 다른 동지들도 그에게 끼니를 때우는 데 아쉽게는 대하지 않아, 먼 이국 하늘 아래서 나라를 찾고자 애쓰는 혁명동지들의 심사를 괴롭히지 않았다.

국내 각 도·군·면에 조직하였던 연통제가 파괴되면서 독립자금도 거의 바닥이 나 있었고, 설상가상으로 <임시정부>의 군무처장인 김희선, <독립신문> 사장인 이광수, 의정원 부의장인 정인과 같은 독립운동계의 거물들이 일본 정부의 회유에 넘어가 본국으로 돌아가게 되자, 사기도 떨어져 진퇴유곡에 빠지게 되었다.

김구는 미주에 있는 동지들인 서재필 · 안창호 · 이승만 · 박용만 등과 그들의 지도를 받은 수 많은 애국지사들에게 편지를 써 협조를 호소하였고, 그들로부터 위로와 격려의 편지를 받았다. 특히 시카고에 있는 김경金慶이라는 지사는 공동회共同會에서 모은 200불을 보내왔다. 그때의 200불은 큰돈이었다. 또한 하와이에서도 도산이 아닌 다른 안창호, 가와이加蛙伊 · 현순 등 또한 멕시코에서 김창기 등이 동지회에서는 이승만 박사 · 이원순李元淳 등이 도와주었던 것이다.

이로 인해 김구를 비롯한 <대한민국임시정부> 요인들의 기는 어느 정도 올랐지만 앞날에 대해서는 여전히 암담하였다. 그러던 어느날 뜻하지 않게 거류민단 단사로 늠름한 청년 한 사람이 김구를 찾아왔다. 김구는 그 낯선 젊은이가 누구이며 또 어떤 목적으로 찾아왔는지 몰라서 잠깐 어리둥절하였다. 김구는 그때 거류민단 단장직도 겸하고 있었기 때문에 <임시정부> 청사가 아닌 거류민단 사무실에 있었던 것이다.

궁지에 몰린 임시정부를…

이봉창李奉昌이란 사람

"선생님은 가정부의 국무령이신 김구 씨죠?"

"뭐? 가정부?"

그러자 김구는 잠시 불쾌한 느낌이 들었다. 게다가 그 청년이 한국말과 일본말을 섞어서 쓰는 것이 약간 못마땅하기도 했다.

"저는 일본에서 오랫동안 노동을 하고 있었지만, 역시 조선사람이라 조선을 위해 무언가 해야할 것으로 생각해서 이렇게 찾아왔습니다."

그런데 그 가정부란 말은 <임시정부>를 일본이 비하해서 부르는 이름이었기 때문에 조선사람으로서는 대단히 싫어하는 낱말이었다.

"저는 독립운동에 참여하구 싶어서 그 방도를 가르쳐 주십사구 이렇게 찾아왔습니다."

"그건 참 고마운 뜻이오. 허나 지금 갑자기 그런 말을 들으니 즉시 대답할 말이 없구려! 우선 민단 사무원을 따라가서 여관에 묵으시고 내일 자세히 이야기합시다."

그리고서는 그 민단 사무원더러 자세히 살펴서 그 정체를 알아보라고 일렀다. 며칠 후였다. 민단 부엌에서 술을 먹고 떠드는 소리가 들렸는데,

"당신네들은 독립운동을 한다면서 왜 일본 천황을 안 죽이시오?"

분명 그 괴청년의 고함소리였다. 그러자 민단 사무원이,

"일개 문관이나 장교 하나도 죽이기가 어려운데, 하물며 일본 천황을 어떻게 죽이오?"

그러자 이봉창이라는 그 청년은 가당치도 않다는 듯,

"내가 작년에 일본 천황이 능으로 참배하러 가는 것을 길가에 엎드려서 보았는데 그때에 나는 지금 내 손에 폭탄 한 개만 있으면 천황을 죽일 수 있으리라구 생각했소."

그런 말을 듣고 김구는 그날 밤에 이봉창이라는 그 청년을 찾아갔다. 그리고 이런저런 얘기 끝에,

"제 나이 이제 서른한 살입니다. 앞으로 서른한 해를 더 산다고 해두, 지금까지 보다 더 나은 재미는 없을 것입니다. 차츰 늙을 터이니까요. 만일 인생의 목적이 쾌락이라면 지난 31년 동

안 저는 그 쾌락의 대강을 맛보았습니다. 헌데……"

그 이봉창이라는 젊은이는 한참동안 말을 끊고 물끄러미 어두운 창 밖을 내다보았다. 캄캄한 밤이지만 길거리에는 드문드문 장명등이 켜져 있었고, 이따금 어두움을 뚫고 질주하는 자동차의 불빛이 먼 곳을 비수처럼 가르기도 하였다. 그 거리광경을 얼마 동안 바라보던 이봉창이 몸을 획 돌리더니 김구 앞에 무릎을 꿇고 간절하게,

"선생님! 이제부터는 영원한 쾌락을 위해서 독립사업에 몸을 바칠 목적으로 여기 상해에 왔습니다. 선생님 그 길을 가르쳐 주십시오."

김구는 갑자기 가슴 속에서 뜨거운 피가 솟아오르는 것을 느꼈다. 그것은 감격이었다. 이런저런 이유로 독립전선이 흐트러지고, 도무지 어떻게 해야 <임시정부>를 다시 일으켜 독립운동에 모든 동지를 동원해야 할지 엄두도 못 내던 때에, 이봉창의 출현은 한가닥 소나기 같은 시원한 물줄기였던 것이다.

그러나 이봉창이 상해에 묵고 있을 동안만이라도 그의 생활비를 대줄 여유가 없던 <임시정부>의 국무령 김구로서는 그 또한 막막하지 않을 수 없었다. 그러자 이봉창은 자기가 예전에 철공작업에 기술을 배운 적도 있고 또 일본말을 잘 하니까 더욱이 일본에서는 일본 사람의 양자로 들어가서 이름을 가노시다 쇼조木下昌藏라고 고치기도 하였고, 상해에 올 때에도 그런 왜식 이름으로 행세했으니 자기가 사명을 받고 떠날 때까지 일본

인 행세로 공장에 가서 일을 하면서 지내겠다고 하였다.

며칠 뒤에 그가 김구를 찾아와서 월급 80원짜리 일자리에 취직했다고 알렸다. 그러나 그가 일본인 행색으로 일본의 니막신 바람으로 <대한민국임시정부> 청사를 드나들어서 김구는 구구한 변명으로 그에 대한 오해를 푸는 데 진땀을 빼야 했다. 그건 이봉창이 결코 배신할 사람이 아니라는 신념이 있었기 때문이었다. 그럭저럭 시간이 지나 미국에서 군자금이 온 것은 1년쯤 된 다음의 일이었다.

폭탄은 조선사람으로 중국군 소장으로 있는 김홍일金弘壹이 왕웅王雄이라는 중국이름으로 근무하고 있는 상해의 병공창兵工廠에서 한 개를 마련하였고, 또 한 개는 김현金鉉을 하남성河南省의 유치劉峙한테 보내어 얻어온 것으로 모두 수류탄이었다. 1천여 원이란 거금도 함께 마련되었다. 12월 중순 어느 날이었다. 김구는 이봉창을 프랑스 조계 안에 있는 중흥여사中興旅舍란 여관을 불러서 일본에 가는 일과 그 뒤에 할 일들을 자세히 일러주었다. 그때 이봉창은,

"일전에 선생님이 서슴없이 돈뭉치를 주실 때 저는 눈시울이 뜨거웠습니다. 저란 놈을 어떻게 믿으시구 그렇게 큰 돈을 제게 주시는가 하고요."

그는 순진한 헛웃음을 웃고 나서,

"제가 그 돈을 설사 떼어먹어두, 선생님은 프랑스 조계 밖에는 한걸음도 못 나가시니 저를 어찌할 수 있겠습니까? 사실 저

는 평생에 그렇게 진정한 믿음을 받아본 적이 없습니다. 그래서 그게 처음이요 마지막이 될 것입니다. 과히 선생님이 하시는 일은 영웅의 도량에서라고 생각합니다."

이봉창에게 그런 감격어린 말을 듣는 김구는 곧 그를 안공근의 집으로 데리고 가서 선서식을 하고 폭탄 두 개를 주며 경비조로 3백원을 주고 그 돈으로는 도쿄까지 가는데 모두 쓰고 거기 가서 전보만 치면 돈을 더 보내겠다고 다짐하고 기념사진을 찍을 때 이봉창은,

"제가 영원한 쾌락을 얻으러 가는 것이니 우리 기쁜 낯으로 사진을 찍읍시다."

그래서 두 사람은 빙그레 웃으면서 사진을 찍었다. 자동차에 올라 앉은 그는 김구를 향해 깊이 허리를 굽히고 홍구 쪽으로 떠나갔다.

이봉창은 10여일 후에 물품은 1월 8일에 방매하겠다고 암호로 전보를 쳐왔고, 김구는 다시 200원을 또 전송하였다. 이때에는 독립운동 단체들이 사상적으로 갈려 있었고 만보산萬寶山 사건이란 일본인이 조작한 한·중 양민족간의 적대감정 도발사건과 장작림을 폭살시킨 유조구 사건과 삼시협정이란 독립운동 저해사건 등 중국인이 한민족에 대해 감정이 극도로 악화된 때라 어떻게 해서든지 결정적인 전기를 마련해야 할 위기에 처해 있었다. 그래서 <임시정부>에서는 한인애국단韓人愛國團이란 행동조직을 만들어 김구에게 그 운영을 일임하고 결과만 보

고케 해서 무언가 세상이 놀랄 만한 큰 사건을 조작하려고 했던 것인데, 마침 이봉창이 일본천황을 저격하기로 되었던 것이다. 그것은 하나의 계기가 되리라고 김구는 굳게 믿고 실행에 옮겼던 것이다. 그렇게 해서 하루 하루를 피가 마르는 심정으로 기다리던 차에 '일본천황을 저격했으나 명중하지 못했다'라는 도쿄발 전신이 게재되었다. 김구는 그 기사를 보고 심히 낙담하였다.

그러나 1월 8일 <중국신문>에 한인 이봉창 일황저격 부중-韓人 李奉昌 日皇狙擊不-한국인 이봉창이 일본 천황을 저격했다. 거의 틀림없이 일황을 폭살시킬 수 있었는데, 운이 나빠서인지 또는 일황의 악운이 세서인지 하여튼간에 일황은 죽음을 모면하고 살아났던 것이다. 그런데 중국 국민당 기관지인 <국민일보>에는 대문짝만한 특호활자로, 韓人 李奉昌 狙擊 日皇不幸不中-한인 이봉창이 일본 천황을 저격하였으나 불행하게도 맞지 않음-이라는 기사를 게재하자, 일본 군대와 경찰이 그 신문사를 습격해서 파괴하였으며, 그 밖에 장사長沙 등 여러 신문에도 불행하게도 맞지 않았다고 보도해서 일본이 중국 정부에 엄중히 항의하였으며, 이를 빌미로 일본은 1월 28일에 상해사변을 일으켰다. 물론 일본 중이 살해된 사건도 일어났지만.

그러자 프랑스 정부에서도 일본 관헌측의 강요로 그를 더 이상 보호할 수 없다고 비밀히 알려왔고, 김구는 일체 활동을 중지하고 밤에는 동지나 창기 집을 전전하면서 걸식하기에 이르렀다. 마침 19로군의 채정해蔡廷楷 장군과 중앙군 제5군장 장치

중張治中 장군과 하와이의 동포들이 많은 편지로 김구를 격려해 주었고, 개중에는 조선에서도 중일전쟁에 한몫 끼라고 사기를 북돋아주면서 군자금을 보낸 사람도 있어서, 그나마 한편으론 안심도 되었다. 그러던 차에 송호협정淞滬協定이라는 것이 체결되어 중국은 일본에 굴복하고 상해사변은 끝이 나게 되었다

다행히 도쿄에서의 이봉창 의사의 일황저격 사건이 알려지자, 미주와 조선나라 안에서까지 격려의 편지가 날아와서 힘을 얻게되었다.

의사 나석주羅錫疇와 윤봉길尹奉吉

나석주[10]는 약산 김원봉이 조직한 의열단義烈團의 조직에 가입한 열혈애국 독립운동가이다. 일찍이 김구가 <대한민국임시정부> 경무국장으로 있을 때 그 밑에서 경비원을 지내다가, 하남성河南省의 한단군관학교邯鄲軍官學校를 니오고 중국군 장교로도 복무한 바 있었다.

그는 본디 황해노 재링 출신으로 23세 때 만주로 망명, 신흥군관학교에서 4년간 훈련을 받고 항일공작원으로 활동하다가 3·1운동 직후 <임시정부>에 군자금을 모금해 보냈으며, 황해도 평산군 일본 주재소를 습격하여 일본 경찰서장을 살해하고 상해로 망명한 젊은 혁명투사이다.

1926년에 일제가 조선농토 착취기관인 동양척식주식회사와

식산은행殖産銀行을 파괴할 계획으로 국내에 잠입・습격해서 많은 일본사람들을 죽이고, 황금정黃金町-을지로-에서 일본 경찰들과 접전하고 일본인 경부 다바다 다다쓰구田火田唯次를 사살한 뒤 남겨 두었던 폭탄 한 개로 자결하였다.

나석주로 하여금 그런 반일의거를 하도록 지시한 것은 물론 김구였으며, 계속 그런 테러 행위로 일본사람을 제거하려고 새로이 이덕주와 유진식으로 하여금 왜의 조선 총독을 암살키 위해 본국으로 밀파하였다. 또 일본 관동군 사령관 혼조 시게루를 죽이기 위해 유상근・최흥식을 만주로 보내려고 하던 그 어느 날, 윤봉길尹奉吉이란 청년이 찾아왔다.

숭고한 순국의 넋

윤봉길의 쾌거

"제가 애당초 상해에 온 것은 나라를 위해 무슨 큰일을 하려고 함이었습니다. 그래서 소채를 지고 홍구虹口 방면으로 돌아다니는 것도 어떤 좋은 기회를 기다렸던 것인데, 이제 상해싸움두 끝나구도 끝나구……."

그러면서 한숨을 푹 내쉬고는,

"아무리 생각해두."

윤봉길은 박진朴震이란 동포 실업가의 가게에서 일용품을 만드는 일을 하다가 홍구 소채장에서 소채장수를 하고 있었다. 그러다가 윤봉길은 어떤 결심을 하고 김구를 찾아와서 잠깐 머뭇거리더니 결심한 듯 정색하며,

"나라를 찾는 일에서 죽을 자리를 찾는 중입니다. 차후로 동경 사건과 같은 기회가 있으면 절 잊지 말아 주십시오."

그러자 김구는 그의 눈을 뚫어져라 하고 한참 동안 지켜 보았다. 진정 그의 눈빛 속에 조금이라도 딴 뜻이 없는지를 확인하기 위해서였다. 전에 너무 쉽게 사람을 믿었다가 곤욕을 치른 경험이 있었기 때문이었다. 그러나 윤봉길이란 젊은이의 눈빛은 오로지 나라를 위한 열정에 불타고 있을 뿐 조금도 다른 뜻은 없는 해맑음 만이 서려 있을 뿐이었다. 김구는 직감적으로 윤봉길에 믿을 수 있는 오로지 순국의 정열의 화신처럼 느꼈던 것이다. 김구는 서슴없이,

"내가 마침 그대와 같은 인물을 구하던 참이오. 정말 잘 왔소. 안심하시오."

그리고 김구는 일본놈들이 이번 상해 싸움에 이긴 것을 자못 의기양양하게 여겨, 오는 4월 29일 그놈들의 임금의 탄생일인, 이른바 천장절天長節 축하식을 홍구공원에서 성대히 거행한다고 하니 그때가 절호의 기회인 것 같다고 계획을 설명하고 협력을 바란다고 말했다. 그러자 윤봉길은,

"제가 할랍니다. 정말 이제 마음이 놓입니다. 준비해 주십시오."

윤봉길은 1908년 충청남도 예산군禮山郡에서 태어났다. 그는 청소년 시절 향리에서 농촌운동을 하다가 일제의 압제로 중국 찐따오靑島로 망명하였는데, 그것은 그가 열여덟 살 때인 1926년이었다. 그러다가 그는 <대한민국임시정부>가 있는 상해로

와서 세탁소, 외교원, 모직공장 직공 등 하층 노동자로 일하다가 김구가 주도하는 한인애국단에 가입했던 것이다.

윤봉길은 김구의 격려와 응낙을 받은 뒤 왜의 신문인 상해 <일일신문>에 천장절 축하식에 참여하려는 사람은 점심 도시락과 물통 하나와 일본 국기인 일장기 하나를 휴대하라는 포고가 나왔다는 것을 알게 되었다. 그 신문을 보고 김구는 이번에도 잘 알고 있던 중국 이름이 왕웅인 김홍일을 찾아가서 상해 병공창장 송식마宋式碼와 교섭하여 일본인들이 메는 물통과 도시락 그릇에 폭탄장치를 하여 사흘 안에 보내주기를 부탁하였다. 김홍일이 김구에게 직접 병공창으로 가보는 것이 좋겠다고 하여 그리하였더니 왕백수王伯修라는 사람이 두 종류의 폭탄을 만들어 실험까지 해 보여주었다. 수십번 실험하여 틀림이 없다는 것을 확인한 김구는 김홍일네 집까지 가져다 준 그 폭탄을 다시 프랑스 조계 안에 사는 동포의 집에 숨겨 두었다.

4월 29일이 다가왔다. 윤봉길은 말쑥하게 일본식 양복을 입고 그전까지 날마다 홍구공원 현장을 답사하여서 적당한 자리를 물색하고 김구에게 와서,

"오늘 시라카와라는 놈두 식장 설비를 보려고 왔었어요. 바로 제 곁에 섰단 말이에요. 그때 폭탄만 있었다면 그 자리에서 죽여 버릴 수 있었는데……."

"그게 무슨 소리요. 포수에게는 사냥을 하는 법이 있는데, 앉은 새와 자는 짐승을 쏘지 않는다는 말을 모르나. 윤군이 그런

애길 하는 것을 보니 내일 일에 자신이 없나보군!"

"아닙니다. 그놈이 곁에 서 있는 것을 보니 불현듯 그런 생각이 나더란 말입니다. 내일 일에 왜 자신이 없겠어요. 있지요, 있구 말구요."

"허허허……. 나두 윤 군의 성공을 믿소. 처음 이 계획을 내가 말할 때 윤군이 마음이 편안해진다고 하지 않았소? 그것이 기필코 성공할 증거라고 믿었소. 마음이 움직여서는 안되오. 가슴이 울렁거리는 것은 마음이 움직이는 증거요."

득수반지무족기得樹攀枝無足奇 현애철수장부아懸崖撤手丈夫兒라는 고능선 선생에게 배운 싯귀를 들려주었다. 윤봉길도 그 싯귀를 듣고 어느 정도 마음이 가라앉는 듯하였다. 그 뒤 김구는 윤봉길을 여관으로 보내고 폭탄 두 개를 가지고 김해산金海山의 집으로 가서 그 사람 내외에게,

"내일 윤봉길 군이 중대한 임무를 띠고 동삼성東三省-만주-으로 떠나니 고기를 사서 일찍 조반을 지어주시오."

라고 부탁하였다. 4월 29일의 아침은 밝았다. 김해산은 윤봉길이 아침을 많이 먹는 등의 용감하면서도 침착한 태도를 하는 것을 보고 여간 만족하지 않았다.

"김구 선생님, 지금 상해에서도 민족을 위해 할 일이 태산같은데, 윤봉길 군 같은 일꾼을 구태여 다른 데로 보내실 것이 없지 않습니까?"

"일은 하는 사람에게 맡기는 것이 좋지. 윤 군이 어디서 무슨

소리를 내는지 두고 봅시다."

뎅 뎅 뎅, 시계가 7시를 쳤다. 그 시계 치는 소리를 듣고 있던 윤봉길이 자기 시계를 꺼내 보이며,

"이 시계는 어제 선서 직후에 선생님 말씀대로 6원을 주고 산 건데, 선생님 시계는 2원짜리니 제것하고 바꿉시다. 제 시계는 앞으로 1시간 밖에는 쓸데가 없으니까요."

김구는 윤봉길과 시계를 맞바꾸었다. 마침내 윤봉길은 김구와 함께 김해산의 집을 나섰다. 자동차를 잡아 탔다. 그러나 윤봉길은 지갑에서 가지고 있던 돈을 모두 꺼내 김구에게 주었다.

"왜? 돈은 좀 가지고 있지 않구?"

"자동차 삯을 주고도 5, 6원은 남는 걸요."

김구는 울음이 솟아오르는 것을 참을 수 없었다. 가까스로 북받치는 울음을 억누르며,

"후일 지하에서 만납시다."

자동차가 멎고 윤봉길은 잠자코 고개를 깊숙이 숙이고 묵묵히 홍구공원 쪽으로 향해 걸어갔다. 물론 폭탄이 든 물통과 도시락곽을 가지고 김구는 그 뒷모습을 물끄러미 쳐다보았다. 멀어져 가는 윤봉길의 뒷모습에 훤한 빛이 어리는 듯하였다. 순국의 길로 용감하게 걸어가는 그의 어깨가 어찌나 숭고한지! 저절로 고개가 숙여졌다.

그것은 세상 모든 사람의 죄를 짊어지고 골고다의 언덕으로 향하는 예수 그리스도의 그것과도 같았다. 죽음의 길로, 오로지

민족을 위하여 마지막 길을 가는 순교자의 숭고한 모습과도 같았다. 김구는 고개를 심하게 흔들었다. 쓸데 없는 잡념을 떨쳐버리고 마음의 동요를 잠제우려는 결단이기도 했다. 그 길로 김구는 조상섭趙尙燮의 상점에 들러 편지 한 장을 써서 점원인 김영린金永麟에게 주어 급히 도산 안창호에게 전하라고 하였다. 이러한 내용이었다.

오전 10시부터 댁에 계시지 마시오. 무슨 대사건이 있을 듯합니다.

오후 1시쯤, 중국사람들이 홍구공원에서 폭탄이 터져 일본사람들이 많이 죽었다고 하면서 술렁이는 소리를 들은 것은, 그뒤 김구가 석오 선생댁에 가서 지금까지 진행된 일을 보고한 뒤였다.

아수라장이된 축하식장

한인 이봉창이 일본천황을 저격해서 죽이려고 한 사건을 중국언론들이 대체로 일본인들의 감정을 상하게 할 정도로 <不幸中 不中> 곧 불행하게도 맞지 않았다고 크게 보도해 가뜩이나 불편한 심정들인데다가, 중국인이 일본 중을 살해한 사건이 일어나자 그것을 빌미로 일본해병대가 불법으로 상해에 강제로 상륙하여 점령함으로써 이른바 상해사변이 발발했던 것이다. 따라서 중국군은 맥없이 패배하고 일본군의 일방적인 승리로 전쟁은 싱겁게 끝이나고 말았던 것이다.

이때의 일본군 최고 지휘관은 시라까와 요시노리白川義則 대장이었다. 그러니까 자연히 그가 일등상좌에 앉게 되었고, 그 다음이 이른바 명목상으로 공식 정부대표인 시게미쯔 아오이重光葵 주중공사, 다음은 상해 거류민단장 겸 행정위원장인 가와바다 사다쯔구河端貞次였다. 물론 군국주의 일본이니까 어디까지나 군인이 우위에 자리하고 있어야하기 때문에 다음은 육군 제9사단장인 우에다 가네요시植田謙吉 육군중장, 그 다음은 제3함대사령관인 노무리미 쯔자부로오野村光三郞 중장이 자연히, 기리고 그 다음자리는 무라이구 라야나기村井倉柳 상해총영사도 역시 상좌에 앉아 있었다.

말하자면 상해사변의 중요 공로자들의 인간박람회인 셈이었다. 그러니까 그들이 말하는 기라성 같은 상해주둔 일본인 고관들이 모두 참석해서, 일본의 무력을 자랑하려고 했다고도 말할 수 있겠다. 그런데 그만 그 찬란했던 영광의 자리가, 한 한국청년이 던진 도시락에 의해 순식간에 아수라장으로 화하고 말았던 것이다.

쾅

에크

아이쿠

온 홍구공원이 난장판이 되었다.

써마!

쐴알라 쏴알라

칙쇼 칙쇼

그 소란스러움은 도지히 형용힐 수 없을 정도였다. 그만큼 홍구공원은 완전히 이 세상 모든 소음이 모아진 것 같았다. 한동안 그야말로 소리의 광란장이었다. 누가 죽고 누가 얼마나 다쳤는지 누가 살았는지 분간할 수가 없었다. 그러나 일본군은 정리에도 빨랐다. 그 위대했던 총사령관 시라까와 대장과 가와바다 민단위원장이 그 자리에서 즉사하고, 시게미쯔 공사, 우에다 육군중장, 노무리미 해군중장, 무라이구 총영사 등이 중상을 입고, 그밖의 많은 일본요인들이 중경상을 입었다. 일대 춘사椿事였다. 그러나 그 수류탄을 던진 윤봉길과 그것을 배후에서 지휘한 김구로서는 대성공이었다. 일대 쾌거였다. 그 사실은 곧 세계의 언론에 보도되었다. 물론 <중국신문>에도 대대적으로 알려지고, 일본의 신문에도 대문짝만하게 실렸다. 처음에는 그 범인이 중국인으로 알려졌다. 그러나 고려인 곧 조선인이라고 정정 발표하였다.

시량리柿梁里의 젊은 혈기

윤봉길은 앞서도 밝힌대로 충청남도 예산군 덕산면 시량리忠淸南道 禮山郡 德山面 柿梁里에서, 무신년 곧 서기 1908년 5월 25일에 아버지 윤황尹璜과 어머니 김원상金元祥 사이에서 태어났다.

어릴때부터 글 짓는데 특별한 취미와 재주가 뛰어났으며, 자기가 태어난 시량리의 마을노래도 스스로 지어서 불렀다. 뿐만 아니라 어릴때부터 나라 사랑에 깊은 애정이 있었으며,

피 끓는 청년제군 아는가 모르는가
무궁화 삼천리, 내 강산에
왜놈이 왜 와서 왜 광분하는가
되놈은 되놨다 도로갔는데
왜놈은 왜 되돌아가지 않는가
피 끓는 청년제군 보고만 있는가
동천에 여명이 밝아지려 하는데
조용한 아침이나 강풍이 일어날 듯
피 끓는 청년들아 준비하세
군복입고 총메고 칼 둘면서
군악 나팔에 발맞추어 행진하세

젊은이들에 대한 격문같은 이 수필이나 시같은 이 짧막한 글은 그야말로 나라를 빼앗긴 우리 한국의 젊은이들의 피를 끓게 하는 폭탄이기도 하다. 그러니까 그런 의기로 중국 상해로 건너가서 목숨을 내놓고 왜의 고급장교와 요인들을 폭살시켰던 것이다. 윤봉길 의사는 순국의 길로 떠나기 전에 한인애국단의 백범 김구 단장 앞에 다음과 같이 거룩하고 엄숙하게 선서를 하였다.

선언문

나는 적성으로써 조국의 독립과 자유를 회복하기 위하여 <한국애국인단>의 일원이 되어 중국을 침략한 적의 장교를 도살할 것을 맹세함

대한민국 14년 6월 26일

윤봉길

한국애국인단 앞

그리고 그가 가장 존경하는 백범 김구 선생에게 여섯 줄의 칠언절귀의 유작시를 지어 남겼던 것이다. 그 뜻은 백범의 항상 사철처럼 푸르르고 맑고 늙을 수록 의기에 넘치고 오로지 나라 사랑하는 마음밖에 없음을 존경한다는 뜻이었다.

오성장군, 중국군 소장 김홍일

여기서 그 폭탄을 만든 김홍일에 대해서 잠시 알아보자. 이봉창과 윤봉길에게 폭탄을 만들어 주고 해방 뒤에는 주중대사와 야당 신민당의 당수로도 활동했던, 중국군 정식 소장이자 한국군 중장으로 별이 다섯이라고 해서 오성장군으로 일컫는 김홍일은, 본디 평안북도 양시楊市라는 조그마한 거리에서 태어났다. 소읍이라기보다 오히려 장터라는 것이 맞을지도 모르는 곳이지만 용천군龍川郡 안에서는 꽤 큰 이름 있는 장터였다. 정확

히 말해서 그가 태어난 곳은 평안북도 용천군 양하면 오송리楊下面 五松里이고, 그가 태어난 날짜는 한국이 일본 제국주의의 말발굽에 짓눌리기 시작한 1898년 9월 23일이었다. 그 이태 뒤에 이른바 한일합방이라고 불리는 경술국치가 있었다.

서방 열국도 연약한 동방의 어린 양인 조선 반도에 날카로운 발톱을 들이대던 때였다. 그가 태어나서 철이 들기 시작할 때에는 이미 나라를 빼앗긴 뒤였고, 나라를 되찾으려고 애쓰던 독립투사들이 갖은 고난을 겪으며 혈투를 벌이던 때였다. 그 또한 그 정경들을 목격하면서 자랐다.

그러다가 그때 남강 이승훈이 세웠고 고당 조만식이 교장으로 있던 정주 <오산학교> 2학년에 편입하게 되었다. <오산학교>에는 안서 김억이 교사로 있으면서 소월 김정식素月 金廷湜이란 천재 서정시인을 가르치기도 했던 곳이며 김홍일은 1918년 제9회 졸업생으로 <오산학교>를 나왔다.

이때 애국시사로 유명한 남강 이승훈은 그를 무척 아꼈고 그가 졸업할 때 만주나 중국으로 망명하여 부형의 원한을 갚으려는 그에게 우선 국내에 남아서 후진을 가르치는 것이 애국의 근본이라고 하며, 소학교의 교사로 남기를 권유해서 황해도의 신천교회信川教會가 설립한 경신학교儆信學教의 교사가 되었다. 교사로는 만족치 못한 그는 여름방학을 이용해서 안악 김홍량安岳 金鴻亮과 진남포鎭南浦의 임치정林蚩正 등 애국지사를 찾아가서 장래를 의논하다가 마침내 국외로 나갈 것을 마음먹었다.

그는 상해로 가서 여운형의 소개로 장덕수를 만나 같이 기거하면서, 반일 언론인 군국일본의 조선인 기자 조동우趙東遇를 자주 찾아가서 구국단에 가입하고 장차 항일독립운동의 웅지를 키워갔다. 일이 순조로이 풀려 그는 중국의 군관학교에 들어가게 되었고, 뛰어난 재치로 중국군 소장으로 승진하였다. 그때부터 그는 중국이름 왕웅王雄으로 행세하였다.

그 전에 러시아의 이만 자유시에서 전투도 하였는 바, 그 뒤 다시 상해로 와서 한인애국단의 창립자인 <대한민국임시정부>의 김구 주석을 만나게 되었던 것이다. 이후 김홍일은 김구와 무력 독립투쟁을 함께 하게 되었다. 이때에는 만주지방에서 소수 한국사람들이 중국인들을 압박하고, 또 만보산 사건이란 일본이 조작한 조선인과 중국인 사이의 이간책에 놀아난 한중 민중간의 반목이 극도로 나빠진 감정대립으로 <임시정부>의 입지도 극히 어려운 처지에 있던 때여서, 김구를 비롯한 <임시정부>의 요인들도 무언가 탈출구를 찾아 두 민족간의 융화와 협조를 모색하려고 하였다.

다행스럽게도 이봉창이란 열혈청년이 나타나 일황을 암살하려는 계획이 진행되어 김구는 물론이고 김홍일도 이때를 놓쳐서는 안되겠다고 생각하여 그 계획을 실행키로 하였다. 마침 김홍일이 중국군의 병기창에 있었기 때문에 일황을 죽일 폭탄을 제조할 수 있어서 그 일에 전심하였다.

일본군이 무조건 항복으로 한국이 해방된 뒤, 김홍일은 만주로 가서 많은 한국 동포의 무사귀국을 돕다가 환국하여 한국군의 육국사관학교 교장으로 국토방위의 간성을 키우기도 하고, 광복된 조국의 앞날을 위해 노력하다가 세상을 떠났다. 그는 역시 모교를 못잊어 <오산학교>의 동창회장도 지냈고 동창인 한경직 목사, 함석헌에게 그 자리를 물려준 오산인이기도 하였다.

홍구공원에서 폭탄을 던진 것이 중국인이라고도 하고 또는 고려인(조선인)이라고도 하면서 의견이 분분하였다. 그러나 김구는 그가 바로 윤봉길 의사라는 것을 알았고, 또 이동령, 이시영, 조완구 등 몇 명만이 짐작할 뿐이었다. 그러나 그 일은 계획부터 진행까지 모두 김구가 한 일이고, 이동령에게도 이 날 처음 보고되었다. 오후 3시에 호외가 돌았다. 홍구공원에서 수류탄을 던진 사건을 뒤에서 지휘한 사람이 자기 김구라는 것을 밝힘으로써 더 많은 희생자가 생기지 않도록 희생자를 극소화하기 위함이었다.

국빈 대우 받는 김구, 그리고 아슬아슬한 탈출

윤봉길로 하여금 홍구공원에서 천장절을 기해 일본의 고급 장성과 관리들을 죽이거나 중상을 입힌 일로 중국사회에서는 김구가 갑자기 국제적인 영웅으로 각광을 받기 시작하였다. 우선 중국의 명사인 은주부殷鑄夫·주경란朱慶瀾 같은 사람들이 그에게 특별면회를 청하고 남경에 있던 남파 박찬익南坡 朴贊翊

등도 활동해서 물질로도 많은 원조를 보내왔다. 가슴 아픈 일이지만 윤봉길의 희생적 쾌거로 김구에게는 입지가 여간 좋아지지 않았다.

그동안 만주사변이나 만보산 사건 등으로 한인들에 대한 중국인들의 감정이 극도로 악화되어 있었는데, 윤봉길은 그 적대감정을 하루 아침에 오히려 동지적인 우의적 감정으로 전환시켰던 것이다. 마침내 전기가 마련됐던 것이다.

그 반면에 일본 관헌들은 윤봉길의 배후가 김구인 것을 알고 그를 체포하려고, 우선 20만원 현상금을 걸었다가 곧 일본 외무성·<조선총독부>·상해주둔군 사령부 등 3부 합동으로 쌀 30만 섬에 해당하는 60만원이라는 거액의 현상금을 걸기에 이르렀다.

이제 김구는 꼼짝달싹 못할 처지에 놓이게 되었다. 그러자 남경 정부에서는 그의 신변이 위험하다면서 비행기까지 내주려고 제의했지만, 김구는 만일 그렇게 하면 아무래도 그 반대급부가 있을 것이라는 생각에 미치자 넌지시 거절하고 말았던 이다. 그럭저럭 20여 일이 지났다. 하루는 김구가 숨어 있던 피치집에서 그 부인이,

"아무래도 수상합니다."

"뭐가요?"

"며칠 전부터 우리집을 빙빙 돌고 있는 수상한 사람들이 있는데, 필시 일본 관헌 정탐들이 틀림없는 것 같소. 아마 그들이 선생이 우리집에 숨어 있는 낌새를 알아챈 것 같습니다."

"네? 그거 참."

그러자 피치 부인은 좋은 생각이 떠오른 듯,

"좋습니다. 그럼 이렇게 합시다."

"어떻게요?"

"저와 결혼하는 것입니다."

"네?"

김구가 깜짝 놀라자, 피치 부인은 손으로 입을 가리며,

"호호호, 저와 부부로 가장하자는 것입니다."

"에? 에……."

김구는 피치 부인의 뜻하지 않은 말에 찰나 당황했으나 그 진의가 어떤지를 알아채고,

"하하하……. 정말 묘책이군요!"

그리하여 피치의 자동차에 김구와 피치 부인이 부부인냥 꾸며 타고, 남편인 피치가 자동차를 운전하여 최고 속도로 차를 몰아 가까운 기차정거장으로 빠져나올 수 있었다. 마침 떠나는 기차가 있어서 가흥嘉興으로 갈 수 있었다. 우선 거기에 있는 수륜사장秀倫紗廠으로 피했다. 자동차로 지나는 길에 옆을 보니 중국인・러시아인・프랑스인 정탐들이 늘어서 있었다. 자칫 잘못하면 꼼짝없이 붙들릴 뻔하였다. 등에서 식은땀이 흘렀다. 그렇게 한데는 박찬익이 은주부・저보성褚補成 등에 부탁해서 주선해 놓은 곳으로 이미 이동령・엄항섭・김의한 등의 가족도 와 있었던 것이다.

바빠도 쉬엄쉬엄

기적장강만리풍寄跡長江萬里風

가홍은 김구가 의탁하고 있는 집이 있는 곳으로 일찍이 강소성장江蘇省長을 지낸바 있는 저보성의 고향이다. 저보성은 그 고장에서도 덕망이 높은 사람으로 그 맏아들인 저봉장褚鳳章은 미국 유학에 한 사람인데 그곳 동문 밖 민풍지창民風紙廠이라는 종이공장의 기사장이었다.

저씨의 집은 남문 밖에 있는 구식 집으로 그런대로 큰 부호의 저택 같았다. 그의 양자인 진동손陳桐蓀의 정자를 김구에게 쓰도록 내주었는데, 호수가 보이는 경치 좋은 곳에 반 양옥으로 지은 집이었다. 김구가 그곳에 머물고 있다는 것을 아는 사람은 저씨 내외와 그 아들 내외하고 진동손 내외뿐이었고, 다만 김구가 중국말을 못하는 것이 곤란할 뿐이었다.

따라서 거기서 김구는 광동인으로 행세했다. 김구는 무료를 달래기 위해 진씨 내외와 동반 남호 연우루南湖 烟雨樓, 서문 밖 삼탑三塔 등을 구경하고 다니며 소일하고 있었다. 거기에는 명나라 때에 왜구가 침입한 유적도 남아 있었다. 또 동문 밖으로 10리쯤 나가면 한나라 때의 주매신朱買臣의 무덤이 있었는데, 북문 밖에 있는 낙범정落帆亭은 주매신이 글만 읽다가 아내가 부탁했던 나락 멍석을 걷어드리는 것을 깜박 잊어버리고 소낙비에 떠내려 보내, 아내 최씨에게 구박을 받은 곳이라고 하였다. 나중에 주매신이 회계 태수會稽 太守가 되어 올 때에 주매신이 물을 길어오면 용서하겠다고 하여 그 아내가 그렇게 하자 그 물을 쏟고 다시 주워 담으라고 하자, 그 아내가 엎지른 동이의 물을 주워 담지 못해 낙범정 밑에서 물에 빠져 죽었다고 하는 전설이 있는 곳이다.

이때 김구는 장진구라는 중국식 이름을 쓰며 지내고 있었다. 정말 오랜만에 맛보는 한가한 나날이었다

주애부란 여사공

여색을 밝히는 성미는 아니지만 김구로서는 아내 최준례가 저 세상으로 간 뒤 역시 홀로 독방을 지키는데 어쩐지 쓸쓸함을 느끼고 있었다. 다시 가흥에 가자 별로 할 일도 없어서 매일

같이 배를 타고 호수에 뜨고 물 구경을 하거나 운하를 오르내리며, 무료를 달래기도 하고, 엄가빈嚴家濱이라는 농촌을 돌아다니기도 하였다. 그가 시인이나 작가였더라면 시상이나 작품의 테마를 얻을 수도 있었을 것이다. 그만큼 엄가빈은 목가적이고 무척 정다운 풍경이었다. 또한 누에를 쳐서 길쌈을 하는 방법이나 베농사를 짓는 법이 한국보다 퍽 발달된 것을 보고 뒤에 조국이 해방되고, 고국에 돌아가면 그대로 개선해야 되겠다고 생각했다.

물론 유럽이나 미국의 선진문명을 도입해서 새로운 기술을 받아들여야 할 것으로 느껴지기도 했으나, 운하만 해도 조선에는 그런 수리시설이 전혀 없었다. 예로부터 물을 잘 다스리는 임금이 나라도 평강하게 이끌어간다고 하였다. 옛 조선은 천재지변에 대응하는 아무런 대책도 강구하지 않았다. 가물면 비가 오지 않나 하고 하늘만 쳐다보거나, 겨우 기우제나 지내든지 굿이나 하는 게 고작이었다. 그런 미신 따위로 어찌 하늘의 뜻을 바꿀 수 있겠는가!

김구 자신도 경순왕의 후손으로, 고려 때는 물론이고 이씨조선에 들어와서도 높은 벼슬자리를 살고 있던 조상을 가져 한성에서도 떵떵거리는 양반 행세를 하다가 방조인 김자점이 역적으로 몰려 멸문을 당하게 되자 황해도로 피신하여, 또 생명을 부지하기 위해 양반을 버리고 쌍놈으로 살게 되었던 것이다. 그 모두가 당파 싸움의 여파임에는 틀림없다.

김구는 그런 집안의 내력에 대해 분개를 하였으나, 이왕 그렇게 된 바에야 모든 걸 체념하고 우선 자기만이라도 올바른 세상, 올바른 나라를 이룩하기 위해 지금도 멀리 타국에서 이렇게 애쓰고 있는 것이 아닌가! 우선 중국의 농촌에서 늦게나마 조국의 앞날에 도움이 되는 일이라면 무어든 배워 가야겠다고 마음속으로 다짐하는 것이었다. 여기서 김구는 정조시대의 실학사상을 새삼 느끼며 보다 실질적인 생활태도를 배워야겠다고 굳게 다짐하였다.

배는 주애보라는 중년 여자가 젓는대로 유유히 떠가고 있었다. 김구는 엄가빈에서 다시 사회교砂灰橋의 엄항섭의 집으로 또 오룡교의 진동생陳桐生의 집으로 옮겨다니며 숙식을 하였다. 낮에는 주애보란 여자 사공이 부리는 배를 타고 이 운하 저 운하로 돌아다니며 세월을 낚았다. 그러면서 장차 조국의 장래를 계획하고 있었던 것이다.

물이 철썩철썩 뱃머리에 부딪쳐 하얀 거품으로 부서지고 있었다. 물방울이 튀어 김구의 뺨에 묻었다. 김구는 그 물을 닦을 생각도 하지 않고 흘러가는 먼 하늘의 흰구름만 물끄러미 쳐다보고 있었다. 어디선가 뻐꾸기 우는 소리가 들려 오고 있었다. 정말 목가적인 정취였다.

가흥성 내에는 도주공陶朱公이란 유명한 사람의 집터에 지었다는 진명사鎮明寺가 있었다. 그 속에는 축오자畜五牸라고 해서 암소 다섯 마리를 기르는 곳과 또는 물고기를 기르는 양어장이 있었는데, 산문 밖에는 도주공유지陶朱公遺址라는 돌비석이 있었다.

하루는 저봉장이 그의 친구이며 중학교 교원인 참한 과부가 있으니 김구더러 그녀와 재혼하라고 권했으나, 그런 유식한 여자와 재혼할만큼 자기의 처지도 아니고, 더욱이 그렇게 되면 자기 본색이 탄로날 것이 두려워 차라리 무식한 뱃사공 주애보에게 몸을 의탁하는 것이 좋겠다고 생각해서 그 뒤로는 아주 주애보의 배에서 같이 살기로 하였다.

그러는 동안에 박찬익·엄항섭·관신암 세 사람은 줄곧 정보 수집과 외교활동에 전심하였으므로, 중국인 친구와 미주 동포의 도움으로 살아가는 데는 크게 지장이 없었다.

장개석 총통과의 면담

장개석 총통과 대망의 면담이 이루어졌다. 남파 박찬익이 중국 국민당 당원이었기 때문에 조직부장이며 강소성 주석인 진과부의 소개로 장개석 총통이 김구에게 면회하기를 원한다는 말을 들은 김구는 안공근·엄항섭 두 사람을 대동하고 남경을 떠났다. 공패성貢沛誠·소쟁 두 요인이 그를 영접하여 우선 중앙반점에 머물게 되었다. 이튿날 장개석 총통을 만나기로 되었던 것이다. 장개석 총통과는 중앙군관학교의 구내에서 만나기로 했으며, 진과부의 차로 갔는데 물론 박찬익을 통역으로 대동했다.

장개석 총통은 중국옷을 입고 있었으며, 온화한 얼굴로 김구를 반가이 맞아주었다. 장개석은,

"동방 각 민족은 중산 손문 선생의 민족 · 민권 · 민생을 주로 하는 삼민주의에 알맞은 민주정치를 하는 것이 좋을 것 같습니다."

우선 말문을 꺼냈다.

"물론입니다."

그렇게 대답한 김구는 통역을 통하지 않고 직접 대화하는 것이 좋다고 생각해서,

"일본의 대륙침략의 마수가 각 일각으로 중국에 뻗치고 있으니, 주위를 물리치시면 필담으로 몇 마디 하고 싶소."

"하오하오-좋소-."

하고 장개석은 쾌히 승낙하면서 좌우를 손짓으로 물리쳤다. 진과부와 박찬익이 알아차리고 밖으로 나가 자리를 피해 주었다. 이제 방안에는 장개석과 김구 단 둘만이 마주앉게 되었다. 김구는 장개석에게 자기의 뜻을 솔직히 전할 절호의 기회라고 생각하여 붓을 들어,

"선생이 백만금을 주신다면, 이태 안에 일본 · 조선 · 만주 세 방면에서 폭풍을 일으켜 일본의 대륙 침략의 다리를 끊을 수 있는데……."

장개석은 곧 붓을 들어,

"청이계획서상시-그 자세한 계획서를 내게 주시오-."

김구는 일이 제대로 되어 갈 것을 기대하면서 그날의 면담을 끝내고 물러나와 그 이튿날 간단한 계획서를 만들어 가지고 장주석에게 보였고, 진과부는 김구를 자기 별장에 초대하여 연석을 베풀고 장개석이 쾌히 승낙했다는 뜻을 전했다.

그때 김구는 만일 적의 천황을 죽이거나 대장 한 명을 죽인다 손치더라도 새 천황이 황위를 계승할 것이고, 대장 한 명을 죽여도 또 새로운 대장이 임명될 것이니 차라리 장래의 독립전쟁을 위해서 무관을 양성함이 어떻겠는가고 했던 것이다.

그것이 좋겠다고 하여 우선 하남성의 낙양군관학교에 분교를 만들어 한국의 젊은이로 하여금 무관이 되는 양성소를 만들기로 하였다. 제1차로 북경・천진・상해・남경 등지에서 백여 명의 청년을 모집해 입학시켰고, 만주에서 이청천・이범석을 청해 교관이 되게 하였던 것이다. 그런데 그것도 스마須磨 일본 영사의 항의로 남경 정부가 울며 겨자 먹기로 폐쇄치 않을 수 없는 곤경에 빠졌다. 결국 그 계획도 제1차로 끝나고 말았던 것이다.

피와 이념

한편, 항일투쟁을 하거나 조국광복운동을 하는 사람들이 제각각 의견이 달라 통일된 전선이 이루어지지 못하고 있어서 뜻있는 인사들 가운데는 어떻게 해서든지 통일된 또 조직화된 항일독립 전선을 형성하고자 하는 뜻을 가지고 있었다. 마침 좌우익을 통들어 통일된 힘으로 항일운동을 전개해야 겠다는데는 모두가 뜻이 모아졌던 것이다.

그러던 차에 좌익의 선봉장이라고 할 수 있는 약산 김원봉若山金元鳳[11]이 김구더러 만나자고 제의했고, 며칠 후 진회秦淮라는 곳에서 만났다. 김원봉이 말하기를,

"김구 동지! 아무래두 우리 공산당을 좀 받아 드려주어야 갓소이다."

"왜요?"

"중국사람덜이 우리가 공산당이라구해서 멀리하구 있으니 왜놈덜과 싸우는데 여간 지장이 많지 않소. 이왕 왜놈과 항쟁할래문 당신네덜하구 손을 잡아야 하겠소. 윤봉길 사건으루 당신네 형편이 퍽 좋아진 것 같으니까!"

"허허허……. 그러면 한 이불 속에 들어오는 것이 그런 뜻이라면 동상이몽인 격이니 나는 그것엔 찬동할 수 없소."

김구가 잘라 거절하였다. 김구는 정말 기가 막혔다. 이봉창 사건, 윤봉길 의거 등으로 김구의 입지기 좋이졌으니 그 그늘밑에서 날개를 펴보겠다는 뻔한 얕은 수작이 정말 괘씸하였던 것이다. 그러나 그러는 가운데 의열단이라고 김원봉이 주도하고 있는 주로 좌익 폭력조직과 신한독립당・조선혁명당・한국독립당・미주대한인독립단 등 민족주의 정당들이 통합하여 조선민족혁명당이라는 것이 창설되었다. 그런데 김원봉・김두봉

등의 의열단은 <대한민국임시정부>를 눈 위의 혹처럼 여기면서 <임시정부>의 해체를 강력하게 주장하고 나섰다.

이에 당시 <임시정부>의 국무위원인 김규식 · 조소앙 · 양기탁 · 최동오 · 송병조 · 차이석 · 유동열 등 일곱 사람 중에 차이석 · 송병조 등 두 사람을 빼놓고서는 여타 다섯 사람은 통일이란 말에 혹해서 <임시정부>의 해체에 대해 무관심했다. 그러자 김두봉은 물실호기勿失好機라고 생각하여 <임시정부>가 있던 항주로 가서 차이석 · 송병조 두사람에게,

"김규식 동지 등 다섯 명이나 되는 국무위원들이 모두 찬성해서 <임시정부>의 간판을 내려도 좋다고 하니, 구태여 당신들만 고집할 필요는 없지 않소?"

그러자 차이석이,

"허허 그분들은 그분들대로 그런 생각을 가졌을지 모르지만 나와 송병조 동지는 그렇더라도 <임시정부>의 간판을 지킬 작정이오."

잘라 말했다. 그러나 두 사람으로서는 국무회의도 열 수가 없어서 <대한민국임시정부>의 존재는 유명무실한 상태가 되어 버렸다. 그 소식을 듣고 김구는 화가 나서 당장 항주로 달려갔다. 그런데 5당 통일에 찬성했던 조소앙마저도 거기서 이미 탈퇴한 뒤였다.

김구는 거기서 이시영 · 조완구 · 김붕준 · 양소벽梁小碧 · 송병조 · 차이석 등과 의논해서 모두 가흥으로 가 거기 있던 이

동령 · 안공근 · 안경근 · 엄항섭 등과 배 위에서 국무위원 세 사람을 더 뽑았다. 이동령 · 김구 · 조완구 등이다.

애시당초 5당 통일론이 일었을 때에도 이미 그들은 다른 단체를 조직하자고 거론했으나 김구는 그러면 파쟁만 생겼지 조국광복운동에 아무런 도움이 못된다고 반대했던 차였는데, 이번에 국무위원이 다섯이 되니 국무회의를 진행할 수 있게 되었던 것이다. 또 조소앙이,

"<임시정부>를 유지하려면 그 배경이 될 정당이 필요한데, 내가 한국독립당을 재건하겠소."

그러자 김구가 더 이상 분열 책임을 안 져도 되겠기에 새로이 대한국민당을 조직하면 어떻겠느냐고 제안하였고, 이에 모두 찬동하여 결국 <대한민국임시정부>의 기간 정당으로 대한국민당을 조직하기에 이르렀다.

왜의 최후 발악

남목청南木淸의 변고

남목청이라는 곳에 모여서 <대한민국임시정부>를 도우려는 세 개의 정당, 곧 조선혁명당의 이청천 · 유동열 · 최동오 · 김학규 · 황학수 · 이복원 · 안일청 · 현익철 등과 한국독립당의 조소앙 · 조시원 · 홍진 등 그리고, 대한국민당의 김구 · 이동령 · 이시영 · 조완구 · 차리석 · 송병조 · 김붕준 · 엄항섭 · 안공근 · 조성환 등이 3당 합당을 논의하고 있었다.

그 회의에서 모두 <대한민국임시정부>를 지탱하기 위한 통합정당을 만들려는 생각에서이니만큼 모두 진지하게 모임을 진행시켰다. 장사에서의 일이었다. 그런데 거기서 변괴가 일어났다. 갑자기 밖으로부터 어떤 괴한이 침입해서 다짜고짜로 권총을 난사했다. 김구도 정통으로 맞아 그 자리에 쓰러졌다. 김구가 의식을 되찾고 난 다음 알아보았더니 난입하여 권총을 난사했던 청년은 다름 아닌 이운한李雲漢이라는 사람으로 그 전에 그가 상해로 특수공작을 가겠다고 해서 금전적으로 도움을 주었던 "조선혁명당"의 당원으로 믿을 만한 젊은이여서 더욱 놀랐다.

그가 쏜 총탄에 맞은 것은 김구와 현익철이고 이청천도 맞았으나, 모두 중상인 데 반해 이청천은 경상이었다. 현익철[12)]은 입원하자마자 절명하고, 유동열은 차츰 경과가 좋아 곧 퇴원하였다. 문제는 김구였다. 애초에 김구는 너무 중상이어서 병원 당국에서도 입원 수속조차 할 필요가 없다고 체념하고, 병실이 아닌 문간방에 넣어 두고 절명하기를 기다리던 참이었다. 허나 시간이 많이 지났음에도 불구하고 숨을 쉬고 있었기 때문에 병실로 옮겨 치료를 시작했다. 그동안에 김구가 죽었다고 소문이 돌아 안공근은 김구의 맏아들인 김인을 데리고 김구의 장례에 참여하려고 김구를 찾아왔던 것이다.

안공근에게 이끌려 아버지 김구의 장례식에 참석하러 가는 길에 어린 인은 솟구쳐 오르는 슬픔을 어쩌지 못해 줄곧 울음으로 발이 어떻게 떨어지는 지도 몰랐다. 어린 인의 생각에 아버지가 무척 험난한 길을 살아왔다는 것을 생각하며 더욱 더 끓어오르는 설움을 참을 수 없었다. 곧 땅에 쓰러질 지경이었던 것이다. 어디로 가는지, 또 어디를 가는지 조차 헤아릴 수도 없었다. 앞이 캄캄해 무의식 중에 끌려 가고만 있었다.

그러나 기적이 일어났다. 김구는 구사일생 목숨을 건졌으며, 점차로 상처가 아물고 이제는 완전히 거동을 할 수 있게 되었다. 그 소식을 듣고 장개석 총통은 나하천羅霞天을 보내 위로금 3천 원이란 큰 돈을 주어 요양비로 쓰라고 전했다. 중국사람은 의리가 깊다고 들었는데, 김구도 장개석의 그런 너그러움에 새삼 감격하였다. 그 뒤 퇴원해서 김구가 어머니를 찾아갔더니 어머니가,

"자네 생명은 하느님이 보호하시기 때문인 줄 아네만, 한인의 총을 맞고 살아있는 것이 왜놈의 총에 맞아죽는 것만 못하네."

오히려 언짢아했던 것이다. 물론 어머니의 마음에는 아들의 목숨을 걱정해서이겠지만, 겉으로는 격려하는 모정에서임이 틀림없을 것이다.

헌데 저격범 이운한은 그 배후 인물 강창제・박창세와 더불어 곧 붙잡혔으나 이내 그들은 석방되고 이운한은 탈옥하여 도망하였다고 한다. 이운한이 강창제와 박창세의 세뇌로 김구 등 민족주의자들을 저격한 것은, 그들이 좌익이나 반대파의 음모에 의한 것임이 틀림없었다. 하여튼 남목청의 변괴로 그 당시 독립 진영에 큰 혼돈이 일어났던 것만은 부인할 수 없다.

한편, 일본군은 파죽지세로 전 중국 국토를 휩쓸었고, 김구 등이 있던 장사도 이미 위태로운 지경에 직면했다. 이때에 김구는 퇴원해서 엄항섭의 집에서 요양하고 있었는데, 어느 날 갑자

기 김구는 구토증을 느끼고 오른쪽 다리가 마비되어 다시 입원하고 있던 상아의원에 가서 진찰을 받았다.

서양인 의사는 X광선으로 자세히 살펴보고 나서, 심장 옆에 박혀 있던 총알이 갈비뼈 옆으로 옮겨 가 있는데, 그것 때문에 크게 생명에는 지장이 없으니 걱정할 필요는 없다고 말하였다. 물론 수술을 해서 그 총알을 빼낼 수도 있지만, 점점 나아질 수 있으니 걱정 말라고 해서 그냥 두기로 했던 것이다.

그러는 가운데 장사가 더 배겨날 수 없도록 위험하게 되자, 김구를 비롯한 3당의 간부들은 가족 백여 명을 데리고 광주로 이주하게 되었는데, 이는 호남의 장치중 주석이 광동성 주석 오철성에게 소개장을 써주었던 덕분이다. 광주에서는 중국군에 있던 한국 항일투사 이준식李俊植 등이 주선해서 동산백원東山栢園을 <대한민국임시정부>의 청사로 쓰기로 하고, 아세아여관을 전부 빌려 백여 명의 대가족의 숙사로 쓰게 되었다. 그러다가 다시 전쟁이 뒤쫓아와서 불산佛山으로 이사를 하기에 이르렀다.

중경으로의 대장정

전쟁이 점점 가까워지고, 공포의 압박이 심해지자 <대한민국임시정부>도 다시 더 깊숙한 데로 옮겨야 할 필요가 생겼다. 간부들이 숙의한 끝에 이왕 옮기려면 중국의 중앙정부가 피해 가 있는 중경重慶으로 가는 것이 좋겠다는 결론을 내려 <임시정부>도 그리로 옮기기로 하였다. 우선 장개석 주석에게 <임시정부>도 그리로 가고 싶다고 청하였더니 와도 좋다는 회신이 왔다.

거기서 김구는 조성환·나태섭과 함께 우선 장사로 가서 장치중 주석에게 교섭해서 귀주성 주석 오정창吳鼎昌에게 보낼 소개장을 얻어 가지고 중경길로 떠났다. 10여 일이란 긴 여정 끝에 귀주성의 수부인 귀양에 도착할 수 있었다.

어머니가 다시 중국으로

김구는 구사일생 목숨을 건졌으나, 동포들의 안위가 걱정이 되어서 우선 남기가藍旗街에 있는 학생들의 거처를 찾아갔다. 거긴 동포학생들이 많이 있었는데 그런대로 모두 무사하였고, 남경의 정세가 위험하여 중국 정부의 각 기관이 모두 중경으로 옮겨가게 되자, 한국의 광복운동 단체들도 일단 장사長沙로 피난하기로 정하고 백여 명이 일단 남경에 모였다가 그곳으로 옮겨가기로 하였다.

이때 김구는 안중근의 사촌 동생인 안공근에게 그의 맏 형수인 안중근의 미망인을 꼭 모시고 오라고 신신당부하였다. 헌데 안공근은 형수는 내버려두고 왔다. 지금까지 물산도 풍부하고 대개 잘사는 중국사람들을 보아왔으나, 그곳에서는 빈궁한 생활을 하는 사람들이 지천으로 깔려 있었던 것이다.

중경에서 김구가 한 일

귀양에서 여러 날을 묵은 김구는 중국 국민당의 중앙당부에서 주선해 준 6대의 자동차를 구해 기강綦江이라는 곳으로 대가족을 옮겨 놓았다가 다시 중경으로 이사했다. 그 당시 전쟁 수행으로 차량이 극히 부족한 때에 그렇게 많은 차량을 내준 중국 정부의 호의를 김구는 매우 고맙게 생각하였다.

이때 김구가 정말 고맙게 생각한 것은, 유주에서 병환으로 고생하던 그의 어머니를 맏아들 인과 더불어, 강 남쪽 아궁보鵝宮堡·손가화원孫家花園에 있는 김홍서가 자기 집에 모시겠다고 했으므로 그 집으로 옮겼던 것이다. 여기서 또 한가지 유진동劉振東과 그 부인 강영파姜映波의 희생적인 호의에 김구는 깊이 감사함을 잊을 수 없다. 그 두 사람은 상해에서 공부할 때부터 김구를 위해 무척 위해 주던 사람들인데, 쿨링牯嶺에서 요양원을 경영하고 있다가 김구의 어머니가 병환 중인데도 옮기지 않을 수 없게 되자 간호하기 위해 요양원을 집어치우고 김구의 어머니를 간호하려고 일부러 따라왔던 것이다.

김구는 중경에 가서 세 가지 일을 수행했다.

첫째 차를 구해서 대가족을 옮기는 일,

둘째 미주와 하와이-그때의 하와이는 미국의 영토가 아니었으므로-에 별도로 연락하여 경제적인 후원을 받는 일,

셋째는 여러 단체를 통합하는 일이었다.

김구는 중경에서 강건너 아궁보에 있는 조선의용대 민족혁명당을 손수 찾아갔다. 당수인 약산 김원봉이 계림桂林에 있었으나 윤기섭·성주식成周寔·김홍서·석정石丁·김두봉·최석순 등 간부들이 환영회를 베풀고, 그 자리에서 단체의 통합을 해야 한다고 결의하기에 이르렀다. 그런데 호사다마라고, 오히려 김구가 몸담고 있던 국민당이 통일은 좋으나 당을 해산하면서까지는 그럴 수 없다는 것이었다.

주의가 서로 다른 정당이 어떻게 무조건 합칠 수 있느냐는 것이었다. 그러나 김구의 끈질긴 설득으로 민족진영 정당인 한국국민당·한국독립당·조선혁명당과 공산진영의 조선민족혁명당·조선민족해방동맹·조선민족전위동맹·조선혁명자연맹 등 일곱 단체가 통일하는 데 합의를 보았다.

그렇게 되자 김구는 안도의 숨을 내쉬었다. 여태껏 논의하던 것이 결실을 맺었던 것이다. 사실 김구는 해방 뒤에도 그의 행적으로도 증명이 되지만 좌우는 물론 일단 한민족은 주의와 사상을 초월하여 한 민족·한 핏줄인 백의민족끼리 서로 부둥켜안고 새 나라를 건설해야 한다는 신념에 철저했던 것인데, 그런 김구의 신념이 첫 번째로 열매를 맺었던 것이다.

중국 당국의 호의

중국 정부는 <대한민국임시정부>를 위해 여러 가지로 도움을 주었다. 따라서 <임시정부>의 주석인 김구는 그 고마운 마음을 금할 수가 없었다. 우선 중경 가까이에 있는 토교土橋라는 곳의 동감폭포東坎瀑布 위에 기와집 세 채를 지어주고 또 시내에 한 채의 집을 사 주었으나 유감스럽게도 독립운동을 적극 도와 달라는 청에는 성의를 보이지 않았다.

그도 그럴 것이 중국군이 일본군의 손에 의해 여러 대도시를 빼앗겨 자신의 발등에 불이 떨어진 상황에서 남의, 그것도 전쟁 수행에 별로 영향도 끼칠 수가 없을 뿐더러 쓸모 없는 혹처럼 귀찮기조차 한 <대한민국임시정부>에 신경을 쓸 여유가 그리 없었을 것이다. 그래서 김구는 차라리 미국으로 가서 미국의 원조를 받으려고 여행권을 신청했는데 여러 가지로 <임시정부> 안에서도 의견이 분분했다. 그러자 김구는 이왕 그럴바에는 그동안 도움을 받고 있던 일서 김홍일 장군과 마지막으로 의논해 보기로 했다.

한국광복군의 성립

"김 장군! 아무래두 이제 중국을 떠나는게, 좋을듯 한데."

"네에? 주석님 기건 무슨 말슴인디!"

"이 중국에서는 더 이상 큰 도움을 받을 수 없을 것 같으니까!"

"그래두 여태것 이 중국에서 쌓아온 업적이 아깝지 않습니까?"

"그건 그렇긴 하지."

"주석님 잠깐 계십시오. 제가 중앙당에 주석님의 그 뜻을 한 번 타진해 보지요."

그 뒤 며칠 있다가 중국 국민당 중앙당부의 서은증徐恩曾 중앙위원이 잠깐 기다리라는 간곡한 청이 있었다. 중국 중앙정부의 서은증이,

"오랫동안 중국에 있으면서 독립운동을 하고 있었으니 중국에서 무슨 하나 남을 만한 일을 해 놓는 것이 좋지 않겠소."

"그렇다문 우선 왜와 본격적으루 싸울 우리 군대를 조직하는 것이 좋을 듯 한데……."

그래서 김구를 비롯한 국무위원들이 곰곰히 협의한 끝에, 한국 독립의 장래를 위해 우선 국군의 기초가 될 광복군을 조직할 계획을 제출하였더니 대단히 좋다고 찬성하여 곧 추진하기로 했던 것이다. 그리하여 국군의 기초가 되면서 왜와 근본적으로 무력투쟁할 힘을 가질 <한국광복군>을 조직케 되었다. 그러자 이번에는 또 김구 주석은 김홍일 장군을 불렀다.

"일서逸曙-김홍일의 아호-, 아무래두 김 장군이 광복군의 조직을 전적으루 맡아주어야겠소."

"예에? 지난 번에 말씀드린 대루, 전 중국 고급 군관학교에 들어가기루 약조가 되어 있어서 참모장은 어렵겠습니다."

그러면서 한동안 생각하던 끝에,

"그럼, 좋은 생각이 있습니다."

"뭐요?"

"철기, 이범석 장군이 어떻습니까?"

"으응? 철기?"

"예에 참모장 겸 제1지대장으루 적임인데요! 그렇게 하시죠?"

"으음……. 별 수 없지. 그래두 좋지!"

그리하여 이청천[13]을 광복군 총사령관으로 임명하고, 미주와 하와이 동포가 보내준 4만원으로 중경 가릉빈관嘉陵賓館에 중국인·서방인 등 중요인사를 초청하여 <한국 광복군 성립식>을 성대히 베풀었다. 그리고 우선 30여 명의 간부를 서안西安으로 보내 미리 가 있던 조성환[14] 등과 함께 그곳에 <한국광복군 사령부>를 두고, 이범석[15]을 제1지대장으로 해서 산서방면으로 보내고, 또 고운기高雲起라고 이름을 고친 공진원公鎭遠을 제2지대장으로 임명하여 수원綏遠 방면으로 보냈다. 김학규金學奎는 제3지대장에 임명 산동으로, 나월환羅月煥 등의 한국청년 전지공작대는 광복군으로 재편해서 제5지대에 편입시켰다. 그리고 상서성 상요上饒에 있는 황해도 해주 사림으로 중앙군 제3전구 사령부에 있는 김문호金文鎬를 한국광복군징모처 제3분처 주임으로 삼아 상요에 주둔케 하였나.

이 모두 중국 정부 당국의 도움 없이는 이룩할 수 없는 일이었다. 그뿐 아니라 장개석 부인인 송미령宋美齡이 대표로 있는 부녀위로총회에서 10만원이란 큰 돈을 보내주어 그동안 미주와 멕시코·하와이 등에 사는 동포들이 보내준 자금으로 유지하던 광복군의 활동에 크게 도움이 되었던 것이다.

광복군의 활성화

"하나, 둘, 하나, 둘."

보무도 당당하게 가슴에 뚜렷한 태극 마크를 붙인 적어도 50여 명이 넘는 늠름한 젊은이들이 애국가를 소리높이 부르며 중경거리를 활보하여 <대한민국임시정부>의 청사로 걸어 들어왔다. 김구를 비롯한 정부의 요인들은 어안이 벙벙하였다. 이 뜻하지 않은 청년군의 정다운 습격은 김구 등을 놀래키기에 충분하였다. 그야말로 청천벽력이 아닌 찬란한 햇살이 쏟아졌던 것이다. 가뜩이나 명목만의 광복군 창설에 수심이 사라지지 않던 그들에게 있어서 그건 마른 하늘의 단비가 아니고 무엇이겠는가! 갑자기 캄캄했던 어둠 속에 환한 빛이 비쳤다.

그들은 대개가 대학생들이었다. 일본군에 끌려갔던 학병들이 탈출하여 광복군에 입대하려고 안휘성 부양安徽省 阜陽의 광복군 제3지대를 찾아오자 지대장 김학규[16] 장군은 그들을 <임시정부>에 보냈던 것이다. 그 속에는 나중에 고려대학교 총장이 된 김준엽金俊燁과 사상계思想界사의 사장이며 막사이사이상을 받은바 있던 장준하張俊河 등이 있었다. 물론 <오산학교> 출신 승영호承永祜, 박수덕朴秀德, 이문화李文化 등도 끼어있었다.

왜가 너무 빨리 손을 들었다

일본군 항복의 소식을 듣는 순간

일본군이 마침내 손을 들었다고 한다. 이 말을 들은 순간 김구는 그의 자서전인 백범일지에서,

"이것은 내게는 기쁜 소식이라기보다는 하늘이 무너지는 듯한 일이었다."

실제에 있어서 원통한 소식었는지 모른다. 한 번 싸워보지도 못해 예상했넌 내로 민족에게 처침한 비극을 기저왔으니까!

일본이 손을 든 바로 그날 저녁에 김구는 축소주祝紹周 주석이 베푼 만찬에 초청을 받아 식사를 맛있게 들고 후식으로 수박을 먹으며 이런 저런 이야기를 주고 받고 있었다. 갑자기 옆방에서 전화벨이 울렸다. 축 주석은 놀란 빛으로 옆방으로 가며

혼잣말로 중경에서 무슨 소식이 있나? 라고 중얼거렸다. 잠시 후 그는 뛰어나오며,

"일본이 항복했다."

라고 외쳤다. 그 말을 듣는 순간, 김구 주석은 아찔함을 느꼈다. 그러자 방안은 갑자기 들떠서 모두 기쁨을 감추지 못하고 웅성거리기 시작했다. 그러나 김구는 달랐다. 지금 서안과 부양에서 훈련을 받는 한국 청년들에게 각종 비밀 무기를 주어 산동에서 미국 잠수함을 타고 본국으로 들어가, 국내의 요소를 혹은 파괴하고 혹은 점령한 뒤에 미국 비행기로 무기를 운반할 계획까지도 모두 미국 육군성과 약속이 다 되어 있었는데, 한 번도 실행해 보지도 못하고 이제 왜적 일본이 항복했으니, 그 계획이 수포로 돌아가게 되어 아깝기 짝이 없었던 것이다.

그보다도 이번 전쟁에 직접 참전한 적이 없어 장차 전후 처리에 있어서 한국은 단지 방관자로서 아무런 발언권도 가질 수 없으니 그것이 우려되었던 것이다. 김구는 만감이 교차하는 가운데, 축 주석댁을 나와서 돌아가려고 차를 탔는데 거리에는 종전의 소식을 들은 많은 중국사람들이 들떠서 이리 저리 만세소리도 요란하게 밀려 다니는 것을 볼 수 있었다. 정말 머리가 텅 비는 것 같은 느낌이 김구를 감쌌다.

이때 김구의 마음속에는 두 가지 감정이 서로 격렬하게 다투고 있음을 그는 미처 몰랐다. 오래 상대해 싸우던 왜적 일본이 싸움에 져서 망하게 되었으니 으레 기뻐해야 했다. 사실 그 기

뿜이 솟구쳐 올랐던 것도 사실이었다. 이제 그 긴긴 고난의 길도 끝났으니 안도의 숨을 쉴 수도 있었던 것이다. 사실 그러했다. 무조건 기뻐해야 했다. 하지만 그 뒤로는 의식의 밑바닥에 장차의 독립 조국을 휩쓸 혼란과 외세의 행패에 대해 걱정이 태산 같았다. 그 두 가지의 감정이 김구로 하여금 허탈상태에 빠트렸다.

김구는 서안에서 준비되고 있던 그와 임시정부 요인들을 위한 환영회를 사양하고 두곡으로 돌아갔다. 거기서 또 광복군의 의기소침함을 보자 김구는 다시 절망적인 기분에 빠져 들었다. 반면에 미국 군인들은 광란적으로 그야말로 미친 듯이 날뛰며, <광복군>을 위해 종남산에서 재목을 운반해다가 숙사를 지으려던 공사도 중지한 채 그저 축제에만 빠져 들었다.

어머니와 아들의 무덤

김구는 어머니 전락원 여사와 아들 인의 무덤 앞에 넋나간 사람처럼 주저앉아 있었다. 먼 산 너머로 무심한 구름만 두둥실 흘러가고 있었다. 뻐꾸기 울음소리가 들려왔다. 그건 진정 고향에서 듣던 그 울음소리였다. 갑자기 설움이 복받쳐 올랐다.

어머니에 대해 무한히 죄스러웠다. 인천 옥에 갇혀 있을 때는 물론이고 안중근 사건, 105인 사건 등으로 서울의 형무소 등에 갇혀 있을 때의 그 옥바라지에 일생을 보낸 고난의 세월들을 생각하니 한 번 제대로 모셔보지도 못한 것이 너무나 한스러웠다.

문득 아들 인의 무덤을 보았다. 잔디가 듬성듬성 나서, 너무나 한스럽게 죽은 짧은 인생을 원망하는 듯하였다. 사실 그러했다. 그리 길지는 않았어도 정답게 안아 주거나 업어 주지도 못한 지난날이 한스러웠다. 여느 아이들이라면 아버지 품에 안겨 집 앞 작은 시내를 건너가기도 하고, 논두렁 길을 아버지의 손을 잡고 마냥 걸어가기도 했을 터인데, 나라를 찾는다 무슨 독립투쟁을 한다 하며 제대로 귀여워해 주고 사랑해 준 적도 없는데 그래도 아버지라고 이역만리 이 먼 중경에 와서 그 나쁜 공기 때문에 목숨을 잃고 말았으니 말이다.

김구는 머리가 뒤로 끌리는 듯한 무거운 발걸음을 간신히 옮겨 놓으며 여러 사람이 기다리는 곳으로 돌아왔다. 헌데, 본국에서는 점령군인 미국군이 38선 남쪽, 소련군이 북쪽을 점령하고 있었으며, 남쪽엔 미군정이 설치되어 <임시정부>의 형태로서는 귀국할 수가 없고 개인자격으로 환국해야 했기 때문에 갖은 교섭을 다해 보았으나 어쩔 도리가 없었다.

김구는 양자강 건너의 토교에 가서 동포들에게 마지막 인사를 하고, 혼자서 강가에 앉아 흘러가는 물을 물끄러미 쳐다보았다. 잎이 몇 개 엉성하게 달린 말라빠진 이름 모를 나뭇가지가 둥둥 떠내려가는 것이 눈에 들어왔다. 그 나뭇가지 위에 그가 중경에 와서 겪은 여러 가지 일들이 새삼 아득히 먼 옛날처럼 떠올랐다.

중경에서의 7년 동안 수 많은 일들이 있었다. 우선 사적으로는 어머니와 맏아들 인을 이곳에서 잃었고, 공인으로서는 더더욱 서럽고 고달픈 일들이 많았다. 정말 슬픔과 고난이 겹쳐 있었다. 다만 늠름한 청년들이 50여 명씩이나 보무도 당당히 <임시정부>의 청사를 향해 애국가를 높이 부르며 찾아왔던 감격스러운 때와 <광복군>의 훈련장에서 미군에게 칭찬을 받던 일이 모든 고난을 덮고도 남음이 있긴 했으나, 이제 그렇게도 고국으로 돌아가게 되었다고는 하여도 앞날은 다만 캄캄한 흑암 같은 어두움만이 있을 것 같았다.

이제 7년간의 중경 생활을 끝내고 13년간이나 애쓰고 싸우던 상해로 다시 돌아가게 되었으니 그런대로 감개무량함을 느꼈다. 김구는 옷을 툭툭 털고 일어섰다. 속히 중경으로 돌아가서 다시 <임시정부>의 요인들과 가족들을 데리고 떠나야 했기 때문이었다. 그는 무슨 일이 있어도 충성을 다하고 있는 비서 선우진과 김우선을 꼭 데리고 귀국해야겠다고 다짐하면서 중경으로 돌아갔다.

아내 최준례의 무덤

그녀에게는 정말 할 말이 없었다. 그야 지금 땅속에 묻혀 있으니까. 무어라 변명을 하고 위로의 말을 한다 해도 그녀는 자기의 반려로, 역시 자기와 같은 가시밭길을 걷다가 원통하게 병사한 아내의 무덤에 엎드려 절할 염치조차 없었다.

늙은 어머니와 더불어 낯설은 서울에서 자기의 옥바라지를 해오며, 조금도 잘난 것이 없는 약간 얽고 무뚝뚝하게 생기고, 잠자리에도 다정한 속삭임을 하지 못했던 남편인 자기를 그래도 끝끝내 따라주어 이 이역 하늘에서 숨져간 아내 최준례의 무덤 앞에 마냥 정신없이 주저앉아 있었다. 아내의 자리가 무엇인지? 그래 자기를 따라서서 무슨 덕을 입었는지? 그런 것은 아예 생각지도 않고, 그저 한 지아비의 지어미인 것을 하나의 숙명인 양 체념하고 김구를 따른 것만은 아니었다. 남편의 가슴 속에 흐르는 뜨거운 핏속에 자기도 녹아 들어간 듯하여 본능적으로 김구를 따른 것이다.

김구의 생각이 이에 미치자 땅을 치고 울부짖고 싶었다. 이제 상해를 떠나면 언제 다시 찾아올지 모를 길, 혹시는 영원히 만나 볼 길이 없을 듯한 외로움을 안고 발길을 돌려야 했던 것이다. 상해에서 10여 일을 묵고 드디어 본국을 향해 27년 만에 귀국길에 올랐다.

해방된 고국의 첫 발

김구 등이 탄 미군정청이 보내준 비행기가 황해黃海라고 하는 서해 위를 날아, 그리던 고국땅을 내려다 볼 수 있는 하늘 위를 떠가고 있었다. 고국의 산천은 오랫동안 눈에 익게 보던 중국의 산세와는 아주 달랐다. 중국의 산들은 대개 뾰족뾰족하고 산세가 험했으나 고국 조선의 산들은 주로 벌거숭이로 나지막한 구릉을 이루고 있었다. 그러나 그 높지 않는 구릉들은 아무래도 낯익은 산천이고 농촌이었다. 그 속에서 김구는 어린 시절을 보냈고, 침략자 일본과의 싸움을 위해 가시밭길을 걸으며 수 많은 옥고를 치르고 도피의 길을 헤맸던 것이다.

이제 자유의 몸으로 돌아오고 있는 그는 가슴에 넘쳐 오르는 무한한 감회를 안고 형용할 수 없는 기쁨과 불안이 뒤섞인 상념 속에 그저 허허로이 프로펠러의 굉음을 듣고 있었을 뿐이었다. 김규식, 이시영을 비롯한 요인들의 얼굴을 보니까 그들도 각각 여러 가지 감회에 젖어 그들 나름대로의 덤덤한 표정으로 의자의 등에 기대고, 혹은 조는 듯, 혹은 눈을 저 아래 휙휙 지나가는 오래 못 보았던 고국의 산하를 유심히 내려다 보는 것 같았다. 비행기는 드디어 김포 비행장 활주로에 슬그머니 미끄러져 내려 앉았다. 비행기가 완전히 엔진을 끄고 멎었다.

김구는 마치 꿈에서 깨어난 듯 상념을 털어버리고 천천히 자리에서 일어났다. 둘러보니 모든 요인들과 일행이 이미 일어서 시 주석인 그가 먼저 나가기를 기다리는 듯 자기에게 시선을 집중시키고 있는 것을 느꼈다. 그는 약간 당황하여 서둘러 출구를 향했다. 그는 많은 환영객이 기다리고 있을 거라고 생각하여 급히 트랩을 내렸다. 허나 거기엔 몇몇 적은 수의 사람만이 그들을 맞이할 뿐이었다. 그는 낙심하였다. 아무리 <임시정부>의 공식 귀국이 아니고 개인 자격으로 돌아온다고 하여도 이건 너무하지 않는가!

수십년간 이국땅에서 그래도 잃어버린 조국의 국권을 다시 찾겠다고 분투한 혁명지사들을 맞는 국민의 태도가 고작 이런 정도인가 하고! 하지만 그것이 김구의 착각이라는 것을 곧 알아차릴 수 있었다. 실제는 그들이 언제 도착할 것인지 몰라서 수많은 환영객들이 공항까지 나왔다가 되돌아가서 그런 정도의 환영객 밖에 없었던 것이다. 그들이 도착하는 날짜도 자세히 몰라서 그렇게 되었다는 사실도 곧 알게 되었다. 김구는 사정이 그랬던 것을 알게 되자 적이 마음이 놓이고 국민들의 진심이 그렇지 않다는 것을 알게 되었던 것이다.

미군정청 당국이 내준 지프차에 분승한 그들은 서울 시내를 향해 김포가도를 달리기 시작했다. 벅차오르는 감격을 안고 달리는 차창 밖을 내다보는 김구의 눈에 먼저 들어온 것은 어린 학생들이 등교하는 모습이었다. 그 아이들의 얼굴엔 기쁨과 활기가 넘쳐 있었다. 어린 학생들의 밝은 표정을 보는 순간 김구는,

"저렇게 어린이들이 행복과 희망에 넘치는 표정을 보니, 우리나라의 장래가 어둡지만은 않구나!"

그러면서 그 아이들의 등뒤로 멀리 바라다보이는 농촌풍경을 보자 또 다른 느낌이 들었다. 거기엔 김구가 망명의 길을 떠나던 농촌 풍경 곧 나지막한 게딱지 같은 초가집들이 별로 달라지지 않은 채, 생활에 찌들린 살림이 드러나 보이는 모습

그대로 나타났던 것이다. 김구는 장차 그 낙후된 농민들의 생활을 급속히 개선해야 되겠다고 다시 한 번 마음속 깊이 다짐하였다.

서울은 그런 대로 오랫동안 나라의 독립을 위해 이국 하늘 아래서 싸워온 노혁명투사들을 따뜻하게 맞아 주었다. 환영준비위원회는 그들 <임시정부>의 요인들을 맞이하기 위해서 서대문 송월동 아래 있는 금광왕 최창학崔昌學의 사저를 비워 놓았고, 충무로에 있는 한미호텔을 <임시정부>와 함께 돌아온 <광복군 장교> 및 다른 일행들을 위해 쓸 수 있도록 마련해 놓았던 것이다. 그 한미호텔은 나중에 김구 등이 남북협상으로 평양에 갈 때 수행했던 김우전 비서 등도 머물게 되었다.[17]

임시숙사

<대한민국임시정부> 환국준비위원회는 죽첨장을 비롯하여 지금의 진고개인 충무로2가에 있는 한미호텔도 그 수행원들의 숙사로 잡아놓았다. 죽첨장 곧 경교장의 경비는 이미 귀국하여 있던 <광복군> 1개 소대가 맡았다. 김구 등이 경교장에서 짐을 푼 뒤 1시간쯤 있다가 조선 주둔 미군총사령관 하지 중장이,

"오늘 하오 4시에 김구 선생 일행 15명이 서울에 도착하였다. 오랫동안 망명하였던 애국자 김구 선생 일행은 개인 자격으로 서울에 돌아온 것이다."

그런 짤막한 성명이 라디오의 전파를 타고 전국에 알려지자 서울거리는 흥분의 도가니로 변했다. 그렇지 않아도 8·15 광복 후의 혼란스러웠던 정계와 사회에 한 줄기 시원한 소나기가 쏟아지는 듯 느꼈던 것이다. 거리에는 길거리마다 골목마다 김구 주석을 환영하는 벽보가 나붙고, 각 정당·사회단체의 요인들과 신문 기자들 그리고 일반 시민들이 다투어 죽첨장으로 몰려들기 시작했다.

얼마나 김구 주석을 목말라 기다렸는지는 이로써 충분히 가늠할 수 있었던 것이다. 해방 초기에 여운형이 주도한 건국준비위원회에서도 민중의 여망을 저버릴 수 없었던지 대통령에 이승만, 국무총리에 김구를 추대하였다. 그때만 해도 시민들의 보는 눈이 시큰둥했었는데, 이번에는 자발적으로 벽보를 써붙이고 하여 환영의 열기가 대단하였다. 모두가 진심으로 우러나서 김구 일행의 환국을 갈구했던 것이다.

김구와 이승만

어떤 속셈이 있었는지 모르겠지만 미리 귀국해 있던 이승만이 김구를 만나기 위해 죽첨장으로 달려왔다. 따지고 보면 그들 두 사람은 설혹 노선은 달랐지만 한국의 독립을 위해 일제와 싸운 애국동지였다. 이승만은 방안에 들어서자마자 김구를 껴안고,

"백범! 그동안 얼마나 고생이 많으셨소? 전혀 예보도 없이 돌아왔기 때문에 비행장에 마중도 못 나가고, 그저 죄송할 따름이오."

이승만의 목소리는 약간 떨렸다. 일순간 그의 머리 속에는 무서운 정적이 돌아왔구나 하는 생각이 얼핏 지나갔지만 이때만은 진심으로 환영의 미소를 띠었다.

"형님두 그 동안 미주에서 얼마나 고생이 많으셨습니까? 이렇게 만나뵈니 무슨 말씀부터 드려야 할지 모르겠습니다."

6척 장구의 김구 주석과 백발이 성성한 이승만 박사! 민족의 두 거물 지도자는 그때까지만 해도 가까운 동지였다.

며칠 뒤 이승만 박사는,

"나 이승만은 <대한민국임시정부>의 한 사람이오. <임시정부>가 돌아와서 정식으로 타협이 있기 전에는 아무런 데도 관계하지 않을 것이오. 며칠 안 있어 나머지 인사들도 모두 귀국하면 전 국민이 대환영을 할 줄 믿습니다."

라고 라디오를 통해 그 또한 <임시정부>를 공식으로 인정한다는 뜻의 성명을 발표했다.

이승만은 상해에서 조직된 <대한민국임시정부>의 임시 대통령으로 추대되었을 때, '조선은 당분간 국제사회의 신탁통치가 필요하다.'고 발언을 해서 당시 국무위원회의를 대행하고 있던 차관회의에서 규탄을 받고 대통령직을 박탈당하였다. 이후 미국으로 가서 이른바 <외교위원회>란 <임시정부> 예하 단체를 조직하여 임의로 외교활동을 해왔으나 그가 젊었을 때 <독립협

회>에 참여하여 사회운동을 전개하여 조선의 근대화에 기여한 바 있었기 때문에, 그런 대로 <대한민국임시정부>와 관련을 맺고 있었던 것이다. 그런 이유로 해서 김구는 나이가 위인 그를 혁명 선배로 대하였던 것이다.

한편, 죽첨장 밖에는 김구 주석의 얼굴을 보려고 몰려든 군중의 함성이 하늘을 찌를 듯하였다. 이승만은 자기가 그보다 한달 전에 미국에서 돌아왔을 때의 적적함과는 대조적이라 한편으로는 서글픔을 금치 못하였다. 자기는 김구보다 더 오랫동안 해외에 있었고 자기 나름대로 김구보다는 더 많은 독립운동을 했다고 자부하는데 민중, 그것도 조국의 인민들의 환영 열기는 천양지차가 아닌가! 이때부터 이승만은 김구에 대해 일종의 시기심이 싹트기 시작했을런지 모른다. 이승만은 그런 상념이 머리를 스치고 지나가자 어쩐지 어색해져서 자리에서 일어서며,

"며칠 뒤에 우리 따로 시간을 내어 만납시다. 그럼 나는 이만 …….."

그는 안면신경통 때문에 눈언저리를 실룩거리며 방 밖으로 나갔다. 이 첫 번째 만남에서 잉태된 시기와 적개심이 뒤에 그 커다란 비극을 가져올 줄 누가 알았겠는가. 이윽고 기자들이 밀어닥쳤다. 첫 기자회견이 8시에 있을 예정이었다. 엄항섭 선전부장은 귀국성명을 읽기 시작했다. 그건 중경에서 미리 준비해 가지고 온 것이었다.

"27년간 꿈에도 잊지 못하고 조국땅을 다시 밟을 때, 나의 흥

분된……."

엄항섭은 잠깐 말을 끊고,

"이건 김구 주석님의 말씀입니다만, 나의 정서는 이루 형용할 수 없습니다. 나는 먼저 경건한 마음으로 우리 조국의 독립을 쟁취하기 위해 희생하신 유명, 무명의 무수한 선열과 아울러 우리 조국의 해방을 위하여 피를 흘린 허다한 동맹국 용사에게 조의를 표합니다."

성명서를 읽어가던 엄항섭도 잠시 눈을 감고 묵념을 하였다. 물론 김구를 비롯한 배석했던 국무위원 등 귀국한 혁명인사들도 머리를 숙였다.

"다음으로, 우리 민족을 해방시키는 데 있어서 피 흘려 싸우고 지금 우리나라에 주둔하고 있는 미·소 등 동맹군에게 위로의 뜻을 보냅니다. 또한 나와 나의 동지들을 위해 2, 30년간 원조를 아끼지 않은 중국 당국에게도 고마움을 보냅니다. 그 원조가 없었더라면 우리가 마음놓고 광복운동을 하지는 못했을 것입니다. 뿐만 아니라 우리가 귀국하는 데 있어서도 장개석 주석을 비롯한 각계 각층이 크게 도왔습니다. 그러므로 나와 나의 동지 중·미 양국에 대해 최대의 경의를 표하는 바 입니다."

엄항섭이 읽는 성명서는 차차 열기를 더해갔다.

"이번 전쟁은 민주주의를 지키기 위해 파시스트를 타도하는 것이었습니다. 그런데 이 전쟁에 승리를 얻은 것은 역사적인 진리이며, 연합국이 동맹이라는 약속을 지켜 서로 협조한 결과라고 하겠습니다."

엄항섭은 또 처연해지며,

"이것도 역시 김구 주석님의 말씀입니다만, 나와 나의 동지는 각각 개인자격으로 환국하였습니다. 동포 여러분! 여러분의 부탁을 받아가지고 27년간을 노력하다가 결국 이와 같이 여러분과 대면하게 되니 대단히 죄송합니다. 그러나 여러분들은 저에게 벌을 주시지 아니하고 도리어 열렬하게 환영해 주시니 감격하는 눈물이 흐를 따름입니다."

엄항섭도 감격의 눈물이 서리는 듯 한동안 말을 잊지 못하다가 가까스로 숨을 가다듬고,

"동포 여러분! 나와 나의 동지는 오직 완전 통일된 자주독립의 민주국가를 쟁취하기 위하여 여생을 바칠 각오를 가지고 귀국하였습니다. 여러분은 조금이라도 주저마시고 심부름을 시켜주시기 간절히 바랍니다. 조국의 통일과 독립을 위해 유익한 일이라면 불 속이나 물 속에라도 서슴없이 들어가겠습니다."

한참 있다가 성명서는 이어졌다.

"우리는 중국과 미국의 도움으로 남쪽의 동포를 기쁘게 대면하게 되었습니다만, 우리는 조만간에 소련의 도움으로 북쪽의 동포들도 기쁘게 만날 것을 확신합니다. 아니 기어코 그렇게 만들고야 말겠습니다."

기자석에서 박수가 터져 나왔다.

"우리 모두 함께 그 날을 기다립시다. 그리고 완전히 통일조

국의 독립을 위해, 새로운 민주주의 나라로 만들기 위해 공동 분투합시다."

엄항섭이 김구 주석의 귀국 성명서를 낭독할 동안 실내는 쥐 죽은 듯 조용하고 숨소리조차 들리지 않았다. 한참동안 고요가 흘렀다. 이윽고 기자석에서 박수소리가 터져 나오기 시작하고 방안이 떠나라 하고 우렁찬 박수소리가 이어졌다. 기자회견은 무려 40분이나 걸렸다. 곧이어 기자들의 질문시간이 되었다. 어떤 기자가,

"김구 선생님의 육성을 듣고 싶어하는 동포들이 많으니, 가까운 시일 안에 반드시 선생님이 직접 방송해 주시길 바랍니다."

그러자 엄항섭이,

"그렇습니다. 주석께서도 직접 동포 여러분께 말씀하시고 싶어하십니다만……."

"어째서 안 하십니까?"

"여러분도 아시다시피, 지금 우리는 미군정 하에 있습니다. 따라서 방송국도 그들의 관할 하에 있으니 주석께서 방송을 하려면, 미군정청의 허가를 받아야 됩니다. 그래서 시일이 좀……."

"네—에."

어떤 기자들은 보이지 않는 그 무엇에 분노를 느끼는 듯 주먹을 휘두르기도 했다. 거기서 김구 주석은 천신만고 끝에 <광복군>에게 무선연락 작전까지 훈련시켰는데, 일본군이 너무 빨리 손을 들어 연합군의 일원으로 한 번 싸워 보지도 못한 채

해방된 것이 천추에 사무쳤다.

어쨌든 기자회견이 있었으며 요인들의 귀국 첫째 날을 죽첨장 주위에 모인 수 많은 동포들의 환성 속에서 지나갔다. 죽첨장 한 방에는 김구 주석이, 또 다른 한 방에는 이시영과 유동열이 쉬었다. 오랜만에 그들은 다리를 쭉 뻗고 조국의 첫날 밤을 보냈다. 각각 여러 가지 상념 속에 잠을 설치기도 했으나, 그런대로 마음은 편안하였다. 넓은 방 한복판에 푹신하게 깔아 놓은 이부자리! 이국 땅 중국의 하늘 아래서 어떤 때는 거지처럼 풍찬 노숙하던 때를 생각하면 지금은 천국과도 같았다.

아침에 눈을 뜨고 창 밖을 내다보니 창문으로 새어 들어오는 조국의 햇살은 어쩌면 그렇게 찬란할 수 있을까! 새삼 감탄스러웠다. 추운 초겨울이지만 고국의 공기는 싱그럽고 달콤하였다. 유리창을 조금 열고 마음껏 신선한 공기를 들이마셨다.

김구는 문득 제정신으로 돌아와서 그날의 일정을 생각해 보았다. 그리고 한복 차림으로 아래층에 내려가서 조국에서의 첫 번째 식사를 마쳤다. 오랜만에 먹는 김치 맛에는 조국의 맛이 무조각과 배추잎에 서려 있었다. 물론 함께 환국한 동지들이 모여서 든 조반이므로 화기애애하고 즐거움만이 밥상에 넘쳐 흐르고 있었다.

손님들이 찾아올 시간인 8시가 가까웠다. 각계의 지도자들이 몰려 들기 시작했다. 송진우宋鎭禹[18]·정인보鄭寅普·안재홍安在鴻·김병로金炳魯·권동진權東鎭·김창숙金昌淑 등이 우선 들이닥쳤다. 방안은 그들 국내에서 투쟁했던 애국지사들과의 담화로 떠들썩했고 추억담과 그밖의 장래에 대한 즐거운 걱정 등으로 이야기의 꽃이 피었다. 그러면서도 조국을 찾으려고 싸우다가 먼저 죽은 고인들을 추념하는 숙연한 시간을 가끔 삽입하였으나 주로 추억담으로 시간을 보냈다.

추억이란 즐거운 것이다. 설혹 서러웠던 일이라고 해도 일단 지난 옛일은 아름다움으로 승화하는 법이니까. 축첩장 주변에는 시간이 흐를수록 더 많은 군중이 환호의 물결을 이루고 있었다. 그러던 중에 지금은 38선 이북이 된 고향인 해주로부터 월남해 있던 조카 김운회金雲會의 아침 예방을 받았다.

귀국 제1성

장준하가 작성한 원고를 가지고 김구는 그날 밤 8시에 방송국으로 갔다.

"친애하는 동포 여러분!"

김구는 복받쳐 오르는 삼격의 눈물 때문에 잠시 말을 끊을 수밖에 없었다. 정말 기다리고 기다렸던 순간이었다. 너무나도 할 말이 많고 감격이 커서 작성한 원고를 집어치우고 그동안 사무쳤던 말을 쏟아 놓고 싶었지만 목이 메었고 또 무슨 말을 해야 할지 몰랐다. 그러다가 역시 작성된 원고를 가지고 이야기하는 것이 두서가 잡히고 실수를 하지 않을 것이라고 깨달아

다시 원고를 가지고 마이크 앞에 앉았다.

"친애하는 동포 여러분! 나는 김구올시다. 27년간이나 꿈에도 잊지 못하고 있던 조국 강산에 발을 들여놓게 되니 감개무량합니다. 나와 각료 일동은 한갓 평민의 자격으로 돌아왔습니다. 앞으로는 여러분과 같이 우리의 독립완성을 위하여 진력하겠습니다. 전국 동포가 하나가 되어 우리의 국가독립을 위하여 진력하겠습니다. 전국 동포가 하나가 되어 우리의 국가독립의 시간을 최소한도로 단축합시다. 앞으로 여러분과 접촉할 기회도 많을 것이고 말할 기회도 많겠기에, 오늘은 다만 나와 동지일행이 무사히 이곳에 도착되었다는 소식만을 전합니다."

김구 주석의 육성을 고대하던 국민들은 그의 힘찬 목소리 한 마디 한 마디에 귀를 기울였다. 다만 너무나 짧은 방송에 성이 차지 않아 라디오를 두드려 부수고 싶은 심정이었다. 국민들은 무언가 희망적인 말, 무언가 장차에 대한 정책적인 내용을 듣고 싶었던 것이다.

은인들을 찾아봐야지

김구가 조국에 돌아와서 제일 먼저 꼭 해야하겠다고 생각한 것은 우리나라에 있을 때 신세를 졌거나 폐를 끼친 사람들을 찾아보고 인사를 하는 일이었다. 우선 강화도로 갔다. 김주경의 피붙이들을 찾아서 고마웠었다는 인사를 해야한다고 생각했던 것이다.

그 다음은 인천으로 갔다. 인천 옥에 갇혀 있을때, 자기를 빼내려고 애쓴 물상객주들을 찾아보고 정중히 인사를 하는 일이었다. 다행히 몇몇 분은 아직 살아계셔서 인사치레를 할 수 있어서 다행이었다.

다음은 삼남지방을 돌고 끝으로 공주 마곡사에 들러, 한때 머리를 깎고 중이 되었던 한스러웠던 그 옛날을 돌아다 보기도 하였던 것이다. 그런데 그때에 같이 수계를 받고 승려생활을 하던 중은 한사람도 없었다.

다만 고향인 해주 텃골은 38 이북이라 가볼 수가 없어서 통일이 된 다음으로 미루는 수밖에 없었다. 그래서 더욱 빨리 통일조국을 쟁취해야겠다고 염원할 뿐이었다.

미군정과의 대립

법적으로 보아 김구 등 <대한민국임시정부>의 각료들이 개인자격으로 귀국할 수밖에 없었던 것은 타당했을지 모르지만, 그가 그런 대우를 받았던 데 대해 김구는 마음속으로 언짢지 않을 수가 없었다. 그런 속에서 응고된 감정은 아무리 그가 냉철해지려고 하여도 역시 억누를 수 없는 분노인 것만은 사실이었다. 김구 주석은 사사건건이 미군정의 행태에 대해 비위가 상했지만 현실은 어쩔 수 없었다. 지난 중국에서의 왜와의 항일에서도 참는 경륜을 키워왔던대로 우선은 참는 수밖에 없었다.

'미군정도 일시적인 점령에 불과하고 언젠가는 물러갈 터이니까. 그때까지는 참을 수밖에.'

김구 등이 귀국한 지도 나흘이 되었다. 김구는 11월 26일부터는 아주 분주해졌다. 상오 10시에 이번엔 미군정청 제1회의실에서 첫 번째 공식적인 기자회견을 가졌다. 물론 미군정청의 입회하에서였다. 미주둔군 사령관 하지 중장의 안내로 김구 주석은 회견장에 나타났다. 그러자 장내는 기다렸다는 듯이 우레같은 박수소리로 그를 맞았다. 그만큼 국내의 동포와 기자들은 김구에 대한 환영의 열정적 정서가 넘쳐 있었던 것이다.

더욱이 어쩐지 석연치 않은 이승만 박사의 정치적 행보에 대해 점점 회의를 느끼기 시작했던 차라, 김구에 대해 더욱더 희망을 쏟았던 것이다. 하지 중장의 소개가 끝나자, 제1차로 김구 등과 함께 귀국한 김규식 박사의 아들인 김진동이 통역으로 회견은 진행되었다. 김구 주석이 일어서자 다시 한 번 박수가 요란스럽게 터져 나왔다. 그 박수 소리가 약간 잦아들면서 김구 주석은 천천히 입을 떼었다. 그는 육중하고 잔잔한 목소리로 우선 인사말을 하였다.

"나는 앞으로 여러 선배와 그리고 각계 대표자들을 방문 또는 초청하여 담론할 것이며, 미군정 당국과도 깊이 의논한 뒤에 우리의 할 일을 여러분들에게 알려 드리겠습니다."

간단하나마 김구 자신의 정치적 일정을 함축한 의미심장한 말이었다. 그 뒤 김구는 이승만 박사와 함께 조선호텔에서 하지 중장과 요담하고 다시 돈암장으로 가서 이승만 박사와 오랜 시간에 걸쳐 국내문제에 대해 의견을 나누었다. 그 이튿날은 바로 27일이다. 그 동안 미군정청의 정치적 행패에 대해 속으로 못마땅하게 여겨오던 거물급 정치인들과의 회담이 이어졌다. 모두 국내 정치의 무질서에 대한 우려와 기대가 그 중심화제였다. 한국국민당의 민세 안재홍이 먼저 찾아왔다. 민족진영의 거두의 한 사람인 안재홍은,

"현재 국내 정계는 좌우 양파 · 중간파 등 세 갈래로 갈라져서 서로 시기하고 헐뜯고 모함을 일삼고 있습니다. 더욱이 소위 인민공화국이란 것이 일부 가난한 민중들의 지지를 받고 있으니, 이 기회에 <임시정부>의 유래와 존재를 밝힘으로써 민중의 지지를 얻는 것이 좋을 듯합니다. 민중의 대다수는 민족진영의 지도자를 지지하고 있으니까요."

안재홍이 열변을 토하고 있는데 송진우가 들어왔다. 고하 송진우는 먼저 와 있는 안재홍에게,

"민세가 먼저 와 계셨군요."

잠깐 서로 인사를 나눈 뒤 안재홍은,

"지금 막 백범 선생께 국내 정국의 실상을 간단히 말씀드리고 있었소, 고하."

"민세, 계속하시지요."

"그럴까요. 나 안재홍은 절대적으로 백범 선생과 <임시정부>

를 지지하고 있는데, 따라서 <임시정부>를 토대로 국내의 혁명 역량을 총집결해야 할 줄로 압니다."

"그렇습니다."

송진우가 안재홍의 이야기를 이어받았다.

"첫째는 민족주의 일색으로 좌파는 허용치 말고 사상통일을 이룩해야 할 것입니다. 물론 <임시정부>가 주동이 되어야겠습니다만."

안재홍은 「광화문은 헐린다」라는 논설로 유명한 민족진영의 거물급 논객이고 정치가였다. 송진우는 전쟁이 끝나자 일본인 총독이 그를 먼저 초청해서 정권을 이양코자 했으나 그가 일본 총독에게 정권을 이어 받을 하등의 이유가 없다고 단호히 거절하자 일본인 총독은 여운형을 불러 그 뜻을 전하였고, 여운형이 달려가서 정권인수를 기꺼이 수락했던 사실이 있을 정도로 송진우는 3·1운동 주동자의 한 사람이기도 한 철저하게 애국심이 투철했던 지도자로 또한 인촌 김성수가 가장 존경했던 지사였다.

송진우는 또 김구 주석에게,

"둘째로, 우리로서는 3천만 동포와 함께 <임시정부>를 받드는 국민운동을 추진할 것이니 중경에 있는 당시의 각원들은 조금도 변동함이 없이 그대로 정식 정부로서 존속해야 할 것입니다. 셋째로는 애국성금을 모은 뒤 적당한 인물을 우방 각국에 특파해서 한국의 독립을 승인토록 외교활동을 펴야 할 것입니다."

그러는 가운데 시일은 화살같이 지나가고 <대한민국임시정

부> 환영위원회가 개최하는 전국민 환영대회가 서울운동장에서 열렸다.

대대적인 환영회

서울운동장은 떠나갈 듯한 환호성으로 꽉 차 있었다. 조선조 때에 훈련원으로 쓰다가 해방 뒤에 서울운동장으로 바뀌어 만든 지금의 성동운동장에서는 <임시정부 환영대회>가 열리고 있었다. 3만이 넘는 정계・학계・종교계・문화계의 요인들 그리고 일반 시민들이 운집한 가운데, 대회는 모여든 인파로 발디딜 곳이 없을 정도였다. 현재는 여의도광장이나 잠실운동장 등으로 넓은 집회장소가 몇 개 있지만 당시만 해도 서울운동장은 가장 많은 군중이 모일 수 있던 유일한 장소였던 것이다.

한국민주당 총무의 한 사람이 된 해위 윤보선海葦 尹潽善이 개회를 선언했으며 3・1운동 당시 서명한 33인 중의 한 사람이었던 위창 오세창葦滄 吳世昌이 열정적인 개회사를 하여 <임시정부> 요인 등의 환국을 환영하였고, 역시 33인의 한 사람인 전동신이 노구를 이끌고 나와서 만세를 선창하였다. 아주 감격적인 순간이었다. 그야말로 성동원두를 뒤흔드는 환호의 도가니였다. 이제 답사의 차례가 되었다.

<대한민국임시정부>의 주석인 김구는 뜨겁게 두 볼을 흘러내리는 눈물을 닦으며 연단에 나섰다.

"친애하는 동포 여러분! 그리고 정계・문화계・교육계・종교계 또한 각계 각층의 지도자 여러분! 여러분과 나의 조국을 위해 아무 일도 한 일이 없는 우리를 이토록 열렬히 환영해 주시니 오직 감읍할 따름입니다. 이제 이 김구는 여러분의 심부름꾼이 되어 진 일 마른 일 가릴 것 없이 헌신하겠으며, 여러분께서도 이 김구를 여러분의 충실한 종으로 여기시고 아무 어려움 없이 부려주시면 고맙겠습니다."

장내는 감격의 연속이었다. 눈물의 연속이었다. 맞는 사람이나 맞이하는 사람이나 기쁨과 즐거움의 연속이었다. 물론, 모인 모든 정치지도자들의 가슴 밑바닥엔 국제적 발언권을 가지지 못한 해방의 기쁨 못지 않게 설움과 분노가 흐르고 있었지만, 이때의 순수한 마음으로 그 융화되고 합일된 감정으로서라면 조국의 통일독립은 쉽사리 이루어졌을 것이었다. 한편, 이때까지 상해에 잔류해 있던 <임시의정원>의 홍진 의장과 그 밖의 14명의 <임시정부> 요인과 수행원 5명도 곧 환국했다.

세월은 빨랐다. 김구 주석을 비롯한 <임시정부> 요인 제1진이 환국한지도 벌써 한 달이 지났다. 마침내 <대한민국임시정부>에서는 민족통일운동을 위한 특별정치위원회를 발족시켰다. 좌우익 어느 쪽도 용납해서 총망라한 통일전선을 만드는 데 힘을 기울였다. 그러나 정치는 뜻대로 되지 않았다.

송진우 영도하의 한국민주당과 안재홍이 주재하는 국민당 등 진정한 민족진영의 정당들은 통일전선을 지지하고 나섰으나, 인민공화국 중앙인민위원회계열인 조선공산당과 그 산하단체들은 비협조적일 뿐 아니라 방해공작까지 서슴지 않았다.

2월 28일 그날, 바로 그날 청천벽력이 떨어졌다.

신탁통치가 웬말이냐?

멀리 얼어붙은 동토의 제국인 소련의 수도 모스크바에서 열린 미국 · 영국 · 소련 세 나라의 외무장관들이 모인 이른바 모스크바 삼상회의에서는, 한국을 당분간 신탁통치해야 한다고 결정이 되었다는 소식이 전파를 타고 전 세계에 전해지자 때아닌 날벼락으로 국내의 언론을 강타하였다. 이에 대해 한국의 모든 정당 사회단체는 물론이고 전 국민은 즉각적으로 격렬한 반대의 뜻을 표명했다. 공산주의단체들도 예외는 아니었다.

그건 한민족으로서는 도저히 용납할 수 없는 무서운 쇠망치였으니까 말이다. 허나 며칠이 안돼 공산진영은 그들의 상전 소련 공산당의 스탈린 원수의 지령에 의해 태도를 표변하였다. 갑자기 신탁통치 지지로 돌아섰던 것이다. 북조선에 주둔한 소련의 지시 아래, 신탁통치 반대를 고수할 민족진영의 정당과 지도자들을 배제하고 공산주의 사상을 인민 속에 침투시키는 것이 자기네들의 정치적 야욕을 펴나가기가 쉬울 것이라는 판단에서였다.

사실상 그 결과는 곧 나타나기 시작했다.

제1차 미 · 소 공동위원회의 결렬

8 · 15해방 뒤 유행어가 있었는데 생겼다하면 다방이고, 섰다하면 교회당이었다. 그래서 한 때에는 전국의 사회단체 정당원이 온 국민의 수보다도 훨씬 많았던 것이다. 그것은 악발의 왜놈들의 쇄사슬에 묶여서 옴짝달싹 못하던 사람들이 갑자기 자유스럽게 놓여서 한 사람이 몇 개의 단체에 들을 수 있었기 때문이었다.

이런 상황에서, 덕수궁德壽宮에서 열린 제1차 미 · 소 공동위원회에서 소련측은 신탁통치를 지지하는 정당이나 사회단체만을 새로이 조직하려는 임시정부의 조직에 참여시키고, 신탁통치를 반대하는 정당 · 사회단체는 참여를 배제하자는 주장을 강경하게 내세웠다. 그러나 미국측은 그들의 전통적인 자유주의 개념으로 탁치를 반대하는 측의 의견도 수용하자는 원칙에서서 모든 정당을 참여시켜야 한다고 주장하였던 것이다. 5월 6일, 마침내 제1차 미 · 소 공동위원회는 의견이 엇갈려 결렬되고 말았다.

사실 <임시정부> 주석인 김구 등 요인을 비롯해서 이승만과 그 밖의 민족진영의 모든 지도자들이 신탁통치를 결사 반대하였고, 국민 대다수도 이에 동조하여 매일 전국 방방곡곡에서는 탁치반대의 시위가 벌어졌다.

이승만 남한 단독선거 제창

이승만은 1946년 6월 3일에 전라북도의 정읍井邑, 그곳은 조선조 말엽에 녹두장군 전봉준全琫準이 동학군이 농민혁명을 이르켰던 삼례參禮가 있는 고을-옛날 백제 때의 가요인 정읍사井邑詞로 유명한 곳-인데 거기에서 남한만이라도 즉시 자율적인 정부를 수립해야 한다고 내심을 털어 놓았다.

정읍사를 소개하면 그 지어진 연대나 작자는 알려지지 않았지만 다만 정읍에 사는 어떤 장사꾼의 아내가 전주의 장에 갔다가 늦게까지 돌아오지 않는 남편의 안부를 걱정해서 지은 노래인데 그 내용은 이러하다.

> 돌하 노피곰 도ᄃᆞ샤
> 어긔야 머리곰 비취오시라
> 어긔야 어강됴리 아으다롱디리……

정읍사는 지아비를 걱정하는 아내의 애절한 사랑이 잘 표현되어 있어 지금까지도 인구에 회자되고 있다.

이승만의 남한단독정부의 수립을 공식으로 제창한 그 정읍에서의 발설은 마침내 국내 정국에도 커다란 파란을 일으켰다. 그건 본디 이승만의 국제정세를 통찰했던 혜안이었으며, 또한 정권욕을 노골적으로 드러낸 애드벌룬이라고도 볼 수 있다.

그러나 이승만의 그런 자세는 마침내 통일조국을 염원하고 있는 김구와의 정면 대결을 선언한 하나의 폭탄선언이기도 하였다. 이때부터 이승만과 김구는 신탁통치의 반대 대열의 굳은 동지이면서 나라의 독립노선에 있어서는 뚜렷한 의견차이가 빚어졌던 것이다.

마침내 단독 선거의 비극이……

이승만은 국내에서 정치적 배경이 거의 없었던 관계로 일제 때의 고등경찰의 잔재들과 38선 이북에서 쫓겨난 역시 독립지사들을 체포 구금 고문하던 사상 경찰들인 친일파들을 등에 업고 집권할 수밖에 없었던 것이다. 말하자면 친일 민족반역자의 정권이 섰던 것이다. 해방조국에서 말이다.

그 얼마나 역설적이고 비극적인 말인가! 그리하여 일제 때에 고문을 당한 애국지사들이 이번엔 또 자유 해방된 조국에서 그들 친일 경찰들에게 다시 붙들려 감옥에 들어가는 웃지 못할 비극이 도처에서 일어났던 것이다.

다시 민족자결을 제창

2월 27일 김구는 UN 총회의 결의에 반박하는 성명서를 발표하였다.

"이번 UN에서의 한국문제에 대한 소련의 태도는 민주주의를 반역한 것이라 하지 않을 수 없다. 게다가 UN 총회는 그러한 소련의 태도도 시정시키지 못하고 UN 본래의 결정에 위배되는 남한만의 단독선거 실시는 민주주의의 파탄을 전세계에 선고함과 다를 바 없다."

실은 김구로서는 항상 민주주의를 내세우는 소련이나 공산주의자들이 반민주적 독재를 지향하고 있다는 것을 지적하고 싶었지만, 소련도 전승국의 일원이고 지금 북한에 소련군이 주둔해 있다는 현실을 감안해 직격탄을 피했던 것이다. 그의 성명은 이렇게 계속된다.

"정의와 평화를 위하여 UN에 큰 기대를 걸고 있는 국내외의 절대 다수의 인사는 너무나 큰 실망을 가질 것입니다. 그러나 역사의 수레바퀴는 앞으로 구르고 인류는 진보하는 것입니다. 그러므로 최후의 승리는 오직 정의의 편에 있는 것입니다."

그리고 김구는 오직 정의의 깃발을 들고 절대다수의 애국동포들과 완전 자주통일독립을 위해 계속 분투하겠다고, 굳은 결의를 보였던 것이다. 그의 진심은 2월 10일에 3천만 동포에게 읍고함이란 성명에서 더욱 두드러졌다. 아울러 먼저 남북정치범을 동시에 석방하고 미·소 양군을 철퇴시키며, 남북지도자회담을 소집할 것을 강력히 제창하는 등 구체적인 정책도 내놓았다.

한국이 있고서야 한국사람이 있고, 민주주의도 공산주의도 또 단체도 있을 수 있다는 오로지 구국일념의 절절한 단심을 드러냈던 것이다. 또한 인도 해방의 지도자 마하트마 간디와 우리의 고당 조만식을 비유하면서 그들에게 배운 바가 크다고 갈파하고, 그리고 생전에 38선 이북으로 가보고 싶다는 심정을 토로했다. 그러면서 '통일조국의 완전 독립을 위해서는 38선을 베고 죽더라도'라는 유명한 말을 남겼다.

해방 조국의 법정에

1948년 3월 12일.

김구는 마침내 법정에 나오라는 소환장을 받았다. 아까운 인재였던 고하 송진우와 몽양 여운형의 암살에 이어, 설산 장덕수가 역시 암살자에 의해 저격 받아 죽었다.

김구가 법정에 나가야 한다는 그 소환장은 종로경찰서에서 경사로 근무하는 박광옥朴光玉과 공범 배희범의 범행의 증인으로서다. 그 살해범의 배후 인물로 한독당 중앙위원 김석황金錫璜도 체포되었다. 그 당시 장덕수를 암살케 한 것이 백범 김구라는 것이 그럴 듯하게 각 신문지상에 보도되고 있었다. 그래서 백범 김구가 증언대에 서게 되었던 것이다.

설산 장덕수는 지난 해인 1947년 12월 2일 서울 동대문구 제기동의 자택에서 괴한의 습격을 받고 즉사한 바 있었는데, 그 범인이 종로경찰서의 현직 경사 박광옥으로 밝혀졌다. 그런데 그 박광옥이 경교장에 자주 드나들었다고 했다. 원래 경교장에는 출입하는 사람들이 많기 때문에 주요인물이 아니면 잘 알 수가 없었다.

그리고 <대한민국임시정부>의 여당인 한국독립당을 반대하는 측에서는 여러 가지 이유를 들어 한국독립당이 장덕수를 암살했다고 모함 선전했다. 그것도 그럴 만한 것이 백범 김구는 전에 일본천황을 살해할 목적으로 한인애국단원을 운영한 바 있고, 이봉창으로 하여금 수류탄을 던지게 한 바도 있으며, 더욱이 상해의 홍구공원에서 윤봉길로 하여금 수류탄을 던져 일본군 수괴들을 살상케한 전력이 있기 때문에 김구를 테러단의 배후 두목으로 지목했던 것이다. 그렇더라도 해방된 조국에 있어서는 암살 따위는 결코 하지 않겠다고 마음에 굳게 다짐한 김구 주석이기 때문에 그런 비열한 수단을 다시는 쓰지 않을 것도 뻔한 일이었다.

그런데 미군정청의 검찰측으로서는 피고인 박광옥과 공범 배희범을 비롯한 다른 혐의자들의 공소를 유지할 만한 물적 증거가 없었고, 단지 한국독립당이 관련되었다는 심증만은 가지고 있었다. 그래서 당수인 김구를 출두시켰던 것이다. 김구는 제8회 공판의 증인으로 채택되었다.

이에 반발한 박광옥은,

"백범 선생을 배후 조종자로 보는 것은 전 민족인에 대한 모독이며, 민족지도자이신 선생을 억지로 매장하려는 모측의 조작이다."
라고 대들자 미군 헌병들이 그에게 달려들어 뺨을 갈기는 등 한차례 소동이 벌어졌다. 제8회 공판에는 주범 박광옥을 비롯해서 조상항·김중목·최중하·김석황 등이 피고석에 앉아 있었지만 판사석에는 미국인 헬런 판사, 역시 미국인 라만 대위가 검찰관이고 변호인은 한국인 강거복康巨福이 자리잡고 있었다. 우선 변호인의 증인심문이 있었다.

김구는 증인석에 앉았다. 허나 그는 하늘을 우러러 한 점 부끄럼이 없었으므로, 명경지수 같은 아주 담담한 심정이었다. 검찰이 김석황을 아느냐고 묻자, 상해에 있을 때부터 알고 있으며, 환국 후에도 만난 적이 여러 번 있다고 답변했다. 다음에는 박광옥과 배희범을 아느냐고 묻자 잘 모르겠다고 답변했다. 이번엔 변호인이 장덕수를 아느냐고 묻자 김구는,

"잘 안다. 장덕수는 내가 학교에 데려다 공부를 시킨 까닭에 그가 일곱 살 때부터 잘 알고 있다."

다음에 김석황에 대해서 검찰의 심문에 김구는,

"김석황은 임정요인이 아니다. 그는 임시정부환국 환영위원회의 회장이기 때문에 잘 안다."

그리고 판사와 검찰은 모두 미국 군인이므로 모든 질문에 서로 척척 죽이 맞았지만 없는 사실을 캐낼 수는 없었다. 검찰관 라만 대위는 이번엔 장덕수 암살사건과는 전혀 관계가 없는 정책관계를 물어보면서 본론으로 유도하려고 했다.

"미 · 소 공동위원회에 각계의 지도자들이 참가할 때 선생은 민족을 위하여 어떤 의사를 가지고 있었는가?"

"질문의 한계를 명백히 모르겠으나, 미 · 소 공동위원회에 있어서, 모스크바 삼상결정은 한국을 신탁통치하는 것으로 그것은 3천만 민족이 모두 원치 않을 것이라고 생각한다."

검찰의 심문은 날카로웠다.

"1947년 8월이나 혹은 9월 중에 장덕수가 선생을 찾아간 일이 있는가?"

"종종 찾아왔다."

"무슨 목적으로 찾아갔는가?"

"사제간이므로 병문안으로 온 적도 있겠고, 아무튼 이렇다할 목적이란 것은 지적할 만한 것은 기억에 없다. 잘 알고 있는 친한 사이였으니까."

"장덕수가 찾아간 것이 <임시정부>로 하여금 미 · 소 공동위원회에 참가하도록 해 달라고 부탁하려고 간 것이 아닌가?"

그에 대해 김구는 버럭 소리를 지르려고 하다가 어른스럽지 못하다고 생각했는지 잠깐 허허허 웃으며,

"참 답답하군! <임시정부>는 기능이 없는데, 그리고 당신들이 그렇게 만들고서는 무슨 말을 하라는 말인가?"

비극은 마침내 터지고

거목 쓰러지다

어허! 여기 발 구르며 우는 소리
지금 저기 아우성치며 우는 소리
하늘도 땅도 울고 바다조차 우는 소리
끝없이 우는 소리 임이여 듣습니까
임이여 듣습니까.

이 겨레 나갈 길이 어지럽고 아득해도
임이 계시오매 든든한 양 믿었더니
두 조각 갈라진 땅 이대로 버리고서
천고에 한을 품고 어디로 가십니까

어디로 가십니까.

떠도는 칠십 년이 비바람도 세웁더니
돌아와 마지막에 광풍으로 지시다니
열매를 맺으려고 지는 꽃 어이리까
뿜으신 피의 값이 헛되지 않으리다
헛되지 않으리다.

삼천만 울음소리 임이 메고 가오
평안히 가옵소서 돌아가 쉬옵소서
뼈저린 아픈 설움 가슴에 부드안고
끼치신 임의 뜻을 우리 손으로 이루리라
우리 손으로 이루리라.

이것은 시조시인 이은상의 속으로부터 터져나오는 오열의 시이다. 정말 하늘도 울고 땅도 울고 바다도 울었다. 울음소리가 온 거리 온 마을, 삼천만 온 겨레의 가슴속으로 피고들었고 모든 백성의 뼛속까지 긁어 내었다.

1949년 6월 26일 12시 30분이 조금 지날 때였다. 거목은 마침내 맹랑한 정신병자의 흉탄에 쓰러지고 말았다. 그날 12시 30분이 채 못 되었을 때, 대한민국 포병 소위 안두희가 친일파인 그의 상관의 잔혹한 명령으로, 온 국민이 존경하고 유일한 민족의 희망이었던 거목을 네 발의 권총으로 쓰러 뜨렸던 것이다. 김구 주석은 경교장 2층에서 늘 하던 대로 글씨를 쓰고 있다가 그전부터 안면이 있는 안두희 소위의 예방을 받고 담소를 하려다가 갑작스러운 저격으로 즉사하였던 것이다.

백범 김구는 남한만의 단독선거로 이승만이 정권욕을 위한 흉모로 어수선했던 5월도 이제 거의 다 지났고, 그 무렵 백범 김구는 국토가 분단된다는 비감이 현실적으로 나타나게 되자 일체 바깥 출입을 삼간 채 경교장 2층에서 책을 읽거나 글씨를 쓰며 세월을 낚고 있었던 것이다.

평양에서 열렸던 남북협상에서 그리 큰 성과를 얻지 못한 채 돌아와서는 오로지 건국실천양성소에 마지막 희망을 걸고 인재양성에만 힘을 기울이고 있었다. 그는 가끔 그 양성소생들에게,

"여러분! 지금 조국은 위기에 처했습니다. 진정한 애국자는 궐기해서 조국을 구하지 않으면 안됩니다. 여러분들은 조국의 희망입니다. 우리나라 현실은 감투싸움으로 세월을 허비하는데 여러분은 발싸움 그러니까 쟁족운동爭足運動으로 실지 독립정신을 실천하여 건국의 역군이 되기를 바랍니다. 우리가 나가려는 길에는 태산준령이 가로놓여 있으나 위대한 정의로 반드시 최후 승리를 쟁취할 날이 있을 것입니다."

그런 김구의 비장한 훈화를 양성소생들은 엄숙하게 받아들였다. 그리고 김구 주석에 대한 여러 가지 모략, 가령 김구는

좌익이라느니, 통일된 조국에서 정권을 잡으려는 야심이 있다느니 하는 따위의 터무니 없는 모함이 분분하였으나 그런 풍문을 들었을 때마다 김구는 그저 씁쓸한 웃음을 지으며 자기의 속마음, 오로지 조국의 통일만을 비는 그 절실한 염원을 몰라주는 사람들을 오히려 측은히 여기고 있었다. 그러면서 그저 묵묵히 모략들을 감수하였던 것이다.

김구는 그런 풍문을 들어 마음이 울적해지면서 마음을 가다듬으려고 붓을 들고 글씨 쓰기에 몰입하곤 했다.

한편 김구는 가난해서 학업을 중단해야 하는 고학생들에게 학비를 대주었는데 그런 젊은이가 4, 50명이나 되었다. 그들이 씩씩하게 학업에 열중하는 것을 보는 것이 그에게는 또 하나의 큰 즐거움이었다. 그러나 그것은 또 모략의 빌미가 되었다. 그 젊은 학생들을 돕는 게 그들로 하여금 새 테러 분자의 양성일 거라는 소문들이었다.

천추의 한

비극의 날

당시 측근에서 모시던 선우진 비서도 그의 책에 쓴 바가 있지만, 사실상 김구를 암살하려고 꾸미고 있던 음모 그룹이 그가 여행을 다니면 기회가 어려울 것 같아서 그를 경교장에 그냥 머물게 할 요량으로 묶어 둬야 할 필요가 있었던 것 같다. 그래야만 암살계획이 제대로 수행될 것이기 때문이다. 경교장 이외의 장소라면 계획을 수정해야 했다.

김구는 그들 건국실천양성소의 젊은 동지들을 만나서 그의 울적한 심화를 풀 수 있는 기회를 가지려고 했는데 그 희망이 더욱더 우울한 늪속으로 빠져 들었다. 그런 주석의 심정을 조금이나마 풀어 드리고자, 비서들은 평소부터 자주 찾아오는 장예학張禮學 목사와 이중찬 등 김구와 친분이 있는 노인들에게 연락을 하였다.

백범과 함께 한강 뱃놀이나 가게 하기 위해서였다. 두 사람은 곧 달려왔다. 헌데 그날따라 바람 한 점 없고 아주 무더웠다. 서늘한 바람이라도 불면 이 위대한 지도자의 답답한 가슴에 시원한 기운을 불어넣을 수 있으련만, 하늘마저도 무겁게 가라앉아 다가올 겨레의 쓰라린 마음들을 짓누르고 있었다.

백범은 친한 벗들과 조용히 흘러내리는 강물을 오르내리는 가운데 불쾌하고 울적했던 기분이 풀려 제법 흥에 겨워했다. 못하는 술도 몇 잔 마셨다. 한시도 읊고 했다. 김구는 윤봉길 의사 사건이 있은 뒤 도피하여 배를 타고 지내던 이야기도 하였다.

어쩐 일인지 그날따라 백범은 무덤에 대한 이야기를 자주했다. 중국에서 본 청나라 마지막 여걸인 서태후西太后의 능이라든가, 남경의 중산릉中山陵의 웅대한 모습 등을 감탄 섞인 말로 들려 주었다. 김구 일행은 뱃놀이를 끝내고 배를 내려 떠나려고 하면서 뱃삯을 치르려고 했다. 그러나 그 뱃사공이 돈을 사양하는 것이었다. 이 뱃놀이의 손님들이 백범 일행인 줄 알고 그렇게도 이국땅에서 고생하며 일제와 싸운 불운의 지도자에게 뱃삯을 받는다는 것은 민족에 대해 커다란 죄를 짓게 된다고 생각했던 모양이었다.

"아니올시다. 뱃삯이라뇨?"

늙은 뱃사공은 펄쩍 뛰면서 자기더러 사람을 죽이라고 강요하는 것을 반박하는 말투로 완강히 거절하였다.

그러자 장예학 목사가,

"그렇긴 하지만, 노인장께서는 하루 품삯을 몽땅 놓쳐 버릴 수야 있겠소? 적당히 받아두시구려."

"이건 아닌데……. 어찌 주석 선생님에게 대접은 못해 드릴망정……."

이때 김구 주석은 손에 잡히는 대로 한 뭉치의 돈을 억지로 그 뱃사공의 호주머니의 찔러 넣어주었다. 그러니 오히려 기분이 상쾌했다. 그들 김구 일행은 배를 내려 귀가 길에 올랐다. 경교장에 돌아오니 이미 저녁이 되고, 서쪽 하늘은 노을이 붉게 물들고, 벌써 땅거미가 지고 있었다. 유난히 붉게 타올라 마치 붉은 피와 같았다.

그리고 그 이튿날 비극의 날은 밝았다. 아침 해는 예전과 마찬가지로 동쪽 산봉우리에 고개를 내밀었고, 멀리 마포로 달려가는 전차의 느린 고동소리도 한가로웠다. 어린 아기를 키우기 위해 돈을 벌려고 바쁘게 거리를 지나가는 아주머니의 머리 위에는 무거운 광주리가 기우뚱거렸다. 평상시와 다를 바가 없는 경교장 앞의 정경이었다.

그날은 별 다름 없이

김구는 그날이 바로 자기가 마지막으로 이 세상을 하직하게 되리라고는 상상조차 못하였다. 하기야 한치 앞을 내다볼 수 없는 것이 인생의 철리이고, 만일 앞날을 점칠 수 있다면 비극도 예방할 수 있고 어떤 위난도 막을 수 있을 터이지만 말이다. 자기 앞에 다가올 순간을 예측할 수 있으면 이 세상은 얼마나 재미없을 것인가! 그러기 때문에 역사는 항상 뜻하지 않은 방향으로 그 수레를 굴리고 있지 않은가!

그날도 여느 날과 마찬가지로 아침 일찍 일어난 김구는 버릇대로 창문을 열고 아침의 신선한 공기를 마음껏 들이마시고 이를 닦고 세수를 하고 식사를 맛있게 먹고, 경교장 2층에 있는 거실에서 책상머리에 앉았다. 6월의 햇살이 유난히도 눈부시게 방바닥에 부서지고 있었다.

그는 오랜만에 중국시선中國詩選을 읽으며 그 깊은 뜻을 되새기고 있었다. 역시 심오한 맛이 우러나왔다. 정말 인생의 오묘한 진리와 정서가 풍부하게 담겨 있어 새삼 감탄했다. 오전 10시경이었다. 항상 옆에서 심부름을 하는 선우 비서가 백범의 울적한 기분을 풀어 드리려고 주일 예배에-그날은 일요일이었으니까-나가기를 권유했다.

백범도,

"그럴까! 하지만 차가 있어야지!"

"저 건너 가까이에 정동 예배당이 있으니까 산책 겸 슬슬 걸어가시죠. 아마 몇 분 안 걸릴 겁니다."

"그럴까……."

원래 일요일엔 방문객도 별로 없지만 애당초 외부 인사도 면회하지 않는 관례가 되어 있었다. 그런데 차비를 하고 막 나가려는 데 백범이 설립한 창암학원昌巖學院의 여선생 한 사람이 사무적인 일로 찾아왔다. 방안으로 안내되었다.

그때 백범은 피난민이 가장 많이 사는 마포구 염리동에 창암학원과 성동구 금호동에 백범학원을 설립하여 주로 황해도와 평안도에서 월남한 사람들의 자녀들을 가르치고 있었다. 그러니까 김구는 그 창암학원의 여선생을 만나서 학원운영에 관한 문제를 의논할 의무도 있었던 것이다. 그 여선생은 곧 일을 마치고 돌아가려고 하였다.

시계바늘은 오전 11시 30분을 가리키고 있었다. 이번엔 안두희 포병 소위가 찾아왔다. 예기치 않은 일이었다. 안두희 소위는 전 한국독립당의 조직부장이었으며 <광복군>의 제3지대장 김학규 장군의 소개로 경교장에 몇 번 찾아온 일이 있는 평안북도 신의주 출신이며 바로 그가 김구에게 면회를 요청했던 것이다. 그때 선우진 비서가,

"지금 선생께서는 사무적인 일로 다른 분과 면담중이십니다."

그러자 안두희는 심상하게,

"그럼, 비서실에 들어가 있다가 손님과의 면담이 끝난 뒤에 잠깐 뵙도록 하지요."

그는 비서실로 성큼성큼 들어가서 손님이 돌아가기를 기다렸다. 안두희는 전에도 서너 차례 경교장으로 백범 김구를 찾아

온 적이 있었고, 대포의 탄피로 만든 꽃병까지 선물로 가져왔던 적이 있었으며, 한 번은 큰며느리 안미생 여사의 방에도 같은 탄피로 만든 꽃병을 가져와 그녀에게 주자,

"에그머니 이게 뭐야. 포탄껍데기 아니에요? 갖다 버리세요. 소름 끼쳐요!"

라고 다짜고짜로 갖다 버리라고 하였었다.

청암학원 여선생과의 면담이 좀 길어졌던 모양으로 안두희가 온지 30여 분이 지나서야 그 여선생이 나와서 선우 비서 등과 인사를 하고 돌아갔다. 그런데 공교롭게도 백범 김구와 잘 알고 있는 사이인 강홍모姜弘模 헌병 대위가 지프차를 타고 나타났던 것이다. 강대위는 김구와 같은 고향으로 중국 망명시절 백범이 중국군관학교에 넣어준 바도 있는 사람이었는데 그 강대위가,

"지금 문산汶山에서 오는 길인데 기름이 떨어졌으니 휘발유를 좀 주시오."

그러자 비서 한 사람이 무표정하게 기름을 넣어주자,

"이왕 들린 김에 백범 선생님께 인사라두 드리구 가겠소."

그러면서 기다리고 있는 안두희 소위에게,

"미안하지만 좀 바쁜 일이 있어서 내가 먼저 인사를 드리구 가겠소. 잠깐이면 되니까."

"좋습니다. 저는 그리 바쁘지 않으니 그렇게 하시죠, 대위님!"

그러자 이국태李國泰 비서가 강대위를 2층으로 안내하고 올

라갔다. 비서실은 응접실로도 쓰이고 있었다. 응접실에서 기다리고 있는 동안 안두희는 선우진 비서, 이풍식李豊植 비서 등과 함께 군사교육이 어떻다든가 군대란 어떤 곳이라든가 하는 따위 잡담을 나누었다. 평상시와 다름이 없었다. 나중에 알고 보니 철저한 위장이었던 것이다.

그때 전화가 걸려왔다. 김구가 환국한 뒤 줄곧 백범의 생활을 돕고 있던 김덕은金德銀으로부터 였다. 그 김덕은은 나중에 고려대학교 교우회 이사장이 되었지만. 어느 비서가 수화기를 들자,

"나 김덕은이오. 백범 선생이 염려되어서 전활 건거요. 아무 일 없지요?"

"네, 별일 없으십니다."

전화는 끝났다. 2, 3분 뒤에 또 전화벨이 울렸다. 이번엔 이풍식 비서가 받았다.

"여기는 교통부 차관실인데……."

이풍식 비서는 교통부에서 전화를 걸어올 리가 없을 텐데 하고 생각했던지 고개를 갸우뚱거리며 전화를 끊었다. 약 10분 뒤에 강홍모 대위가 인사를 끝낸 모양인지 씩씩한 걸음으로 아래층에 내려와,

"그럼, 나는 갑니다." 하고 밖으로 나갔다.

12시 35분경, 안두희 소위는 비서의 안내로 2층으로 올라가 김구의 거실로 들어갔다. 그때 김구는 마침 테이블 앞에 앉아 붓으로 글씨를 쓰고 있었다. 안두희 소위를 2층으로 안내한 뒤

선우진 비서는 곧바로 식당이 있는 지하실로 내려갔다. 김구의 점심식사를 준비시키기 위해서였다. 이풍식 비서는 전화실에서 누군가에게 전화를 걸고 있었고, 이국태 비서는 라디오에서 흘러나오는 정오 뉴스를 듣고 있었다. 2층에는 김구와 안두희 두 사람만이 마주 앉아 있었다. 1분, 2분, 3분 정도가 지났을까. 선우진 비서가 응접실로 올라가려는 순간 2층에서 갑자기 소란스런 소리가 났다. 이것이 현장 가까이에 있던 선우진 비서의 그 때까지의 현장 상황 설명이다.

선우진 비서는 급히 응접실로 달려 올라갔다. 호위경찰들이 칼빈총을 들이대며,

"2층에서 총소리가 났다!"

그 소리를 듣자마자 선우진 비서는 2층 김구의 거실로 뛰어 올라갔다. 아니 마음만이 급해서 뛰었지 정작 발은 층계에 달라붙어 움직이지가 않았다. 사람이란 마음이 급한 만큼 몸은 움직여지지 않는 법이다. 그러나 선우진 비서는 간신히 힘을 내어 2층으로 올라가다가 한 손에 권총을 뽑아들고 내려오는 안두희와 마주쳤다.

"백범 선생을 내가 쏘았소!"

그러면서 안두희도 얼빠진 사람마냥 손에서 총을 떨어뜨렸다. 선우진 비서는 정신 없이 김구가 쓰러져 있는 방으로 달려 들어갔다. 백범은 붓글씨를 쓰고 있던 의자에 전신이 피투성이가 되어 눈을 지긋이 감은 채 비스듬히 쓰러져 있었다. 선우진

비서는 갑자기 현기증이 났지만 가까스로 몸을 가누며,

"선생님, 선생님! 이게 웬일입니까?"

하고 울부짖으며 김구의 몸을 붙들고 흔들자 김구의 입에서는 검붉은 핏덩이가 왈칵 쏟아져 나왔다. 선우진 비서는 울음이 솟구쳤지만 너무 엄청나고 얼이 빠져 통곡은 오히려 가슴속으로 기어 들어갔다. 그가 김구의 가슴을 짚어보니 아직 약간의 고동을 느낄 수 있었다. 문득 다시 살릴 수 있을는지 모르겠다는 생각이 머리를 스치고 지나가자 그는 다시 밑으로 뛰어 내려가서 이국태 비서에게,

"빨리 병원에 가서 의사를 불러와요. 혹시 살아 나실지두……. 옆 적십자병원에 말이야."

이때 이국태 비서와 이풍식 비서는 안두희를 의자로 마구 두들기고 있었다. 둘은 선우진 비서의 그 말을 듣자 의자를 내동댕이치고 벌떡 일어나서 밖으로 내달렸다. 헌데 그때 벌써 군복 차림의 젊은이 4～5명이 스리쿼터를 타고 느닷없이 경교장으로 달려 들이쳤다. 언제 소식을 들었단 말인가?

선우진 비서는 다시 2층으로 달려 올라가서 백범을 일본식 돗자리인 다다미에 내려 눕혔다. 어안이 벙벙해서 울음도 나오지 않았다. 얼빠진 사람마냥 한참동안 멍하니 앉아 있었다. 어떻게 이럴 수가 있단 말인가! 어떻게 그 참극이 벌어진 것을 알았는지 군용 스리쿼터가 나타난 것도 알 수 없었다. 아니 알 필요도 없었다. 그만큼 절박한 순간이었다.

정체불명의 군인들

군인들은 두 비서가 범인 안두희 소위를 구타하는 것을 저지하고 그 천인공노할 살인범을 데려가려고 하고 있었다. 이때 담당 구역인 서대문경찰서 경무주임이 달려와서,

"범인은 어느 놈이냐?"

범인이 안두희임을 즉각 알아차리고 연행에 가려고 하자 군복 차림의 괴청년 한 사람이,

"건방진 놈! 경찰관인 네가 어떻게 군인을 데려갈 수 있느냐?"

그 군인들은 안두희를 자기네가 타고 온 차인 스리쿼터에 싣고 어디론가 사라지고 말았다. 비서들은,

"선생님! 선생님!"

하고 몸무림치다가 그 순간에 정신을 잃고 쓰러졌다. 얼마쯤 있다가 실은 불과 몇 분 사이지만 적십자병원 의사가 달려온 뒤에야 그는 정신을 차렸다. 물론 의사가,

"선우 비서, 선우진 비서."

하고 그를 깨워서야 겨우 정신을 차리게 되었넌 것이다. 그 의사는 김구의 시체를 살펴본 뒤에 조용히,

"선생님은 이미 운명하신 것 같소."

그러나 선우진 비서 등 모든 비서와 경교장에 있던 사람들은 김구가 아직 살아 있고 꼭 언젠가는 그 늠름한 모습으로 또 그 형형한 눈빛으로 천천히 걸어들어 올 것만 같이 느껴졌다. 그러

나 현실은 그렇지 않았다. 백범 김구는 이제 영원히 돌아올 수 없는 저 세상 하늘나라로 가버리고 만 것이다. 창밖에서는 무심한 이름 모를 새가 이 지상 최대의 비극은 아랑곳하지 않고 재재거리며 지저귀고 있었다. 새들에게는 넓은 하늘이 마냥 즐거운 모양이다. 흰 보자기 속의 김구의 얼굴은 모든 것을 체념하고 깊은 잠을 즐기는 듯 마냥 평화로운 것 같았다. 갑자기 밖이 소란스러워졌다.

제일 먼저 한국독립당의 선전부장 엄항섭이 달려왔다. 그는 중국에 있을 때부터 항상 김구 주석을 가까이 모셨고, 또 <임시정부>의 온갖 어려움을 해결하려고 애쓰던 거의 둘도 없는 동지요 측근이었던 것이다. 그는 누워있는 백범의 얼굴에 덮인 흰 보자기를 확 제치면서,

"선생님! 이거 어찌된 일입니까? 선생님!"

김구의 몸 위에 쓰러져 흐느껴 울었다. 얼마 뒤 적십자병원장, 성모병원장, 주치의 박병래朴秉來 박사, 백인제 박사 등이 달려왔으나, 죽은 나사로를 살리신 예수 그리스도가 아닌 이상 더 손을 쓸 수가 없었다. 그리하여 불세출의 애국자이며 조국광복의 큰 별이며, 겨레의 빛이고 거목인 백범 김구는 저승으로 간 불귀의 객이 되고 말았다.

그토록 몽매에도 잊지 못하던 국토통일과 자주정부수립을 보지 못한 채, 이제 백범 김구는 대한민국 31년인 1949년 6월 26일, 12시 45분 74세의 나이로 운명하였던 것이다.

오후 1시경에 국방장관 신성모申性模가 조문했다. 조완구·김창숙·조소앙이 이어 조상했는데, 조완구는 신성모에게 노발대발,

"이놈 너 뭐하러 여기 왔느냐? 축하를 하려고 왔어? 이놈 네 부하를 시켜 백범을 죽이구, 이 뻔뻔스런 놈 같으니라구! 우리들두 함께 모두 죽여라!"

이때 김우전 비서는 현장에 없었다. 김일성을 만나기 위해 남북협상 때 백범을 따라 평양까지 갔던 그는 그때 진고개에 있는 <임시정부> 요인들이 묶고 있는 또 하나의 숙사인 한미호텔에 살고 있었던 것이다. 일제 때의 동지였던 반일투사의 선배의 누이동생과 결혼해서 신혼살림을 차리고 있었기 때문이었다.

그때엔 이미 그의 맏딸인 인숙이가 그 아내의 뱃속에 5개월째 자라고 있었다. 그래서 남북협상 때도 백범이 신혼인 그를 위해 서울에 그냥 남아 있으라고 권유했었는데 기요비서機要秘書인 그가 부득부득 따라가겠다고 고집하여 동행을 승낙했던 것이다. 그런데 김구가 하찮은 흉한이 쏜 총탄에 쓰러질 때엔, 마침 10달이 된 딸 인숙이가 홍역을 앓기 시작해서 돈암동에 살고 있던 형님댁에 계시는 어머니한테 가서 딸의 병간호를 부탁하던 시각이었고, 정오 지전에 경교장에 가는 길에 다동의 인천 조일양조장 김영기 사장 집에 들렀던 것이다.

김영기 집에는 언론인 홍종인洪鍾仁과 뒤의 해군 참모총장이 된 손원일孫元一 등 또 김영기가 스포츠맨이기도 하기 때문에 학련위원장인 이철승-그는 유도선수이기도 하였다-또 육군대

장이 된 백선엽도 가끔 들려서 점심을 먹기도 하였다. 김우전은 그런 허물없는 집이라 들렸더니 마침 빈대떡과 냉면 대접을 받아 맛있게 먹고 있는데 어떤 사람이,

"서대문에 무슨 일 생겼습니까?"

하고 묻기에 김우전은 심상치 않게 여겨 수화기를 들고 전화를 걸었다. 혹시나 하고 말이다. 마침 선우진 비서가 나왔다. 그는 울먹이며 말을 잘 잇지 못하고 그냥 울고만 있었다. 김우전은 가슴이 덜컥 내려 앉았다.

"아니, 선우 동지, 무슨 일이오?"

전화기에서는 알아 듣지 못할 말이 어린애들이 다투는 듯한 소음이 들려왔다. 김우전은 큰 충격을 받았다.

'어이쿠 무슨 일이 생겼구나!'

그는 허겁지겁 뛰쳐나와 택시를 잡아타고 경교장으로 달려갔다. 택시가 왜 안오는지 기다리는 시간이 천년과도 같았다. 가까스로 경교장에 도착하자 사태는 심상치 않았다. 그는 시신을 모신 2층으로 달려 올라갔다. 이미 상황은 끝났던 것이다. 그는 김구의 얼굴에 씌운 흰 헝겊을 들추고 실신하듯 백범의 유해 앞에 쓰러졌다. 한편, 조완구는 신성모의 멱살을 잡고 부르짖었다. 신성모는 하도 어이 없어하며,

"진정하십시오. 진정하세요……."

이어 몸이 불편하면서 백범의 부음을 듣고 부축을 받으면서 방에 들어온 김창숙 옹이,

"누가 백범을 죽였느냐? 이게 웬일이지? 이제 이 나라의 앞날이 캄캄하구나!"

그렇지 않아도 극도의 슬픔에 잠겨 있던 모든 문상객들은 김창숙이 목놓아 울자 지금까지 참아오던 울음을 터뜨리고 말았다.

한편, 도하의 모든 신문들은 대문짝만한 활자로, 민족의 큰 별 김구 선생 피습이라는 호외가 거리에 너저분하게 깔리도록 뿌려졌으며 곳곳마다 김구 주석 참변!이라는 벽보가 다닥다닥 나붙었다. 모든 벽은 벽보 투성이었다. 수 많은 사람들이 경교장에 모여들었다. 무슨 커다란 지남석에 이끌리는 듯 발걸음이 둥둥 뜬 채, 그건 사람의 물결이고, 진정한 애국심의 덩어리였다. 어리듯 어린 남녀학생, 할아버지, 할머니, 젊은이, 경찰, 군인 그리고 여야 정치가는 물론이고 전 국민이 너나 할 것 없이 그건 사람으로 쌓은 높고 큰 탑이었다. 그 탑이 움직이고 있었다. 온 겨레는 땅을 치며 통곡했다.

얼마 전 여론조사에 나타난 통계에서 존경하는 인물로 첫째가 세종대왕이고, 둘째가 백범으로 판정되었다는 사실에서 또한 여야 정치인들이 가장 존경하는 역사상 인물로 백범 김구를 들었다는 사실로도 예전부터 현재까지의 우리 국민이 얼마나 김구 선생을 아끼고 존경하는가를 알 수 있을 것이다.

그런 겨레의 존경을 한 몸에 받던 거목이 쓰러진 것이다. 그것도 동족의 한 젊은 군인에 의해서. 오후 1시 반이 조금 지나서 오세창을 비롯해서 안재홍, 명제세 등 정당, 사회단체 인사들이 달려와서 백범의 영전에 흐느끼며 명복을 빌었다.

아득히 먼 하늘에서 김구는 빙그레 웃으며 아귀다툼하는 중생을 불쌍하게 내려보는 듯 순간 흐느낌이 그치고 암흑같은 짙은 정적에 감싸였다.

다만 한 점 혈육으로 남아 있는 김신金信이 옹진瓮津전투에서 붉은 적과 싸우던 중 엄친의 비보를 듣고 달려왔기 때문이다. 김신의 슬픔은 모든 조객의 설움을 다 합친 것보다 몇 갑절이나 더 심각함을 그 자리에 있던 사람들도 다 깨달았던 것이다. 김신은 그 비보를 듣자마자 L19으로 날아와서 빈소인 경교장 현관에 들어섰던 것이다. 그것은 오후 6시 45분경이었다. 김신이 탄 경비행기는 경교장 하늘 위를 맴돌다가 여의도 비행장에 내렸고, 20분 뒤 경교장에 도착했다.

그는 현관을 들어서자마자 쓰러질 듯이 허둥대고, 영원히 잠든 아버지 앞에 엎어지고 말았다. 침대 위에 고이 누운 백범은 흰 두루마기를 입은 채 자는 듯 고요한 얼굴로 정말 평화스런 얼굴로 가시밭길의 세속을 비웃는 듯 빙그레 웃음조차 머금고, 수 많은 조객들이 목놓아 우는 눈물도 모르는 것 같았다. 사실 유명을 달리했으니까 세상의 슬픔일랑 알 수가 없었을 것이다. 전 국토는 이제 통곡의 도가니로 변했다. 조국광복과 남북통일의 자주독립국가 건설을 위해 평생을 바친 김구였기 때문에 전 국민을 슬픔과 비분에 잠기게 했던 것이다.

온 국민의 국운이 무너져 가던 한말 해서의 한 작은 마을 해주 텃골에서 가난한 농민의 아들로 태어나 파란만장한 고난의 가시밭길을 오로지 나라를 되찾고자 하는 일에 전념하다가, 이제 해방된 조국으로 그것도 동족의 한 젊은이의 흉탄에 쓰러지다니! 통탄! 그 자체였던 것이다.

빈 손으로 왔다가 빈 손으로 간다는 것이 인생이라고 하지만, 불세출의 겨레의 참된 스승 김구는 영원히 이 땅에서 다시 그 모습을 찾을 길이 없게 되었다.

악의에 찬 복수극

음모의 실상

지난 1996년 어떤 택시운전사가 범인 안두희의 방으로 쳐들어가 반신불수로 허덕이는 그를 살해한 사건이 지상에 보도되었다. 흉악범 안두희도 그의 곡절 많았던 일생을 비참하게 마감하였던 것이다. 중풍으로 오랜 세월 거동을 제대로 못하다가 비명횡사한 것이다. 안두희는 거의 쓸데없는 세속적 허욕 때문에 친일파들의 꼭두각시 노릇을 하였다. 그가 지었다는 『시역의 고민』이란 책으로 자기의 그 욕된 범행을 무어라 변명하고 싶었지만, 그것으로 민족에 지은 대역무도한 죄를 씻기란 터무니 없는 것이었다.

첫 실마리는 1945년으로 거슬러 올라간다. 미국에서 오랜 세월 망명생활을 하다가 조국이 해방되자마자 귀국한 이승만은 정작 국내에 돌아와 보니 자기를 지지해 주는 정치적 세력이 없었다. 모든 국민이 자기를 떠받들어 국부國父로 대접해 줄줄 알았는데, 새조국의 운명을 자기에게 맡기리라 기대했었는데, 상황은 그렇지 않았다. 그때 아직도 손을 대지 못하고 있는 세력이 있었다. 그리고 금상첨화격으로 한반도 남쪽 정권을 쥐고 있는 미군정청이 그들을 행정기술자라는 명목으로 재기용하고 있었다. 그들이란 곧 일제 때에 한국의 독립지사들을 체포 구금하고 고문치사케 하던 일본제국주의의 주구들인 이른바 일제의 고등계 사상 경찰들이었다.

38선 이북에서는 공산주의자들의 냉혹한 수청으로 더 발붙일 데가 없어서 일부 살아남은 자들은 남쪽으로 도망쳐 왔고, 또 남쪽에서도 그들에게 압박받던 인민들의 따가운 눈총 속에 숨을 죽이고 살던 이른바 민족반역자들이 해방이 되고 미군이 진주하여 군정을 펴고 얼마 안돼서 치안유지를 위해 경찰을 모집하고 더구나 수사기술자가 필요하다고 하여 일제 때의 경찰을 다시 채용하기 시작하자, 그들은 죽이고 있던 숨을 다시 조금씩 쉬면서 머리를 쳐들기 시작했다. 그 대표적인 인물들이 전봉덕 · 노덕술 · 최운하 등이었고 뒤이어 이익홍 · 김태선 · 김창룡 등도 고개를 쳐들었다.

제헌국회에서 민족반역자 처벌법이란, 이른바 반민법이 통과되고 대대적으로 친일파들을 체포하기 시작하고 국회 안에 특별경찰대를 두게 되자 경찰 안에 포진하고 있던 고등계 출신, 이른바 사상경찰들은 신변의 위험을 느끼게 되어 은밀하게 모여서 그 대책을 강구하기에 이르는 것이다. 일부 재빠른 자들은 군에 입대하였다. 그것도 주로 헌병의 간부직으로 특채되었고 그렇지 않은 자들도 고급장교에 임명되도록 공작을 하였던 것이다. 물론 경찰에 머물고 있는 경찰 간부들도 있었다. 헌병으로 입대한 자의 대표는 전봉덕 헌병대령 장은산 등이었다.

허나 경찰에 머문 노덕술 · 최운하 등도 있었다. 그들도 역시 일제시대의 고등경찰이었다. 이에 그들 친일파들은 차츰 집단화가 되어 조직적으로 움직이기 시작하였다. 장택상 · 신성모 등은 정계나 관계에 진출하고 김창룡 · 채병덕 · 전봉덕 등은 군의 고위간부로 노덕술 · 최운하 등 경찰 간부들이 그 음모의 주동이 되어 우선 반민법의 철회 내지는 분쇄에 음모를 꾸미게 된 것이다. 그런데 우선 최고 집권자인 대통령 이승만의 내락이 필요하였고 이내 내락한다는 암시를 받아냈다.

그렇지 않아도 친일파를 극히 미워하는 김구를, 더욱이 자기가 친일파를 배경으로 집권한데 대해 사사건건이 반대하고 있는 백범을 껄끄럽게 생각하던 차에 자기를 적극 밀고 있던 친일집단이 김구를 제거하겠는데 어찌 동의하지 않을 수 있겠는가? 불감처이언정 고소원이라는 말도 있지 않은가!

백범이 암살당하기 바로 하루 전인 1949년 6월 25일 오후 7시쯤에 김구 주석과 친분이 있던 대광고등학교 교감인 박동엽朴

東燁이 백범을 찾아와서 느닷없이,

"선생님께 대한 암살음모설이 떠돌고 있으니 조심하셔야겠습니다!"

"허허허허, 내가 국민에게 잘못한 일이 있으면 죽어야지!"
하고 대수롭지 않게 웃어 넘겼다고 한다.

이건 선우진 비서의 증언인데, 사실 그때에 박동엽 교감의 옛 제자인 김정진金楨鎭 육군 소령이 은사를 찾아와서,

"박 선생님의 옛 제자인 오병순 소위가 백범 암살음모의 행동대원으로 뽑혀 차마 그럴 수는 없어 괴로운 나머지 나에게 사실을 털어 놓았습니다. 어떻게 하면 좋겠습니까?"
하는 말을 듣자 박 교감은 경교장으로 달려와서 그 사실을 알렸다는 것이다. 그리고 범인 안두희가 백범을 저격한 뒤에,

"백범 선생이 뜻하지 않게 노발대발 나를 질책해서, 나두 홧김에 총을 뽑아들고 그만……."
이라고 했는데, 그건 너무나도 뻔한, 허둥대며 쏟아놓는 옹색한 변명이었다. 안두희가 2층으로 안내된지 불과 2～3분밖에 안되었는데, 그런 이론적인 논쟁을 할 만한 시간도 없었는데 말이다. 그건 확실히 계획적인 사전 음모에서 저지른 짓이 분명했다. 물론 그 뒤의 안두희의 처신과 대우로 보아 거의 틀림없는 계획된 범행임이 증명된다.

더구나 만인에게 숭앙을 받는 백범 김구를 시해한 그가 6·25 때 다시 현역으로 재임관되어 군의 비호 아래 한때는 강원도

에서 떵떵거리는 거부까지 되었다는 사실로도 충분히 증명되고도 남음이 있다. 그뿐 아니라 그렇게 군의 비호를 받은 것은 군의 최고 통수인 대통령 이승만의 양해 또는 지시 없이는 어림도 없는 일이었다. 반증뿐만 아니라 직접적인 언질도 있었다.

백범 김구 주석의 사랑하는 동지요 후배인 전 광복군 제3지대장인 김학규가 한독당 조직부장일 때 안두희에게 당원증을 발급해 주었다는 이유로 그를 민간인 교사범으로 체포해 가려 하자, 거센 항의를 받고 당시 그를 심문한 김익진金翼鎭 검찰총장이,

"영감님이 지시해 저질러진 일이니 양해하십시오."

라고 하여 이승만 대통령의 암시로 이루어졌다고 직설적으로 토로했다는 것이다.

김지웅金志雄이란 모사

세상에는 비밀이 없다고 한다. 오래 전 얘기지만 박정희가 그를 괴롭혔던 김형욱 전 중앙정보부장을 돈으로 꼬여서 프랑스 파리로부터 납치했다가 청와대 지하실에서 단둘이 대좌한 가운데 사살하였다. 캄캄한 밤에 몰래 김형욱을 데리고 지하실에서 죽인 것을 아무도 본 사람이 없는데 어떻게 그런 비밀이 새어 나왔단 말인가! '우리나라 속담에 밤말은 쥐가 듣고 낮말은 새가 듣는다'라는 말이 있는데, 그건 결국 비밀이란 있을 수 없다는 말을 빗댄 것이 아니고 무엇이겠는가? 하여튼 김구를

암살한 배후 인물은 김지웅이란 일제 때에 만주에서 일본군의 밀정을 하던 친일파 그가 모든 구체적 계획을 꾸몄다고 『주간중앙』 1992년 6월 9일자가 보도했다.

동지의 기자가 추적한 사실이고 <중앙일보>도 사회의 목탁木鐸으로서 공기公器인 만큼, 그건 사실이라고 믿을 수 있다고 생각한다. 그 김지웅은 만주에 있을 때 안두희를 잘 알고 있었다. 김지웅은 친일파의 군내부 친목단체인 8・8그룹의 모사로, 그 배후에는 당시 국방장관이었던 신성모를 비롯해서 육군 참모총장인 채병덕蔡秉德, 암살을 직접 지휘한 포병 사령관 장은산張銀山, <한민당> 총무간사였던 김준연金俊淵, 외무장관 장택상張澤相, 시경국장 김태선金泰善, 숙군肅軍의 마왕이라 불렸던 그 유명한 김창룡金昌龍, 당시 친일경찰의 대명사였던 전봉덕田鳳德 헌병부사령관, 5・16 뒤에 체신부 장관까지 지낸 김병삼金炳三 대위, 이승만이 방귀를 뀌자 "시원하시겠습니다."라고 아첨을 떤 뒤의 내무장관 이익흥李益興, 문화재 관리국장을 지낸 윤우경尹宇景・노덕술・최운하 등과 같은 친일 군인・친일 경찰 등이 기라성(?) 같이 쟁쟁한 인물들로 계획을 꾸몄던 것이다. 그러면서 하수인을 물색하던 중 안두희 포병 소위가 도마위에 올랐던 것이다. 그는 포병 소위로 권총을 차고 다닐 뿐 아니라, <한독당>의 비밀당원으로 김구를 접할 기회가 많았기 때문이다.

물론 직접적으로 저격을 명령한 것은 안두희 소위 직접 상관인 장은산이었다. 이 김구 저격사건 배후엔 미군 정보국 CIA가

묵인하였을 것으로 추측된다. 미군정청으로서는 김구는 역시 친일파들에게 있어서와 마찬가지로 눈안의 가시 같은 존재였던 것이다.

통일을 외치다 쓰러진
비극의 민족인 백범 김구의 한평생

1876년 7월 11일	황해도 해주 백운당 텃골基洞에서 김순영金淳永의 외아들로 태어남. 아명은 창암昌巖.
1879년	천연두를 앓아서 살짝 곰보가 됨.
1880년	강령康翎으로 이사함.
1884년(9살)	할아버지 죽음. 한문과 국문 배우기 시작함.
1889년	통감通鑑·사략史略 등 병서를 읽음.
1890년	학골 정문재鄭文哉의 서당에 통학하며 당시唐詩·대학大學·과문科文 등을 배움.
1892년(17살)	과거에 낙방. 풍수·관상·병서 등을 공부. 동학東學에 입도한 후 창수昌洙로 이름을 고침.
1893년	황해도 도유사都有司의 한 사람으로 뽑힘.
1894년	팔봉 접주八鋒 接主로 동학군의 선봉장으로 해주

성을 공략했으나 실패했음.

1895년(20살) 안중근을 만남. 당시 명망이 높은 해서 거유 고능선高能善 선생의 지도를 받음.

1896년(21살) 일본 군사간첩 쓰찌다 조오스케土田讓亮 중위를 죽여 국모의 한을 풂음. 5월 2일에 일본군에 체포되어 인천 감옥에 이감. 옥중에서 태서신사泰西新史, 세계지지世界地誌 등을 읽고 신학문에 눈 뜸.

1898년(23살) 탈옥. 전국을 방랑하다가 마곡사에서 중이 됨.

1899년 환속하여 고향에 돌아옴.

1900년(25살) 김두래金斗來로 이름을 바꿈.

1901년 부친 김순영 저세상으로 감.

1903년 안창호의 영매 안신호安信浩와 약혼하나 깨짐.

1904년(29살) 최준례崔遵禮와 결혼함.

1907년(30살) 장녀 화경化敬 태어남.

1908년 신민회新民會를 통한 구국운동을 벌임. 안악에 양산학교楊山學校를 세움.

1911년 안명근 사건 관련자로 체포되어 17년형 언도받음.

1913년(38살) 이름을 구九로 고침. 호를 백범白凡으로 바꿈. 이때부터 백범 김구로 행세함.

1914년 감형으로 7년의 형기를 끝내고 가출옥함.

1916년 동산평東山坪 농장 관리인으로 있으면서 농촌계몽운동에 힘씀.

1917년(42살) 맏아들 인仁 태어남.

1919년(44살) 상해로 망명.

1922년(47살) 둘째아들 신信 태어남.

1923년 <대한민국임시정부> 경무국장에 취임.

1924년 부인 최준례 폐렴으로 사망.

1926년 국무총리격인 국무령이 됨.

1927년(52살) 국무령을 일반 국무위원과 같은 권리를 가진 국무위원제로 고침.

1928년(53살) 『백범일지』 상권을 쓰기 시작함. 한국독립당 조직.

1929년(54살) 『백범일지』 상권 탈고.

1931년 한인애국단 조직.

1932년(57살) 이봉창 사건, 윤봉길 사건 일어남. 윤봉길은 상해 홍구공원에서 왜의 많은 군장성과 고관을 사상시킴.

1938년 남목청南木廳에서 조선혁명당원 이운한에게 총격을 받음.

1940년 가릉빈관嘉陵賓館에서 한국광복군韓國光復軍 총사령부 성립전 예식을 거행함. 총사령관 지청천池青天 -리창천-, 김원봉金元鳳 등을 받아들여 광복군光復軍 강화.

1945년(70살) 8 · 15 일본군 무조건 항복함.

1945년 11월 임시정부 요인들과 제1진으로 환국하여 경교장으로 이름을 고친 죽첨장에 짐을 품. 12월에 모스크바 삼상회의에서 의결된 한국의 신탁통치에 반대하여 반탁운동을 전개. 이때에는 공산주의자들도 처음엔 합세하다가 곧 표변함.

1946년 인천, 마곡사 등을 순회하고 윤봉길 · 이봉창 · 백정기 등 3의사의 유골을 효창공원에 묻음.

1948년 4월 여러 민족지도자와 함께 평양 남북협상에서 자주적 민주적 평화통일의 대원칙을 협약하고 남북의 단독정부를 끝까지 반대함.

1949년(74살) 6월 26일에 경교장에서 안두희安斗熙의 흉탄에 시해됨. 7월 5일 거족적인 국민장으로 효창공원에 영면함.

1) 조소앙趙素昻: 대한민국임시정부의 여당인 한국독립당의 부위원장으로 김구 주석과 항상 정치적 거취를 같이 해오면서, 중국에서 한국독립당을 창설할 때부터 중추적 역할을 다하던 용은 조소앙鏞隱 趙素昻이 조직부장 김학규金學奎에게 느닷없이,

"김 장군, 나는 아무래두 이번 기회에 당을 떠나야 할 것 같소"

"예에? 뚱딴지같이 그것이 무슨 말씀입네까?"

"나두 이제 나이 60이 넘었소. 내 자신의 일을 좀 해야 하지 않겠소? 잘하면 국무총리도 할 수 있으면 좋고! 허허허……."

"아무리 그렇다고 해도 조 선생이 당을 떠난다는 건……."

"그리 아시구……. 그야 김 장군만 같으면 나두 당을 떠나지 않겠지만……. 고집을 피우는 분들이 있으니까! 내참!"

용은 조소앙은 1887년, 경기도 양주군 남면 황방리京畿道 陽州郡 南面 篁芳里에서 양반 통정대부 조정규趙禎圭의 아들로 태어나서 여느 도련님처럼 서당에서 학문을 익혔으나 나이가 차자 일본으로 건너가 메이지대학 법과를 졸업하고 고국에 돌아와서 법학전수학교에서 교편을 잡다가, 1919년 거족적으로 일어난 3·1독립만세 운동에 적극 가담해 열렬한 시위를 벌린 뒤 중국 상해로 망명, 그곳에 모여들었던 애국지사들인 이동령李東寧, 이회영李會榮, 조성환曺成煥, 이광수李光洙, 김동삼金東三, 조완구趙琬九, 신채호申采浩, 선우혁鮮于爀, 이시영李始榮, 신익희申翼熙, 현순玄楯, 한진교韓鎭敎, 남형우南亨祐 등과 상해 프랑스 조계 김신부로金神父路에 모여 제1회 임시의정원회의를 열고 이동령을 의장으로 선출하고 대한민국임시정부 수립의 기초 작업을 마무리 지었다.

4월 13일, 내외에 독립정부의 성립을 선언하였고 프랑스 수도 파리에 가 있는 김규식金奎植을 외무총장 겸 전권대사로서의 신임장을 발송하였다. 그리고 같은 해 4월 23일에는 제2회 임시의정원회의를 열고 국무위원으로 용은 조소앙이 추천받았다. 그 해 여름 스위스에서 열리는 만국사회당 국제회의에 참석한 조소앙은 그 회의에서 대한민국임시정부의 승인을 받은 다음 영국, 러시아를 순회하고 중국으로 돌아와서 임시정부의 각종 문서의 작성에 진력하며 오로지 대한민국임시정부의 유지에 힘을 쏟다가, 1945년

8월 15일 조국 해방을 맞아 김 주석을 비롯한 대한민국임시정부의 요인들과 같이 개인 자격으로 꿈에도 그리던 조국의 땅을 밟았던 것이다.
본국에 돌아와서 대한민국임시정부의 다른 각료들과 마찬가지로 법통을 지키는 데도 계속 애썼다. 모든 것이 이루어지지 않아 결국 당을 뛰쳐나가 국무총리가 되려던 꿈도 실패하고, 별도로 사회당을 조직해서 국회의원 선거에서 다득점으로 당선되기도 했으나 6·25동란 때 납북되었다. 아쉬운 일이다.

2) 여운형呂運亨: 고하 송진우古下 宋鎭禹와 설산 장덕수雪山 張德秀와 더불어 해방정국의 혼란 속에서 불운하게 사라진 큰 꽃의 하나가 몽양 여운형夢陽 呂運亨이다.
몽양은 1886년에 경기도 양평楊平에서 태어나서 1900년까지 한문을 공부했다. 을사5조약乙巳五條約이 맺어지자 더 공부할 생각이 없어져서, 고향에서 광동학교光東學校를 세우고 그 교장이 되었다. 1907년의 일이다. 1910년 한일합방 곧 일본이 조선을 집어삼키자 한두 해 집에 틀어박혀 있다가 28살 되는 해인 1913년에 더는 참을 수 없었던지 서북간도西北間島 등지를 돌아보고 난 뒤, 1914년 그가 29살 때 중국 남경南京의 금능대학金陵大學에 들어갔다.
1918년 그가 33살 때에 역시 중국의 상해에서, 서병호, 장덕수張德秀, 선우혁鮮于爀, 이광수李光洙, 안정근安定根, 한진교韓鎭敎, 조동우趙東祐, 김순애金順愛, 한원창韓元昌, 김규식金奎植 등과 신한청년당新韓青年黨을 조직하고 그 당수가 되었다. 그 해 12월에 민족자결주의를 제창한 미국의 윌슨Willson 대통령의 특사에게 전달할 독립진정서를 직접 전하기도 했다. 이 해 겨울에 일본정부에서 초청이 있었다. 상해에 있는 후지다藤田라는 기독교 목사가 강권하기도 했으나 여운형은 마음 속으로는 일본 정객들을 설득해서 조선의 독립을 촉구하려는 심산이기도 하였다. 더욱이 일본행을 주저하고 있는데 다시 기무라기 요마쯔木村清松라는 기독교 목사가 상해에 와서 적극적으로 일본에 다녀오라고 권유해서 최근우崔謹愚와 신상완申尙玩이라는 비서를 데리고 마지못해 일본으로 갔다.
그는 이런 말을 한 적이 있다.
"호랑이 새끼가 어찌어찌 해서 사람네 집에 강아지와 함께 키운 적이 있는데 어느 날 저녁에 엄지 호랑이가 산등성이에서 울부짖는 소리를 듣자 그

새끼 호랑이가 갑자기 자기본성으로 돌아와서 느닷없이 산등성이로 달려가더라는 것이다."

결국 이 말은 피는 못 속인다는 것이다. 그러나 반일 지사들은 몽양을 의아스런 눈으로 바라다보는 결과를 초래하였다.

그런데 1929년 44세 때에 상해 공설운동장에서 일본경찰에게 붙잡혀 일본 본국으로 압송되어 3년이라는 징역형을 언도 받았다.

1934년에 조선체육회장朝鮮體育會長에 취임하였다.

1943년 일본으로부터 귀국 도중에 시모노세끼下關에서 체포되어 다시 투옥되었지만, 1944년 9월에는 비밀리에 건국동맹이라는 지하단체를 전국적으로 조직해서 해방에 대비했던 것이다.

1945년 8월 15일 마침내 조국은 자유해방되었다.

이때 조선총독 미나미 지로오南次郎가 고하 송진우에게,

"송 선생, 우리는 이제 물러가오. 그 전에 정권을 인수해 주시오."

"네에? 무슨 말씀이오?"

"조선정권을 받아 달란 말이오!"

"……."

고하는 아연해서 입을 다물 수가 없었다. 언제는 제멋대로 삼키더니 이제는 전쟁에 져서 꽁무니를 빼야하니 먹었던 음식을 뱉겠다고 그 토한 찌꺼기를 받아 달라는 것이다. 정말 엿장수 마음대로군!

"난 가갔수다!"

"예에? 송 선생!"

미나미 총독도 눈치를 챈 모양이다. 즉시로 차선책으로 몽양을 불렀다. 그는 달려왔다. 얼씨구나 좋다하고 정권을 정식으로 인수했다. 고하는 한마디로 물리쳤지만 몽양은 웬 떡이냐고 덥석 물었던 것이다. 여기서 고하와 몽양의 정치적 식견이 얼마나 차이가 나는가 하는 것이 여실히 드러난다. 몽양은 곧 의기양양해서 소위 건국준비위원회를 조직하고 그 위원장이 되었다. 1945년 10월 인민당을 조직 그 당수가 되었다가 3당 합당으로 근로인민당으로 발전하고 1946년 10월 김규식과 좌우합작위원회를 발족시켰다.

1947년 7월 19일 정오, 불행하게도 번화한 대도시의 한복판인 서울 종로구 혜화동 로터리에서 흉탄으로 파란 많던 일생을 뒤로한 채 72세의 나이로 저세상으로 가고 말았다. 웅변에 능하고 허우대가 뛰어났던 정치가 몽양 여운형이 그렇게 가고 말았다.

3) 안중근安重根: 여순 감옥에서 안중근 의사를 감시하던 일본의 간수와 그 자손까지도 안 의사의 인격을 존경해서 아직도 자기 집에 신주를 모실 정도로 안중근 의사는 훌륭한 인품을 지니고 있었다.

1909년 10월, 그 전에 한국을 통째로 삼키려고 대한제국을 들락날락한 침략의 원흉 이또 히로부미伊藤博文가 북만주의 시찰을 구실로 러시아의 재무장관 꼬꼬프체프와 만나기 위해 하얼빈에 온다는 보도가 있었다. 이에 안중근 의사는 동지들인 우덕순禹德淳, 조도선曺道先, 유동하劉東夏 등을 합장선蛤長線 채가구蔡家溝로 보내 중간 지점에서 이또 히로부미를 저격케 하고, 안중근 의사 자신은 종착지인 하얼빈에서 저격하기로 계획을 짰던 것이다. 같은 달 26일 일본인 신문기자로 가장해서 삼엄한 경계망을 뚫고 역두에 들어가서 러시아 의장대 뒤에서 기다리고 있었다.

상오 9시에 이또 일행을 태운 특별열차가 도착하자 꼬꼬프체프가 기차에 올라가서 이또와 악수하고 내려오고, 간적 이또가 러시아 의장대를 사열하며 걸어갈 때 안중근 의사는 권총을 쏘았다. 흉적 이또는 제1, 2, 3탄을 맞고 그 자리에 쓰러졌다. 안 의사는 그 자리에서 코리아 후라-대한만세-를 목청껏 외쳤다.

제4탄은 뒤쫓고 있던 하얼빈 총영사總領事 가와까미 도시히코川上 俊彦를 제5탄은 궁내대신 비서관 모리 야스지로오森泰二郎, 제6탄은 남만주철도주식회사 이사 다나까 기요지로오田中清次郎를 적중시켜 현장에서 사살하였던 것이다.

1909년 10월 26일, 음력으로는 9월 13일이었다. 한국침략의 원흉 이또를 사살한 뒤 안중근 의사는 크게 웃으면서 태연자약하게 러시아의 헌병들에게 포박되었다. 이 소식이 전파를 타고 세계에 전해지자, 대한남아의 의기가 세계 만방에 드높게 떨쳐졌다. 안 의사는 28일, 일본헌병에게 인계되어 곧 여순 감옥에 수감되었다. 그 어두컴컴한 옥 속에서 수만자에 달하는 동양평화론을 저술하였다. 안 의사는,

"나는 개인자격으로 이 일을 행한 것이 아니고 한국의군 참모중장의 자격으로 조국의 독립과 동양의 평화를 위해 행한 것이다. 따라서 전쟁 포로로 다루어 만국공법으로 다루라."

고 주장했다.

그러나 일본당국은 1910년 10월 14일 안중근 의사에게 사형을 언도하였다. 우 의사에게는 징역 3년, 조 의사와 유 의사에게는 징역 1년 6개월씩을 선고했다.

안중근 의사는 죽음에 임해서 2000만 한국동포에게 당부했다.

"내가 한국독립을 회복하고 평화를 유지하기 위하여 3년 동안 풍찬노숙하다가, 마침내 그 목적을 도달치 못하고 이곳에서 죽으니, 우리 2000만 형제자매는 각각 스스로 분발하여 학문을 힘쓰고 실업을 진흥하여 나의 끼친 뜻을 이어 자유독립을 회복하면 죽는 자 유한이 없겠노라."

그 해 마침내 3월 26일 상호 10시에 여순 감옥에서 형장의 이슬로 사라졌다. 안중근은 1879년 9월 2일, 음력으로는 7월 16일. 황해도 해주읍 광석동黃海道 海州邑 廣石洞에서 안태훈安泰勳의 맏아들로 태어났다. 1884년 그가 6살 때에 신천군 두라면 청계동信川郡 斗羅面 淸溪洞으로 온 식구가 이사갔다. 이때 김구가 안 의사네 집에 들린 적이 있었다. 어려서부터 한문을 공부하였는데, 그러면서 무예를 좋아하고 특히 승마와 활쏘기 등에 능했고, 그 중 사격술이 뛰어났었다.

1909년 봄, 김기열金基烈, 백낙길白樂吉 등 동지 11명과 왼손 무명지를 자르고 단지동맹을 맺고서 원흉 이또 히로부미와 매국노 이완용李完用 등을 모조리 처단할 것을 맹세하였었다.

4) 노백린盧伯麟: 힘이 장사일 뿐 아니라 머리도 뛰어나서 한말에 있어서 국내외의 현직을 두루 역임한 독립투사로 이름이 드러난 애국자이다. 아호는 계원桂園으로 그는 1875년 황해도 송화군黃海道 松禾郡의 풍천豊川에서 태어났다. 힘이 하도 세서 항우項羽 같은 대장이 될 것이라고 촉망을 받았다. 어려서 한문을 배우던 계원은 정부에서 전국에 수재 120명에 뽑혀 관비생으로 일본에 유학 보내졌다. 이갑李甲, 유동열柳東說, 윤치성尹致晟, 이조현李祖鉉 등과 함께 도일하여 게이오慶應義塾를 졸업하고, 뒤이어 1898년에 세이죠오成城學園를 졸업했다. 다음 해 11월에는 일본의 육군사관학교를 일본인 수재들을 물리치고 우수한 성적으로 졸업하였다. 1900년 9월에 돌아와서 원수부元帥府 회계국총장이었던 민영환閔泳煥의 극력 주선으로 윤치성, 김형섭金亨燮, 어담魚潭 등과 같이 육군참위에 임명되고 한국무관학교 보병과 교관으로 임명되어 후진 양성에 힘을 기울이고 있었다. 1904년 러일전쟁 때 계원은 관전사觀戰使가 되어 일군위문사인 군부대신 권중현權

重顯을 따라 만주滿洲의 대련, 여순 등지를 두루 시찰하고 노기 마레스께乃木希典 대장도 만나고 귀국하여 곧 부위副尉로 승진하였다. 이어 정위正尉, 참령參領, 부령副領, 정령正領으로 누진하였다.

따라서 육군무관학교장, 헌병대장, 육군연성학교장, 군부교육국장 등 국군의 요직을 역임하면서 국군육성에 진력하였는데, 군적을 떠나 3년이 지나면서 이른바 경술국치를 맞았다. 아찔했다. 그는 낙향하였다.

도산 안창호와 백범 김구 등과 신민회를 조직해서 항일운동에 나서는 한편, 1914년 미국으로 건너가 캘리포니아에 항공학교航空學校를 세워 항일정예를 키우려고 했으나 적극적으로 나서는 젊은이들이 별로 없었으므로 중단하고 6년간을 미국에서 보내고 1919년 3월 1일 독립만세 사건의 여파로 중국의 상해에 대한민국임시정부가 서자, 그 길로 상해로 건너가서 임시정부의 군무총장에 취임하여 5년간이나 민족의 자유해방을 위해 힘을 기울였다. 국무총리까지 맡아서 임시정부를 위해 1925년 4월 9일까지 애쓰다가 격무에 시달려 병을 얻어 자리를 물러났다.

숙환으로 이 세상을 하직하였다. 해방 조국에서 커다란 일을 할 인재가 허무하게 세상을 등져 무척 아쉬운 일이다.

5) 신익희申翼熙: '못 살겠다 갈아보자'라는 기치를 들고 나섰던 민주주의의 상징이었던 해공 신익희海公 申翼熙하면 대한민국 초기의 이승만李承晚 독재 밑에서 신음하던 50년대 초기의 우리 시민들은 대개 기억한다. 한강 백사장의 100만 인파의 기적을 창조했던 주인공도 바로 민주국민당의 대통령 후보인 해공 신익희였다. 아깝게도 호남 유세차 호남선 열차 속에서 뇌일혈로 불귀의 객이 되고 말았지만.

1919년 4월에 중국 상해에 대한민국임시정부가 수립되었을 때 명망있는 애국지사들이 장관격인 부장으로 대개 만주나 미주에 흩어져 있었으므로 주로 차장이 실무를 보고 있었는데 그 당시 본국에서 망명온 신익희는 내무차장과 외무차장, 국무원 비서장, 내무총장, 법무총장, 문교부장, 외교부장 등을 역임하였다.

해공은 본디 1894년 경기도 광주京畿道 廣州에서 장례원경 단掌隷院卿 檀의 아들로 태어났다.

1910년 한성외국어학교에서 영어를 배우고 일본에 건너가서 와세다早稻대학 정경학부를 졸업하였다. 재학 중 학우회를 조직, 총무, 평의회의장, 회장 등을 역임하면서, 기관지 『학지광學之光』을 발간하기로 하였다.

1917년 보성전문학교 교수로 취임하고 학생들을 가르치다가 1919년 3·1운동이 일어나자 중국으로 망명했다. 그 뒤는 앞서 말한 바와 같다.

8·15해방 뒤 대한민국임시정부의 요인으로 역시 개인자격으로 고국에 돌아와서 대한촉성국민회의 부위원장, <자유신문>사 사장, 국민대학 학장을 역임했다.

한편, 남조선 과도 입법의원過度 立法議院의 의원에 당선, 이듬해에 입법회의의 의장이 되었다.

1948년 남한 단독선거로 제헌국회가 성립되고 의장인 이승만 박사가 남한 단독 정부의 대통령으로 당선되자 부의장이었던 신익희가 자동적으로 의장이 되었다.

6) 이동휘李東輝: 재정 러시아를 무너뜨리고 소비에트 연방을 창설한 위대한 정치가인 레닌이 극동의 공산주의자로 버릴 수 없는 혁명동지로 존경하고 있던 이동휘李東輝는 아호가 성재誠齋로, 역시 조선에서는 공산주의자들의 본거지로 이름난 함경도 단천端川에서 태어났으며, 초기에는 도산 안창호 등과 함께 비밀결사 신민회와 서북학회 등에서 활약한 순수 민족진영의 독립투사였다.

한때는 노령 시베리아에서 문창범文昌範 등과 대한국민의회를 조직하기도 하였다.

1917년 레닌이 공산주의혁명을 감행한 뒤 소련정부에서 약소민족의 독립을 돕겠다는 기치를 높게 쳐들자, 소선의 독립운동에 몰두하던 성재 이동휘는 당장 모스크바로 달려가서 레닌을 만나고 공산당에 가담하였다. 그 뒤 1919년 상해로 가서 1920년에는 대한민국임시정부의 이승만 대통령 밑에서 국무총리가 되었다. 국무총리 당시에 소련의 도움으로 막대한 원조금을 받기 위해 신복 한형권을 비밀리에 러시아로 파견하여 레닌으로부터 40만루블이라는 막대한 돈을 받아와서 상해에 고려공산당을 조직하였던 것이다. 이로써 그가 공산주의자라는 것이 드러났으며, 이때 경비책임자인 김구와 갈등이 있었다.

그 뒤 시베리아로 가서 1928년 병사하였다.

7) 이동령李東寧: 『한국인명대사전』에 의하면 이동령은 1809년에 충남 천안 출신으로 아호는 석오石吾인데 이씨 조선조의 고종高宗 연간 진사시에 합격

하기도 했다. 1904년 제1차 한일조약이 맺어지자 국권 회복을 위해 상동청년회에 가입하여 계몽운동에 애썼다. 이듬해에 을사보호조약이 체결되자 그 폐기운동을 격렬히 전개했어도 실효를 거두지 못하고 왜경에게 붙들려 들어가기만 했다. 그 뒤 중국 동삼성東三省인 북간도北間島로 망명 이상설李相卨, 여준呂準 등과 용정龍井에 서전의숙瑞甸義塾을 세워서 한국교포 자제들의 교육에 힘썼다. 1907년 재정난으로 문 닫고 일단 고국으로 돌아왔다. 때마침 안창호가 비밀히 신민회를 조직하고 있었으므로 김구 등과 같이 그 조직에 가담해서 독립운동의 동지들과 가깝게 사귀게 되었다. 또한 그 자매 단체인 청년학우회의 총무로 활약하였다.

1909년에 항구적인 독립운동의 기지를 설치 확보하기 위해 만주에 건너가서 여러 곳을 답사하고 마침내 유하현柳河縣에 가서 교포의 자치단체인 경학사耕學社를 조직하고 부속 기관으로 신흥강습소를 세워 초대 소장으로 있으면서 독립군양성과 교포 교육에 힘썼다.

1911년 경학사도 역시 재정난으로 부득이 그만두고 러시아령 해삼위海蔘衛 블라디보스토크에 가서 이상설과 권업회勸業會를 조직하고 <해조신문海潮新聞>을 발행하면서 동포들이 서로 돕고 양보하는 독립정신을 고취하는데 노력했다.

그러다가 1919년의 3・1독립만세의 여파로 중국 상해에 대한민국임시정부가 서자, 적극적으로 가담하여 지금의 국회의장격인 초대 임시 의정원 의장으로 추대되었다. 이어서 내무총장과 국무총리 서리를 역임했으나, 임시정부 내분이 일어나자 1922년에 안창호安昌浩, 여운형呂運亨 등과 뜻을 모아 시사책진회時事策進會라는 조직을 구성하여 독립운동 동지간의 단결을 촉구하기도 했다.

1924년에는 군무총장을 겸임한 국무총리를 지낸바도 있고 나아가서는 대통령 대리까지 지낸바 있다. 1928년에는 한국독립당을 창당하고 그 이사장에 선출되기도 했다. 그러나 역시 독립운동은 평탄하기만도 한건 아니었다. 1932년 4월 29일 이른바 그들의 임금인 천황의 생일을 축하하는 천장절天長節에 윤봉길尹奉吉 의사가 상해의 홍구공원虹口公園에서 그 무시무시한 의거사건을 일으키자 일본의 원흉들은 눈에 불을 밝혀 임시정부의 요인들을 쥐잡듯 하려고 쏘다니자, 그도 역시 강소성江蘇省의 가흥嘉興으로 피하지 않을 수 없었다. 이때 윤의사가 던진 수류탄이 바로 왕웅王雄이라는 중국군소장인 한국군 독립투사 김홍일金弘壹이 만든 작품이었다.
1935년에는 이번에는 백범 김구 등과 함께 한국국민당韓國國民黨을 조직하고 당수가 되었다.
1937년에 중일전쟁中日戰爭이 터지자, 대한민국임시정부는 한국광복전선을 결성하였다. 아깝게도 1945년 한국이 자유해방되는 것도 보지 못하고 1940년에 저 세상으로 가버렸다.

8) 차이석車利錫: 차이석은 1881년 평안북도 선천宣川에서 태어났으며, 일찍이 전통적으로 반일사상이 짙은 평양의 숭실고보崇實高普를 나왔다.
도산 안창호島山 安昌浩와 함께 1906년 신민회를 조직하고 도산이 창립한 평양의 대성학교大成學校를 같이 경영하며 독립운동에 노력할 인재를 키우는데 힘을 쏟았다. 속된 말에 엿장수 마음대로 라는 말이 있다. 차이석에게도 그 속언이 어긋남이 없었다.
1912년 10월 그는 아무 영문도 모르고 일본경찰에게 강제 연행되어 경성으로 압송되었다.
일본군국주의자들은 대한제국을 통째로 삼키기는 했지만 뱃속에서 자꾸만 밖으로 뛰쳐 나오려고 꿈틀거려 속이 더부룩 하였다. 그 삭여지는 불순분자들인 소위 불령선인들을 하루 속히 걸러야 할 판인데 도무지 구실이 없었다. 명분이 없었다. 간교한 왜 쪽발이들은 적당한 꾀를 만들어 내었다.
데라우찌 마상요시寺內正毅라는 군사독재자인 조선총독을 암살하려던 사건이 발생했다.
안명근安明根이라는 인중근安重根 의사의 형제가 조선총독 암살 미수사건이 발생하자 얼씨구나 좋다하고 사건을 확대조작하여 관련자들이라고 해서 미리부터 지목했던 반일성향을 가진 항일지사들을 일망타진하였다. 우선 눈에가시 같은 105명을 걸렀넌 섯이나.
차이석도 체포되어 3년간의 옥고를 치루고 석방됐다.
1919년 기미독립사건이 터지자 그도 김구처럼 국내를 빠져 나갔다. 우선 상해로 망명했다. 약간의 글재주가 있었기 때문에 이광수李光洙가 책임지고 발행하던 <독립신문>의 기자로 항일운동을 시작했다. 대한민국임시정부가 수립되자 의정원 의원에 당선되었다.
1928년에는 안창호, 이동령, 김구, 이시영 등과 한국독립당을 조직하고 간부가 됨은 물론이고, 당 기관지인 <한보韓報>, <한성韓聲> 등을 발행하면서 당의 목적달성을 위해 힘을 다했다.

1932년 4월 29일 윤봉길 의사가 상해 홍구공원에서의 의거 뒤 일본관헌의 광적이라 할 수색을 피하는 것이 필사적이었다. 임시정부의 각료들도 부득이 헤어져서 피해 다니지 않을 수밖에 없었다. 1933년에야 대한민국임시정부의 국무위원으로 발탁되었다.

그 뒤 13년간이나 온갖 형극의 길을 걸으면서 대한민국임시정부의 국무위원, 비서장 등을 역임하다가 대망의 8·15 자유해방을 맞이해서 그립던 조국땅으로 돌아갈 날을 기다렸는데 그만 숙환으로, 망명한 땅 중국의 중경重慶의 하늘 아래서 유명을 달리하였다. 1945년 9월 9일이다. 비단 그런 운명이 차 공에 한한 것은 아니지만 슬프고 아까운 일이다.

9) 홍진洪震: 1941년 대한민국임시정부가 중화민국의 임시수도 중경으로 옮긴 뒤 지금의 국회격인 의정원의 의장이 되어 모든 법안을 의결시켜 해방 조국의 헌법인 민주주의의 법적 기틀을 마련한 분이 바로 만호 홍진晩湖 洪震이다.

홍진은 1877년 8월 27일, 서울 차동車洞-지금의 서소문동-에서 태어났는데 어릴 때부터 신동이라고 찬양을 받을만큼 머리가 총명하고 더욱이 예술적인 창의력이 뛰어나 시서와 문예에 능했다. 그런가하면 효심도 두텁고 형제간의 우애도 지극했다. 신학문에 대해서도 관심이 깊어서 무척 애썼다. 1898년 법과대학의 전신인 법관양성소를 졸업하고 곧 한성 평리원 주사에 임명되고, 바로 그 다음해에 평리원 판사로 승진하였다. 1905년 충주재판소 검사로 전임하자 일본제국주의자들의 강요로 일본정부에 항거하는 조선 의병들을 중형으로 다스리라고 하는 데도 불구하고 마음속으로 이에 반발, 가능한 대로 가볍게 판결하곤 하였다. 그러던 중 1910년 경술국치를 당했다. 홍진은 의병에 대한 중형 판결을 단호하게 거절하고 사표를 써서 내던졌다. 그 뒤 잠깐 쉬다가 친구의 권유로 서울에서 변호사업을 개업하던 중 1919년 2월까지 서울·평양 등지에서 법정투쟁을 하다가 3월 1일 독립만세 사건이 일어나자 적극 가담 활동하다가 인천 만국공원에서 비밀히 13도 대표들과 국민대회를 열고 한성정부를 조직하고 법무차관에 뽑혔다. 만호는 몰래 서울로 올라가서 정부기구와 조직 경위를 적은 문서를 만들어 안상덕安祥德, 한남수韓南洙, 이규갑李奎甲, 이춘숙李春塾 등과 같이 중국 상해로 달려갔다. 그해 5월 13일 그는 의정원 의원에 당선되었다. 같은 해 7월 8일에 법제위원장에 선출되어 헌법의 개정 및 국무위원의 개선안 등을 결의하고 모든 시설 규모의 수립에 진력하였다.

그해 11월에는 충청도 선거위원장의 개선안 등을 결의하고 모든 시설 규모의 수립에 진력하였고, 1921년 4월 9일 장붕張鵬의 후임으로 상해 대한교민단장에 선출되었다. 1922년 7월에는 김구・이동령・노백린・여운형呂運亨 등과 시사촉진회를 조직하여 내부적 분규를 조정하였다.

1923년에는 법무총장에 내무총장, 외무총장을 역임하였으며, 1926년에는 국무총리인 이상룡李相龍의 뒤를 이어 7월 7일 마침내 국무총리로 취임하였고, 9월에는 외무총장도 겸임하였다.

1930년 7월 북만주에서 한국독립당을 조직하고 그 당수로 추대되어 김동삼金東三이 위원장인 군민의회의 부위원장으로 선출되었다. 홍진이 막 행동을 시작하려 할 때, 일송一松 김동삼이 일본경찰에 체포되었는데, 이때는 백야 김좌진 장군은 이미 공산도배의 흉탄에 숨진 뒤였다.

1934년에는 만주에서 조직된 한국독립당과 남경南京에서 조직한 한국혁명당을 통합하여 신한독립당을 조직하자 역시 홍진이 위원장으로 추대되었다가 미구에 항주杭州에서 한국독립당을 조직했을 때, 용은 조소앙鏞殷 趙素昻과 더불어 당을 이끌었던 것이다. 1940년에 광복전선의 9개 단체가 통합하여 한국독립당을 결성하자 홍진은 감찰위원장으로 선출되었다. 대한민국임시정부도 중국의 임시수도인 중경으로 옮겨갔다. 물론 홍진도 갔다. 임시정부 의정원의 의장으로 모든 의안을 의결하고 있던 중 8・15가 되었다. 일본이 귀축미영鬼畜米英이라고 멸시하던 연합국에게 무조건 항복하였다. 한반도는 전승국인 미군정 아래 있었으며 대한민국임시정부의 각료 자격이 아니라, 김구를 비롯한 임시정부요인들은 세상에서도 기묘한 입장인 개인 자격으로 그렇게도 그리던 조국의 땅을 밟지 않을 수밖에 없었다.

만호 홍진晩湖 洪震도 예외는 아니었다. 노구를 이끌고 건국사업에 정진하다가 1946년 9월 8일 숙환으로 서거하였다.

10) 나석주羅錫鑄: 일본제국주의는 조선을 삼켰으나 실질적으로 먹어치우는 데 있어서는 경제적으로 이득을 취해야 했다. 거기서 만든 것이 동양척식주식회사라는 쇠붙이도 먹어치우는 불가사리다. 그 탐욕적인 식성으로 통째로 나라를 삼키려고 하여, 우선 경제적인 침략기관들을 폭파한 사람이 바로 나석주羅錫鑄 의사다.

나 의사는 1892년 황해도 재령군 북율면 남지리黃海道 載寧郡 北栗面 南芝里에서 일본의 악독한 야욕을 응징하려고 이 세상에 주먹을 쥐고 울음을 터뜨렸다. 약관인 20살이 되려는 때에 나라가 늑탈되었다. 비록 집안 살림살이는 가난했으나 나라의 주권을 다시 찾겠다는 결의만은 하늘을 찔렀다. 그날 그날의 살림을 위해 땀을 흘리며 농사일에 열심이었다. 농민으로서 토지가 왜놈의 손에 넘어가서 뼛골이 빠지도록 땅을 파도 겨우 목에 풀칠이나 하게 되자 원한은 더욱 사무쳤다.

더는 참을 수가 없었다. 드디어 중국으로 망명의 길을 떠났다. 모두 식구를 데리고 함경북도 성진을 거쳐 간도로 갔다. 그곳 나자구羅子溝에는 우리손으로 설립된 무관학교가 있다고 들었다. 그 학교에 들어가서 우선 사격술과 검도와 전략전술을 익혀 청년장교로서의 자격을 갖추었다. 1921년부터 본격적으로 반일투쟁을 시작했다. 한 2년간은 악질친일분자와 토호들을 숙청하는 일에 중점을 두었다. 1923년 봄에는 하남성 한탄에 있는 섬서 육군 제1부군 강습소를 졸업하고 한동안 중국군 장교로 복무한 적도 있다.

1926년 5월 중국의 천진天津에서 의열단의 유자명柳子明의 소개로 약산 김원봉若山 金元鳳과 만났다. 두 혁명가는 너무 늦게 만난 것을 한탄하고 앞으로 손을 잡고 천진을 근거지로 하여 항일투쟁할 것을 굳게 언약하였다. 또한 천진 불소루佛昭樓에 머물고 있는 유림대표 김창숙金昌淑으로부터 조국의 옥토가 왜의 경제적 수탈의 복마전 동양척식주식회사와 조선은행 및 식산은행이라는 것과 그 기관들을 폭파함으로써 가난에 허덕이는 조선동포들을 구해야 한다고 격려 받고 이를 실행하기로 결심했다. 그해 12월 26일, 나석주 의사는 중국인 노동자로 변장하고 폭탄과 권총을 몸에 지니고, 영구營口로부터 위해위威海衛를 거쳐 12월 27일 인천에 상륙하였다.

문제는 어떻게 세관을 통과하느냐였다. 수상경찰서에서 나온 사복형사들이 그 독사같은 눈초리로 쏘아보고 있지 않은가! 틀림없이 무기가 발각될 것이다. 이날 중국 수송선 이통호에 탄 손님 중에 조선사람은 몇 명 없었다. 그는 감쪽같이 중국인으로 둔갑했다. 중국인 선객 22명은 인천의 중국거리 38번지에 있는 중국여관 원화객잔으로 들어갔다. 그 집 사환은 그들을 객실로 안내하고 숙박계를 적었다. 나 의사는 그날 밤 진남포까지 갔다가 다음날인 27일 하오 3시 13분 평양발 기차를 타고 경성으로 들어가서 남대문 5정목 13번지에 있는 중국여관 회춘객잔回春客棧에 묵었는데 이때는 전 숙박지 인천 원적 강소성江蘇省-주소 위와 같고, 마중달馬仲達로 행세했다. 이 수상한 인물인 의열단원義烈團員 나석주는 중국어에 능함을 이용하여 완전히 중국인으로 가장하고 일인 경찰망을 빠져 나갔다. 나 의사는 밤늦게야 유서를 써놓았다. 다음 날, 본래 목표인 동양척식주식회사와 식산은행을 습격하여 7명의 왜적을 살해한 뒤 왜경의 추격을 받자 장렬하게 자결순국하였다.

왜적은 조선의 수부 경성의 한복판에서 일어난 어마어마한 사건을 숨기려고 했으나 하도 큰 사건으로 사발통문격으로 경성시민 모두가 알게 되었고, 더 이상 숨길 수도 없어서 1927년 1월 13일 비로소 각 신문에 호외로 크게 보도하였다.

11) 김원봉金元鳳: 민족진영만이 아니고 윤봉길 의사의 천장절 날 상해 홍구공원에서의 거사마냥, 오히려 무장투쟁에는 좌익진영이 더욱 격렬한 편이어서 무장투쟁을 무시할 수 없었던 대한민국임시정부 주석의 정치적 입지에서는 좌우합작운동이 절실했다.

지난 번에는 함경도 출신의 이동휘李東輝가 상대였고, 이번에는 경상도 출신의 약산 김원봉若山 金元鳳이었던 것이다. 기질로 보아 이중투구泥中鬪狗의 함경도보다 악중교악嶽中喬嶽인 경상도가 약간 다루기 쉬울지는 모르지! 그러나 모두가 권모술수를 떡 먹듯이 하는 마카벨이도당인 공산주의도당들이니 약속을 어디까지 믿고 어디까지 의심해야 할지 결정할 수가 없다. 아니 그보다도 피의 문제를 어찌 하면 좋을지, 망설이지 않을 수 없다. 그들도 동족이 아닌가! 마침내는 물보다 짙다고 하는 피의 순결성, 피의 끈끈한 농도를 믿어야 할 것인가!

자신의 가슴속에서 서로 싸우고 있는 본능적인 민족의식에 더한 이상주의와 좌우합작을 꼭 이루어야 한다는 지상과제와 결코 좌익분사들과는 타협할 수 없다는 현실적인 정세판단에 의한 몇몇 임시정부 각료들의 부정적 태도와 자기의 정세 판단의 회의적 입장 모호함의 중간에서 확실한 태도를 결정하지 못한 상태이기도 하다. 우선 그런 물에 물 탄듯한 뜨뜨미지근한 상태로부터 빨리 빠져 나와야겠다. 결코 그런 흐리타분한 성격은 아니었다. 아마 이번 결정이 민족의 장래 아니 임시정부의 장차 운명을 좌우할 중대 사안이기 때문이기도 하니까.

대한민국임시정부의 주요 간부들이 극력 반대하는 데도 불구하고 백범 김구 주석은 끈질긴 설득으로 기어코 좌우합작을 성공시켜 좌익의 거두이며 공산주의의 상징적 인물인 약산 김원봉을 기어코 영입하였다.

임시정부의 중요 국무위원인 군무부장 겸 광복군 제1지대장이라는 중책을 맡겼던 것이다.

그는 1898년 음력 3월 13일 경상남도 밀양密陽의 한 가난한 농가에서 태어났다 13세 때에 동화중학同和中學 2학년에 편입했는데 전홍표全鴻杓 교장이 철저하게 배일사상을 고취하며 나라 없는 민족이 얼마나 고달프고 서럽다는 것을 강조하였다. 어린 나이의 김원봉은 크게 감명을 받았다. 일제는 김 교장을 불령선인으로 낙인찍어 동화중학이 재단법인이 아님을 기회로 아예 폐교시켜 버렸다.

소년 김원봉은 극도로 분개하였다. 그날로 50리 길을 걸어서 표충사表忠寺라는 절로 들어가 1년 여나 손자孫子, 오자吳子와 같은 병서를 탐독하였다. 무력을 가지고 나라를 되찾겠다고 굳은 결심을 하기에 이르렀던 것이다. 그 뒤 경성으로 올라가서 중앙중학中央中學 2학년에 적을 두었다. 그때의 교장은 바로 유근柳瑾이었고 서로 뜻이 맞은 친구가 청정 이여성靑汀 李如星이었다. 그뒤 그는 동저고리 바람으로 명산대찰名山大刹을 찾아 각도를 유람하였다. 그러면서 만난 사람이 부산 사람 김철성金鐵城과 영주榮州 사람 강택진姜宅鎭이었다.

1916년 10월, 19세의 김원봉은 고국 조선을 떠나 중국 천진天津으로 갔다. 거기서 목적대로 덕화학당德華學堂에 들어가서 중국어를 배웠다. 여름방학 때 안동현安東縣에서 김좌진 장군과 손일민孫逸民을 만났다.

중국은 독일에 선전포고를 하였다. 김원봉은 김약수金若水, 이여송과 함께 남경으로 가서 금능대학金陵大學에 입학하였다. 그 학교에서 영어를 배우고 김약수가 길림에 와 달라는 전보를 받고 가는 도중에 본국에서 대대적인 만세사건이 일어났는데, 비폭력적이었다는 말을 듣고 약간 섭섭했다. 왜적은 맨주먹인 조선백성을 총칼로 탄압해서 무려 7천5백여 명을 살상했던 것이다.

당시 길림에는 의군부라는 조직이 있었고, 그 주석은 전에 오산학교에 있던 시당 여준是堂 呂準이었다.

마침내 본래의 뜻대로 폭력혁명을 일으킬 동지들을 모아 중국인 반모潘謀의 집에서 13인으로 의열단을 조직하였다. 1919년 11월 9일 길림성 성파호

문城巴虎門 밖이었다.

1925년 조선혁명 간부훈련을 목표로 황포군관학교에서 수학한 뒤 조선의 독립을 찾으려는 투쟁을 실행하려고 혁명간부를 양성하는 교육기관을 경영하였다. 이때 김하규 장군이 멀리 만주로부터 혁명동지를 보급 받으려고 찾아갔다고 속고 말았던 것이다. 공산주의자들에 대한 불신의 골이 깊어졌던 것이기도 했다.

1938년 조선의용대를 조직하여 약산은 그 총대장이 되었다. 실질적으로 좌익진영을 총 대표하는 인물로 부상한 것이다.

12) 현익철玄益哲: 남목청南木廳에서 변절하여 일제 관헌의 밀정이된 박창세朴昌世의 졸도가 된 이운환李雲煥이 난입하여 총기를 난사할 때 아깝게 순국하여 천추에 한을 남긴 현익철玄益哲의 아호는 묵관默觀인데, 그는 평안북도 박천군 동면博川郡 東面 출신이다.

1919년 3·1독립운동에 참가해서 활동하며 일본 통치에 열렬히 항거하다가 일헌의 추궁을 피해 만주로 망명하여, 남만주 재류동포의 자치정부 구실을 하던 한족회韓族會에 가입하여 김동삼金東三, 이상룡李相龍, 이탁李沰 -1931년 9월 18일 만주사변 뒤에 일본에 붙어 변절함-, 이시열李詩說, 현정경玄正卿 등과 더불어 일군日軍과 싸웠다. 1920년 2월에는 일제의 기관을 파괴하고 일헌의 주구走狗를 주로 숙청하는데 힘을 기울인 광한단을 조직했다.

역시 독립운동이란 가시밭길인 모양이었다. 1921년에는 또다시 일경에게 체포되어 대구 감옥에서 3년간 옥고를 치뤘고 출옥한 뒤 일경의 감시를 속여 다시 만주로 탈출하여 이번에는 통의부의 외교위원장으로 영입되었다.

1925년 1월에는 정의부를 결성하고 그 집행위원이 되어 1926년 4월, 국내로부터 들어온 고려혁명위원회의 김봉국金鳳國, 이동락李東洛과 아직도 천시당하던 백정 계급도 포섭한 조직으로 알려진 형평사衡平社의 이동구李東求와 로령露領으로부터 넘어온 이규풍李奎豊, 주진수朱鎭洙, 최소수崔素洙 등과 고려혁명당을 조직하였다.

양기탁을 위원장으로 하고 정의부는 본당의 정치이념을 실현하는 향정기관인 동시에, 정의부의 군인은 본당의 당군으로서 활동하기로 되었다. 같은 해 12월 이동락이 일경에 체포되고 정이형鄭伊衡, 이동구李東求, 이계원李桂元 등은 하얼빈에서, 김봉국은 봉황성鳳凰城에서 오동진吳東振은 1927년에 체포되어 당의 기능은 완전히 상실되었다.

1927년 정의, 신민, 참의 3부의 대표가 통일된 당을 조직하기 위하여 길림 회의가 계속되던 중에, 참의부의 심용준沈龍俊, 임병무林炳武 등이 중앙호위대장 차천리車千里를 죽이고, 길림 대둔에서 정의부 협의회파와 합작하여 국민부를 조직하였다. 묵관 현익철은 중앙집행위원장에 추대되었다.

1929년 9월에는 기림성 우마항牛馬港 국민부 주길 판사실駐吉 辦事室에 모여 순수 민족진영으로 조선혁명당을 조직하였다. 이에 묵관 현익철은 최동오崔東旿, 이준식李俊植, 이종건李鐘乾, 고이허高而虛, 이진탁李辰卓 그리고 뒤에 변절한 이탁, 김이대金履大 등 22명의 중앙위원으로 선출되었다.

1931년 7월 현익철은 심양인 봉천에 갔다가 조선총독부 특파원 후꾸시마福島의 끄나풀 밀정 유득정劉得貞, 정치곤鄭致琨 등에게 체포되어 신의주 지방법원서 7년형을 언도 받고 복역 중 병보석으로 출옥하자 다시 만주로 탈출하였다. 그 당시 만주는 일본제국주의의 지배하에 있었으므로 공공연하게 내놓고 활동할 수는 없었다. 지하에 숨어서 활동해야 했으므로 차라리 네 활개를 치며 항일운동 할 수 있는 중국본토에 가지 않을 수 없었다. 그것이 결국은 현익철에게는 죽음의 길이었다. 앞서 언급한 것처럼 장사의 남목청에서 김구, 유동열, 이청천 등과 독립운동단체의 통합을 위한 회합을 가지는데 일본의 밀정들에게 암살 당한 것이었다.

13) 이청천李青天: 해방된 뒤의 우리 한국 사람들에게는 주로 이청천李青天 장군으로 알려져 있지만 본명은 지대형池大亨이다.

1888년 2월 25일, 서울 삼청동三清洞에서 홀어머니의 슬하에서 가난하게 태어났다. 처음에는 한문을 공부하다가 뒤에 예수교 계통인 배재학당培材學堂에서 공부하고, 군대가 강제로 해산 당할 때까지 무관학교에서 훈련을 받은 사실도 있다. 어릴 때의 기록은 모호하나 1910년 도쿄 육군 유년학교를 거쳐 1912년 일본 육군사관학교를 졸업했다.

1914년 육군 소위로 있을 때 제1차 세계대전이 일어나 중위로 승진하여 중국의 청도青島 전투에 참가하였으며 계속 일본군에 근무하다가, 1919년 3·1독립만세 사건이 터지자 과감하게 일본군을 탈출해서 만주로 망명하였다. 이때부터 이청천李青天으로 이름을 고쳤다. 통화현通化縣에 있는 신흥무관학교를 찾아가서 대한제국의 부위였던 신팔균新八均과 일본기병중위였던 김경천金擎天 등과 함께 교관이 되어 학생들에게 군사학을 가르쳤다.

학장은 이시영이었고 교장이 이천민李天民인데 교성대장이 바로 이청천이고 교관이 신팔균과 김경천에다가 이범석李範奭이 학생들을 가르치고 있었다. 5월 3일부터 정식으로 개교식을 거행해서 신흥무관학교로 학교 이름을 독립운동을 위한 간부들을 훈련하는 교육기관임을 분명히 했다. 이때, 뒤에 광복군 제3지대장으로 혁혁한 업적을 올린 김학규金學奎 장군도 1년이라는 단기 학습을 받았던 것이다. 그 교육기관은 1920년 8월까지 2,000여 명의 독립투사를 길러냈던 것이다.
1920년 가을, 일본군이 이른바 재만在滿 조선독립군 토벌이라는 명목으로 공격해 오자, 군사교육 훈련을 받던 학생 500여 명을 인솔하고 백두산 숲속으로 향했다. 목표는 안도현安圖縣 산악지역으로 가서 힘을 길르고, 안도현 삼인방에 도착하여 북간도 봉오동北間島 鳳梧洞 전투에서 대승리를 거둔 홍범도洪範圖 장군을 만나, 홍 장군이 제공한 무기로 비로소 이청천의 맨주먹 부대인 사관생들이 무장을 하게 되었다. 여기서 이청천은 부사령격으로 홍범도 부대와 합류하게 되었다.
이때 청산리 전투에서 크게 이긴 김좌진金佐鎭 장군이 인솔한 북로군정서 부대가 북진한다는 정보에 접하자 그 뒤를 따라 북으로 뒤쫓아가서 밀산에 이르니, 거기 김좌진 장군을 비롯해서 대한독립군, 의군부, 혈성단, 정의군정사 등 군소 독립군 단체의 군인이 약 3천5백 가량이 모여 있었다.
그곳에서 10개 독립운동군이 하나의 통일된 독립운동단체인 대한독립군단을 조직하여 서일徐一을 총재로 추대하고, 부총재로는 홍범도, 김좌진, 조성환曺成煥을 총사령에 이장령李章寧 그리고 연대장에 이청천이 결정되어 제정 러시아를 쓰러 뜨리고 새로이 혁명정부를 수립한 공산주의 볼셰비키 정권의 원조를 받으려고 만주국경을 건너 러시아령으로 대거 월경했던 것이다. 항일군인 사할린군과 대한독립군단이 손을 잡고 활약하면서 일크츠크시에 새로이 독립운동의 간부를 양성키 위해 고려군관학교를 설립했다. 교장은 물론 이청천이었다.
여기서 흑하사변이라는 참극이 벌어진다. 교장 이청천이 억울하게 체포되어 오랫동안 옥고를 치루고 간신히 석방되어 중국 상해로 가서 임시정부의 김구 주석을 도와 광복군이 성립되고 총사령관을 맡게 된다.

14) 조성환曺成煥: 청사晴蓑 조성환은 1875년 서울에서 태어났으며, 1900년 그가 29세 때에 무관학교 재학 중 썩은 군부를 숙청하려다가 발각되어 사형선고

를 받았으나 감일등減一等 무기징역으로 됐다가 3년 만에 고종의 칙명으로 특사特赦 되었다.

1906년에는 안창호, 이동령, 김구, 이상설, 이회영李會榮, 양기탁梁起鐸, 신채호申采浩, 노백린盧伯麟, 전덕기全德基 등과 반일 비밀결사 신민회를 조직하고 정치, 경제, 교육, 문화 등 각 방면으로 진흥운동을 펼쳐 국력을 길러 자주독립을 기하려고 다각적으로 운동을 전개하였다.

1908년 러시아에서 최재형崔在亨과 구국방안을 협의하고, 조국광복이라는 회천대업을 위해서 심혈을 기울여 애썼다. 그해 겨울 비밀히 귀국하여 이종호李鐘浩 집에서 노백린, 안창호, 양기탁, 이갑, 이종호, 유동열柳東說, 정운복鄭雲復, 김희선金義善 등과 회합하여 독립운동방안을 협의하였다. 그 뒤 송별연을 베풀고 이갑, 유동열, 이종호 등이 각각 500원씩의 전별금을 모아 주었다. 청사 조성환은 그 길로 북경으로 가서 그곳을 거점으로 하여 북경, 간도, 블라디보스토크를 부지런히 넘나들면서 활동하는 한편 중국 국민혁명가의 원로 진기미陳基美 등과 손을 잡고 한중공동전선을 펴기도 하였다.

그 구체적인 행동으로는 1912년에 일본의 내각총리대신 가쯔라 다로오桂太郎가 만주에 오는 기회를 타서 암살하려다가 사전에 그 계획이 발각되어 실패로 돌아가기는 했지만.

흑룡강성 오운현黑龍江省 烏雲縣에서 독립투사 양성을 위한 둔전병제屯田兵制를 실시코자 애썼으나 아깝게도 성공하지 못했다. 1918년 겨울 내외의 망명지사 39인의 한 사람으로 무오독립선언을 발표, 1919년 기미독립선언의 전주곡을 장식하였다. 1919년 2월 8일의 도쿄 유학생들의 2·8선언과 맞먹는다.

1919년 4월 중국 상해에 대한민국임시정부를 세우는데 적극 찬동하여 마침내 이루어지고 군무차장에 선임되어 활약하다가 만주로 가서 지난날의 혁명동지였던 김좌진 장군을 도와 불로군정서의 참모로 활동하여 청산리 대첩青山里大捷에 크게 기여하기도 하였다.

그 뒤 밀산에서의 반일 독립운동단체의 통합 전선 형성을 모색한 대단합체인 대한독립군단 부총재로 추대되어 대거 로령으로 넘어가서 신병기의 보충을 받는가 했으나, 러시아와 일본의 자국 이기주의를 위해 고래 싸움에 새우등 터진다고 약소 민족 조선만 희생당해 청사는 백야白冶 김좌진과 함께 만주로 다시 넘어와 영고탑에서 정착하고, 각초의 지도급 혁명동지들이 모여 먼저 목능현가에서 부여족통일회를 열었다.

1925년 3월 10일, 영안현 영고탑에서 마침내 신민부가 결성되고 청사 조성환은 외교위원장으로 선임되었다. 주로 중국정부를 상대로 한 외교에 주력하는 동시에 신민부가 설치한 목능현 소추풍所秋風의 성동사관학교의 고문을 겸하고 있었다.

1926년 북경으로 가서 한국유일 독립당촉진회를 조직하고, 다음해 11월 14일 상해에서 열린 각지 촉성회연합회 북경대표로 참가하여 대회 조직에 관한 문제를 토의하였다.

1931년에는 대한민국임시정부 의정원 경기도 대표로 당선되고 1933년 재선되었다. 같은 해 12월 25일 사임하고 1934년 국무위원에 선출되었으나 사임하였다. 1936년 임시정부의 군무부장에 봉직하면서 의정원 의원에 선출되었다.

1937년 광복전선이 결성될 때에 한국국민당의 대표로 이동영, 이시영, 김구, 조완구趙婉九 등과 함께 참가하였다.

1938년 군사학편찬위원회 주임위원, 1938년 10월 국무위원, 1941년 대원수의 막료로 군무부장에 선출되었고, 다시 최고원수부의 판공처장에 추대되었다.

1945년 8월 15일 김구 주석과 함께 개인 자격으로 귀국하여 통일된 새 나라를 세우는 일에 애쓰다가 아깝게도 1948년 10월 7일 서울에서 저세상으로 떠나버리고 말았다.

15) 이범석李範奭: 민족청년단, 약칭 족청하면 곧 철기 이범석 장군을 떠올린다. 금세기가 시작하는 1900년에 현 중국대사관 뒷뜰인 용동龍洞에서 태어나 1910년에 사립 장훈학교에 들어갔으나 아버지가 이천으로 전근함에 따라 이천보통학교를 수석으로 졸업했다. 곧 경성 제1공립고등보통학교 갑반에 들어갔으나 여름에 한강 백사장에서 여운형呂運亨을 만나 자극을 받고 중국으로 망명하였다.

11월 25일 상해에서 자형인 신석우新錫雨와 예관 신규식睨觀 新圭植을 만나고 조용하趙鏞廈, 조성환趙成煥, 신채호新采浩 등 명사들도 만났다.

1916년 항주체육학교에 6개월간 다니고, 같은 해 가을에 배달무裵達武, 김정金鼎, 김세준金世晙, 최진崔震 등과 함께 배편으로 홍콩, 동경을 거쳐서 하노이河內에서 등월철도를 타고 운남雲南에 도착하였다. 신규식의 소개로 중산中山 손문孫文이 운남 독군督軍 당계요唐繼堯에게 운남무관학교에 한국청년들을 입학시키도록 주선하여, 철기는 이국근李國根이라는 가명으로 입교하였다.

1919년 3월, 운남강무학교 제12기 기병과를 졸업하였다.

1919년 7월, 철기는 상해에 도착, 이동령・신규식의 지도에 따라 만주로 가서 대일무력전을 결심하고, 길림성에서 군정사를 만들고 있는 박찬익朴贊翊 선생을 찾아가라는 지시대로 만주에 도착했다.

1919년 10월, 이시영의 소개로 유하현에 있는 신흥군관학교 교관으로 취임하였던 것이다.

1920년 3월, 김좌진 장군의 요청으로 철기는 길림성 왕청현으로 가서 불로군정서 사관학교의 교관이 되었다.

1920년 10월, 연성대장으로 제1선에서 싸움을 승리로 이끌었다.

1922년 10월, 몸이 아파 밀산 쾌당별 맞은편 러시아땅 일루까로 치료하러 갔다.

1923년 5월, 노은 김규식金圭植 등이 시베리아에서 고려혁명군을 조직하였는데 철기는 동령현 동삼분구를 지나 아라사땅 시베창西北廠으로 가서 고려기병연대장으로 활약하다가 김좌진 장군의 부름을 받고, 1925년 영고탑에서 김좌진 장군의 입회로 김마리아와 결혼했다. 1929년 외몽고로 가서 2년간 사냥으로 살림을 이어나갔다. 곧 마점산馬占山 장군의 요청으로 작전과장으로 활동하였다.

1934년 10월, 상해에 가서 대한민국임시정부의 김구 주석과 만났으며, 낙양중앙군관학교 낙양분교의 교관이 되었다. 다시 광복군의 참모장 겸 제1지대장이 되었다가, 김구 주석의 좌우합작이 성공되면서 공산주의 진영의 거두 약산 김원봉이 임시정부의 군무부장 겸 광복군 제1지대장으로 영입되면서 다시 광복군 제2지대장이 되었다.

1945년 8월 15일, 조국이 해방되자 임시정부 요인들과 개인자격으로 귀국하여 국무총리 등 요직도 맡았으며 뒤에 민족청년단을 조직하였으나 신병으로 마침내 서거하였다.

16) 김학규金學奎: 중경重慶에서 대한민국임시정부가 본격적인 연합국의 일원으로 참전하려고 상비군을 가지기 위해 공식적으로 무장하려고 한국광복

군을 조직할 때에 중요한 역할을 했으며 뒤에 제3지대장이 된 제6초모분처 주임으로 열정적으로 활동한 백파 김학규白派 金學奎 장군은 1900년 11월 평남 평원군에서 태어나서 1911년 12월에 만주 통화현通化縣으로 옮기고 예수교에 입교하였다. 1919년 겨울에 신흥무관학교에 들어갔다 거기서 이청천 장군에게 가르침을 받았다.

1921년부터 1927년까지 서로군정서에서 왜군과 싸우기도 하였으며, 또 문회고급중학교에서 중국문학과 어학을 배웠다. 결국 그때에 배운 중국어로 중경의 국제방송국에서 광복군의 당면과제라는 명연설을 방송할 수 있었다.

1929년에 흥경현興京縣 왕청문旺淸門에서 현정경玄正卿, 현익철玄益哲, 고할신高轄信 등과 함께 순수한 민족주의 정당인 조선혁명당을 조직하였다. 중앙집행위원에 선출되는 동시에 그 무력부대인 조선혁명군의 인사책임자인 부장관이 되었다.

1931년 조선혁명군 사령관 양세봉梁世奉 장군의 참모장으로 명실공히 중국자위군과 힘을 합쳐 일본군과 싸우는데 용감무쌍하였다.

1932년 만주사변 뒤 일본군과 괴뢰 만주군의 치열한 섬멸전에 밀려 조선혁명군도 물자와 인력의 궁핍을 느껴 때마침 남경南京에서 열리는 대한민국 임시정부의 김구 주석을 위시한 좌우의 대표적인 항일지도자들이 회의를 하는 자리에 조선혁명당의 정식대표로 파견되었다.

1940년 한국광복군 성립시 참모장 대리와 제 초모분처 주임의 중책을 맡고 안휘성安徽省 부양현阜陽縣 싼타지三塔集에 본부를 두고, 적후방의 각종 파괴를 위한 지하공작과 정보수집, 애국청년들의 초모招募 등 최전방의 지휘자로서의 임무를 다하고 있던 중 초모된 애국청년들과 일군日軍을 탈출한 학병으로 일본군에 강제로 끌려 나왔던 전문대학 재학 중인 학병들이 일본군을 탈출하여 부양으로 모인 50여 명을 한국광복군의 간부로 정신을 재무장시키기 위해 약칭인 한광반을 중국군관학교 안에 설치하여 대다수는 임시정부가 있는 중경으로 보냈으며, 일부 열렬한 젊은 투사들은 일선인 부양에 그대로 남았던 것이다.

그 대표인 대학생이 상해에서 간교한 동족의 밀정의 계교로 억울하게 체포되어 장렬하게 순국한 명문 사학 오산학교 출신 한성수韓聖洙 열사와 무전훈련용 한글 암호를 창제한 김구 주석의 기요비서機要秘書 김우전金祐銓 등이다. 한편 그때 중경으로 간 학병출신 가운데는 뒤에 고려대학교 총장을 지낸 김준엽金俊燁과 사상계思想界사의 사장이 된 장준하張俊河가 자기 혼자 살고 출세하기 위해 공산당 동지들을 밀고한 배신자인 박정희 독재자에게 '너는 천일 만군 소위고 나는 한국독립을 위해 싸운 광복군 대위인데 나더러 이래라 저래라 하지 말라'라고 대들었던 막사이사이상을 탄 반골의 투사 장준하 의원은 결국 의문의 죽임을 당했지만 말이다.

1940년, 한국광복군의 제3지대장으로 정식 임명된 김학규 장군은 미군 정보기관인 뒤에 미국 중앙정보부인 C.I.A가 된 O.S.S.와 협의가 끝나 한국광복군에 무전훈련을 시켜 한국연안에 비밀리에 상륙을 시키고, 적 후방을 교란시켜 전쟁을 빨리 끝낸다는 치밀한 전략이었으나, 일본왕이 너무 일찍이 손을 들어 결국 모두 물거품이 됐을 뿐 아니라 우리 민족에게 영원한 비극을 가져왔다.

1945년 8월 15일 우리 민족이 자유 해방되자, 1946년 김학규 장군은 한독당 만주특별당부 위원장에 취임, 중공군에 포위된 한국교포 2,000여 명을 미군 항공기 100여 대를 동원 무사 귀국케 했다.

1948년 5월 단독으로 급거 귀국, 김구가 남북협상차 평양에 가는 것을 막기 위해서였지만 불발로 돌아갔다.

1949년 김구 주석이 백주에 암살 당하자 범인 안두희安斗熙를 있지도 않은 한독당 비밀당원으로 입당시켜서 암살을 사주했다고 억지로 죄를 뒤집어 씌워 범죄자로 만들자 김학규가 항의하고, 때의 검찰총장이 어르신네들의 정치놀음에 눈을 감고 있는 것이 상책이오. 라고 하면서 김학규를 형무소로 보내 15년형을 언도하고 복역 중 6·25 발발로 인민군에 의해 놓여났다.

9·28이 되었다. 김학규는 잠깐 망설였다. 자기는 자유당 대한민국의 죄 없는 죄인이다. 그냥 남아 있으면 잔여 형기를 그 부자유스런 감옥에서 썩어야 한다. 인민군을 따라가면 자유를 누릴 수 있다.

"아니다. 나는 절대로 공산당을 따라 갈 수는 없다. 공산당에게 억울하게 죽은 수많은 동지들의 영혼을 무슨 낯으로 대할 것인가! 그럴 수는 없다. 여기 남아 있다가 다시 감옥생활을 할지언정 나는 대한민국에 남아야 한다. 나는 절대적인 반공주의자로 남아야 한다."

후퇴하는 국군을 따라 수원까지 가서 떨어졌다. 김백영金伯英으로 변성명하고 지내는 중 4·19학생 혁명이 성공했다. 자유당정권이 무너졌다. 김학규라는 이름을 다시 찾고 또 자유해방 되었다. 김학규를 중심으로 한국독립당이 재건되었고 그는 그 대표위원이 되었다. 그 옛날 중국 부양에서 초모공작을 하던 셈으로 정열을 기울여 오로지 당의 재건에 전력을 다했다. 힘이 겨웠다. 그래도 나머지 인생의 꿈으로 생각해서 애썼다. 그러는 동안 옥중에서 얻은 병균이 조금씩 조금씩 그의 생명을 속으로부터 갉아먹고 있었다.

1967년 9월 20일 하오 4시, 오랫동안의 옥고에서 얻은 숙환이 그를 저세상으로 데리고 갔다. 향년 67세.

17) 양세봉梁世奉: 벽해碧海 양세봉 장군은 1919년 평안북도의 천마산天摩山에서 항일운동을 활발하게 전개하던 최시흥대崔時興隊에 입대해서 대유동 습격에 큰 공을 세우기도 했으며 동 대가 1920년 남만주로 이동하자 광복군 총영에서 활약하였다.

1923년 육군 주만駐滿 참의부의 소대장으로 있다가 곧 제3중대장으로 승진하였다.

1929년 김동삼金東三, 김좌진, 이청천, 김상덕金尚德, 김승학金承學 등과 국민부를 결성하고 그 핵심기관으로 조선혁명당을 조직했으며, 당군으로 조선혁명군을 두었는데 양세봉은 제1중대장으로 활동하였다.

1929년 봄, 일제의 주구기관인 독립운동에 기생하던 자 중 일제가 매수하여 만든 앞잡이 집단 선민부를 토벌하기 위해 특별지휘부를 만들었는데 이웅李雄이 총사령이 되고 양세봉은 부사령관이 되었다. 통화通化, 환인桓仁, 집안輯安 등지에서 불과 반년 만에 작전을 끝냈다. 역시 1931년 9월 18일의 만수사변은 우리 독립운동에 있어서도 하나의 분수령이 되었다. 독립운동계는 급격히 약화되었던 것이다.

1931년 12월 17일, 신빈현 하북新賓縣 河北에 있는 서세명徐世明 집에서 조선혁명당 간부회의를 열고 있는데 밀정의 밀고로 일본 헌병들이 습격하여 중앙집행위원장 이호원李浩源과 총사령관 부사령관 등 다수의 간부들이 체포되고, 물론 도망쳐서 살아남은 독립지사들도 있었다. 뒤에 새로이 고이허高而虛를 중앙집행위원장으로 선출하고, 양세봉이 새로이 조선혁명군 총사령관으로 임명되었다.

1932년 2월, 조선혁명당은 중국의용군 사령관 이춘윤李春潤과 손을 잡고 한중연합군을 조직하여 반만항일전을 전개하였다. 신빈현 동쪽에 있는 영릉가성永陵街城을 점령하고 막대한 전리품을 탈취하는 등 커다란 성과를 거두었다. 그러나 비참한 종말은 서서히 다가오고 있었다.

강계인江界人으로 박창해朴昌海라는 밀정이 있었다. 양세봉과 친면이 있으며 조선혁명당에 항상 원조를 해주던 중국인 동양방東洋幇 왕모王謀를 매수하여 중국항일군이 양세봉을 도와주겠다니까 한번 만나자고 꼬여 부관 김광욱金光旭 등 극소수만을 데리고 왕모를 따라가다가 마적으로 가장한 일본군 특무대에게 체포되어 그해 8월 12일에 총살되었다. 억울한 일이다. 너무 기가 막힌다.

18) 송진우松鎭禹: 송진우의 아호는 고하古下이다. 1945년 8월 15일 해방 전후를 통해 가장 뛰어난 현실 정치가로 일컬어지던 고하는, 1945년 말에 이른바 소련의 수도 모스크바에서 미・영・소 3국의 외상들이 결정한 한국의 신탁통치 안을 모든 겨레가 열렬히 반대해서 소위 공동위원회의 참여를 거부하는 데도 불구하고 유독 일단은 들어가서 그 결과를 지켜보아야 한다고 하자, 서울 원서동 자택을 습격한 한현우韓賢宇, 유근배劉根培들에게 저격당해 숨지고 말았다. 1945년 12월 30일 상오 6시였다.

고하는 1890년 5월에 전남 담양潭陽에서 태어나고 7살 때에 의병장이던 성리학자 기참연奇參衍에게 사사했다.

1906년 고향 창평昌平의 영학숙英學塾에서 신학문을 배우기 시작, 거기서 일생동안의 동지가 된 인촌 김성수仁村 金性洙를 알게 되었다. 또한 1907년 변산에서 백관수白寬洙를 알게 되고, 1908년 인촌과 함께 왜의 서울 도쿄로 유학의 길에 올랐다. 거기서 벽초 홍명희碧初 洪命憙를 만났다. 1909년 동경 금성중학교를 다니고 1910년 인촌과 함께 와세다대학에 들어갔으나 1911년 메이지明治대학 법과로 전학했다. 이 무렵 재동경在東京 한국인유학생회가 조직되었고, 곧 이어 조만식趙晩植이 기우杞憂했던 지방색을 드러낸 호남유학생 다화회를 조직하고 그 회장이 되었다.

고하가 도쿄 유학 중에 사귄 인사들은 전기의 홍명희와 인촌을 비롯해서 조만식, 현상윤, 신익희, 조소앙, 이광수, 김준연, 장덕수, 김병로金炳魯, 현준호玄俊鎬 등이었다.

1918년 중앙학교 교장이 되었다. 제2차 세계대전이 끝나자 미국 윌슨Willson 대통령이 약소민족들의 자주 독립을 위해 민족자결주의를 제창한 것에 자극 받아 한국도 독립운동을 전개할 것을 모의하기 시작했다. 고하는 최린崔麟, 김성수, 최남선, 현상윤 등과 협의하여 독립만세 사건을 일으키기를 획책하였다. 마침내, 천도교주 의암 손병희義庵 孫秉熙와 기독교측 대표 남강 이승훈南岡 李昇薰의 활동으로 1919년 3월 1일 독립선언식을 거행하게 되었다. 놀랍게도 전 민족인이 궐기했던 것이다. 그로 말미암아 일본제국도 조선을 그냥 억누르기만 해서는 안된다고 뉘우쳐 이른바 문치정치로 다독거려야 하겠다고 통치방식을 바꾸게 되어 민족지로 <동아일보>, 중립지로 <조선일보>, 친일지로 <조선중앙일보>를 허가하기로 하였다.

고하는 3월 상순 그가 근무하는 중앙사립고등학교에서 체포되었다. 48인의 한 사람인 것이다.

1920년 4월 1일 드디어 <동아일보>의 발행이 정식 허가되었다.

1921년 9월 15일 <동아일보>사의 사장에 취임하였다. 부사장 겸 주필에 장덕수, 상무 겸 편집국장에 이상협李相協이었다.

1922년에는 유명한 민립대학기성회가 성립되어 월남, 남강을 중심으로 교육을 통한 독립운동이 전국적으로 전개되었다. 이에 <동아일보>는 전면에 나서서 적극 후원하였다. 지상紙上을 통해 진행 상황을 낱낱이 보도하였으며 그것이 곧 전 국민을 애국운동으로 나서게 하는 자극제가 되었다. 당황한 것은 일본 정부와 그 앞잡이 기관 조선총독부였다. 조선인의 민립대학 창설을 앞지르기 위해 부랴부랴 관립인 경성제국대학을 창설하기에 이르렀다. 교육을 통한 항일운동이 일단은 성공한 셈이다.

1927년 특사로 감옥에서 놓여나 다시 <동아일보>의 사장에 복귀하였다.

1945년 8월 15일 조선이 해방되자, 당시의 조선총독 미나미 지로오南 次郎는 4차례나 사람을 보내 정권을 인수해 달라고 간청했으나 번번이 거절하자 종당에는 몽양 여운형에게 부탁하였던 것이다.

그해 12월 말에 이른바 모스크바 삼상회의에서 조선은 당분간 신탁통치하에 둔다는 결의가 있자 처음에는 공산당을 합쳐 전 민족이 반 신탁통치의 기치를 높이 들고 궐기하였다.

덕수고궁에서 신탁통치의 실천을 위한 미·소공동위원회가 열렸다. 고하는 정치현실적인 감각으로 일단은 그 회의에 참가하여 사태의 추이를 보고 차후 행동을 취하는 것이 옳을 것이라고 판단하였다. 그것이 일반 민중의 오해를 초래하였던 것이다. 결국 그 때문에 희생당한 것이다. 아까운 정치가 또 한 사람이 세상을 등지게 되었다.

『지조를 지킨 지도자들-남강 이승훈』에 있어서는 <학교법인 오산학원> 이영근 이사장과 <남강문화재단>의 심창룡 상임감사에게 큰 도움을 받았다.

『지조를 지킨 지도자들-백범 김구』에 관해서는 친우인 현 <백범 김구 선생 기념사업협회> 고문인 김우전 회장으로부터 여러 가지 자료제공과 많은 조언을 받았다.

『지조를 지킨 지도자들-고당 조만식』에 관해서는 <고당 조만식 선생 기념사업회>의 박재창 상임이사의 도움을 크게 받았다.

『지조를 지킨 지도자들-월남 이상재』편에 있어서는 <평생교육복지진흥회 회장 겸 월남장 증정위원회> 박규채 위원장으로부터 도움을 받았다.

『지조를 지킨 지도자들-도산 안창호』에 있어서는 홍사단 이사장이었던 주요한 씨의 『안도산전서』에 힘입은 바 컸다.

더욱이 아내 김혜경이 항상 옆에서 의견을 보태주어 말하자면 두 사람이 같이 쓴 샘이 되었고, 이번에 책이 나오게 됨은 큰아들 김진왕과 첫째 며느리 최미순, 또 둘째아들 김진준과 둘째 며느리 김성복의 도움이 없었다면 출판이 어려웠을 것이다.

한편 조카 사위인 연세대학교 문경환 교수의 추천으로 <도서출판 월인>의 박성복 사장과 연결되어 이렇듯 출판되게 된 데에 감사한다.

그리고, 이글을 쓰기 시작한 것이 내가 '미국'으로 이민 온 다음 다음 해인 1988년부터이므로, 지금까지 전작이 씌어진 것이 근 17, 8년에 이르렀다고 할 것이다. 말하자면 그만큼의 노작인 셈이다.

2010년 가을
당째 김경옥

이렇게 살아왔다

당재 김경옥 金京鈺 Kim, Kyung Ok

주후 1925년 2월 25일, 平安北道 定州郡 德彦面 大山洞 慕顔中里 <당재> 아랫 마을에서 태어났다.

1932년 五山 私立普通學校에 들어갔고, 이어 1937년 오산 사립고등보통학교에 들어가서 5년간의 수업 끝에 졸업하고 <일본 동경>에 가서 재수하다가, 고향 오산학교가 있는 定州郡의 幕山面의 경의선 고읍에 돌아와서, 사립소등학교의 교원으로 있는데,

1945년 8월 15일, 일본군이 항복하여, 조국이 해방되고,

1946년 6월, 기독교 사회주의를 표방한 <古邑青年同盟>의 위원장으로 있으면서 새 해방 조국의 건설에 힘쓰려고 했으나, 대낮의 날벼락으로 이른바 <모스크바 三相會議>에서 <信託統治>가 발표되자, 反託運動을 전개하다가 하루 아침에 친탁으로 돌변한 공산당에 의해, 肅清 당하고 남쪽으로

亡命하였다.

1946년 다행히 高麗大學校의 입학시험에 들었으나, 등록금을 마련하기 위해 다시 그 지옥 같은 북한땅 평양으로 갔다가, 千辛萬苦 끝에 간신히 또 다시 자유의 서울에 돌아왔다.

1946년 10월, 좌익이 國大案反對 투쟁으로 들끓던, 가뜩이나 공산당이 날뛰던 해방정국에서, 그들과 맞서서 싸우는 데는 여간한 용기가 필요하지 않았다.

1947년, 대학신문 <고대신보>의 創立委員으로 창간 1주년 기념행사인 <고대신보 창간 1주년 기념문화제>를 조직한 그 대표자로, 아일랜드 Iirland의 극작가 샨 오케이시 Sean Ocaisy의 <쥬노오와 공작 Juno and Peacock>을, 뒤에 國立劇場이 된 명동의 <市公館>에 상연 대성공을 걷우었다.

1948년 2월에 예과 과정인 제1전문부를 나오고 곧바로 동 대학교 英文學部에 진학했다.

1949년 7월, <全國學生文總> 最高委員에 선출되었다.

1949년 10월 초에, 柳致眞 씨가 회장으로 있는 <韓國演劇學會> 주최의 <제1회 전국남녀대학 연극경연대회>에 <고대극회>는 이태리 극작가 루이지 피린델로R. Pirandello의 <天痴>로 당당 수석 입선했다. 이 때 승무의 시인 趙芝薰 지도교수는 공연비가 딸려 장치를 못 찾고 있는 극회의 딱한 사정을 보고 자기 봉급을 선불 받아 극회의 어려움을 도와 주었다.

1949년, <대학극회>를 조직했다. 김경옥은 연출자 李化三의 추천으로 한국 초연의 오페라 <카르멘>의 演出者로 추천되어, 평생의 반려인 합창단원 金蕙卿을 만났다.

1950년 6월 25일, <중앙여자고등학교> 지하실에서 연극을 가르치던 중, 同族相殘인 참극 韓國動亂이 일어났다.

1950년 9월 서울수복 뒤, <現代群舞團>의 <平和의 攝理>를 按舞했다.

1951년, <무용소대장>으로 1·4 후퇴하고, 대한민국 공보처의 계몽운동으로 <중앙여자고등학교> 계몽대를 이끌고 남한 일대를 도는 가운데 濟州島에서 평양 이앗다리 안면옥을 만나 오랜만에 먹고 싶었던 냉면을 실컷 먹었다, 그리고 慕瑟浦 國民兵訓練所에서 동향 친구 金陽濟를 만날 수 있었다.

1951년 겨울, 趙東華와 함께 鎭海의 교육도서관 문관으로 갔다.

1952년, <고대신보>의 復刊을 위해 馬山으로 가서, 대학 선배들에게 자금 지원을 부탁해서 성적을 거두었고, 다시 부산에 돌아와서 龍頭山에 판자집을 전세 내어 송원영 군과 같이 집을 빌려 살게 됐다.

1953년 봄에 대구에 올라 가서 고려대학교를 졸업 英文學士가 되었다. 이때 장편 희곡 <성웅 이순신>이 準當選되어 文壇에 登壇 되었다.

1952년 여름에 서울대학교 사범대학에서 영국작가의 <배>라는 연극을 연출하였다. 이어, 대구에서 고대극회의 소포클

레스 원작 <오이디프스> <코로노스의 오이디프스> <안티고네>들을, 연출하여 문화극장에서 상연하였다. 최창봉 연기지도, 영원한 벗 조동화 미술이었다.

1953년 여름에 다시 부산에서 이번에는 朱耀翰-同人詩 創造에 <빗소리> 등 시를 발표한 시인이면서, 화신산업의 전무로 연쇄점을 만들어 和信百貨店을 살린 경제인이면서, <민주당정권> 때 상공부장관을 지낸 바 있는 정치가이기도 하고, <興士團>의 이사장도 지낸 바 있다-씨 밑에서, 金在淳 씨-뒤에 대한민국 국회의장을 역임 했음-와 함께 퓨처서비스 Future service를 전문으로 하는 <新潮社>에 근무했다. 이때부터, 金奎成 선생, 김재순, 宋元英-장면총리의 공보비서를 지냈으며, 東大門區에서 國會議員에 다섯번 당선된 바 있었음-崔桂明-서울특별시 내무국장을 지내다가 5 · 16으로 숙청됨-들과 사귀었다.

1953년 겨울, 환도하였다.

1954년 7월 17일 저녁 7시, 서울 安國洞의 安洞敎會에서 李今植 목사 주례로 金鍾大 牧師의 맏딸 金蕙卿 양과 결혼식을 올렸다. <가고파>의 작곡자 金東振 씨가 신랑 김경옥이 지은, <새로운 계절>이라는 詩를 작곡한 노래를 직접 불러 결혼식을 축하해 주었다. <안동교회>는 대통령을 지낸 바 있는 尹潽善 씨 등도 다니는 예배당으로 유명하다.

1954년 7월, <한국 UNESCO> 선전과장으로 취임하여, 대학생들로 조직된 계몽대를 이끌고 강원도의 華川 楊口 등 수복 지구로 출장갔다. 그 곳에서 <敵軍墓地가 있는 마을의 夜話>의 詩想을 얻었다.

1955년 11월 17일, 맏아들 晋汪을 얻었다.

1956년 9월, 清州大學의 專任으로 부임하였다.

1956년 겨울에 서울 중구 을지로 舟橋洞 김경옥 집에서, 車凡錫, 崔彰鳳, 吳史良, 조동화, 盧熙燁 등과 <制作劇會>를 창립하였다.

1956년 가을, I.T.I 한국본부 사무국장이 되었다.

1957년 10월 9일, 둘째 晋俊을 얻었다.

1958년, 시집 <灰色의 거리를 걸어간다> 출간하였다. 시인 辛東門씨가 '멍든 낭만이라'는 평을 하였다.

1958년, 民主黨 서울시당부 文化部長이 되었다. 따라서 민주당 대통령 후보 海公 申翼熙의 宣傳要員이 되었다.

1959년 4월 18일, 시위를 끝내고 돌아가던 고려대학교생들이 동대문에서 정치깡패의 졸도 임화수의 똘마니들에게 습격당하였고, 그것을 계기로 <4 · 19학생혁명>이 일어났다.

1959년 4월 26일, 자유당의 대통령 李承晩 獨裁者가 下野를 선언하고, 許政過渡政權이 태어났다.

1960년 11월, <舞臺藝術 協議機構>가 성립되고 김경옥이 그 의장이 됐다.

1960년, <서울특별시 文化委員>, <文教部文化保存委員>에 위촉되

었다.

1961년 5월, 大韓民國 國務院事務處 公報局長(2級甲 理事官)에 임명되었다. 5·16 군사혁명으로 파면되었다.

1962년, <制作劇會>에 의해 <山女人>이 드라마센타에서 상연되었다.

1963년 4월 25일, <東亞放送局>이 개국하는 날부터 1년 3개월 여에 걸쳐 우리나라 최초의 實錄劇-다큐멘타리-Documentary drama <黎明 80년>을 집필하였다. 따라서 <創造社>에 의해 출판되어, <韓國出版文化賞> 著作賞을 받았다.

1968년 봄, <예그린악단> 단장이 되었다.

1970년, 국립극장에서 가면극 <山臺놀이>를 편극, 연출하고, 장막극 <新羅人>이 상연되었다. 國立劇場 運營委員이 되었다.

1971년, <韓國演劇協會>의 副理事長, <韓國戲曲作家協會> 副會長에 선출되었다.

1960～1988년, <한국문인협회> <한국연극협회> <국제펜클럽 한국본부> 회원으로 있었다.

대학강, 문학평, 연극평, 무용평 등 30여년 집필하고 있다.

1988년 7월 17일, 美國으로 移民하였다.

1994년, 한국 YWCA의 성극 <에스더>를 연출하였다.

1995년, 선교극단 <부활> 창단 그 단장에 취임하였다.

1988～2006년, <平安道民會> 이사를 역임하였다.

2002년, <咸錫憲記念事業會 시카고지회>장 역임.

2006년 11월 10일, <月南章> 받음.

2010년 11월 9일, 별세.

· 지은 책들

『한국근대 풍운사 黎明 80년』(전5권), 희곡집『公演날』『功德人』, 학술논문「演劇槪論」, 실명소설『志操를 지킨 指導者들』(월남 이상재, 남강 이승훈, 백범 김구, 도산 안창호, 고당 조만식)-전5권-출판 예정 등

· 주소

4606, N. Sheridan rd. #1209 Chicago IL. 60640, Tel 1-773-989-6895

지조를 지킨 지도자들 2
백범 김구

초판 1쇄 인쇄 • 2011년 2월 7일
초판 1쇄 발행 • 2011년 2월 10일

저 자 • 김경옥
발행인 • 박성복
발행처 • 도서출판 월인
서울특별시 강북구 수유2동 252-9
등 록 • 제6-0364호
등록일 • 1998년 5월 4일
전 화 • (02) 912-5000
팩 스 • (02) 900-5036
www.worin.net

ISBN 978-89-8477-473-5 (세트)
ISBN 978-89-8477-475-9 04810

값 16,000원